Für L.

Thomas Wehrs
Störfall Mensch!

Verlieren wir im digitalen Rausch unsere Lebensfreude, Emotionalität und Beziehungsfähigkeit?

Ein narratives Sachbuch der besonderen Art

April 2018

Der vorliegende Text nutzt in der allgemeinen Ansprache meist die männliche Sprachform Leser, weil es dem Lesefluss dient. Leserinnen werden dies sicherlich verstehen.

Alle Rechte vorbehalten

Das Werk einschließlich aller Teile ist urheberrechtlich geschützt. Jede Verwertung außerhalb der engen Grenzen des Urheberrechts ist ohne Zustimmung des Autors nicht möglich. Eine Wiedergabe des Textes in Auszügen oder komplett sowie Vervielfältigungen in jeglicher Form sind nur mit schriftlicher Genehmigung des Autors möglich. Zitate aus dem Buch müssen durch explizite Quellenangaben deutlich gemacht werden. Alle in diesem Buch enthaltenen Angaben wurden nach bestem Wissen und mit Sorgfalt erstellt. Sie erfolgen ohne jegliche Verpflichtung, Haftung oder Garantie.

Bibliografische Information der Deutschen Nationalbibliothek
Die Deutsche Nationalbibliothek verzeichnet diese Publikation in der Deutschen Nationalbibliografie. Detaillierte bibliografische Daten sind im Internet über http://dnb.d-nb.de abrufbar.

Thomas Wehrs

Störfall Mensch?

Was Sie schon immer über Digitalisierung wissen wollten

Verlieren wir im digitalen Rausch unsere Lebensfreude, Emotionalität und Beziehungsfähigkeit?

Konzeptionelle Redaktion: Sigrid Jo Gruner, MissWord!
Korrektorat: Sarah Richert
Cover: Anja Kilsbach, A2T2 Köln
Layout & Satz: Moritz Dunkel Grafikdesign Köln

1. Auflage 2018

Prolog auf dem digitalen Welttheater

Eigentlich könnte das Leben doch vergleichsweise leicht sein. Haben wir im Grunde nicht alle sehr einfach zu befriedigende und elementare Bedürfnisse? Sich in seiner Haut wohl und entspannt fühlen, gesund sein, mit sich größtenteils im Reinen und mit den Mitmenschen in respektvoller Harmonie, angekommen an seinem Platz im Leben und bei sich selbst, geborgen in einem Mikrokosmos aus Hinwendung, beziehungsreichem Kontakt und Dialog? Das Schöne im Augenblick entdecken, vertraute Momente mit unseren Nächsten genießen, lieben und geliebt werden. – Warum machen wir es uns selbst so schwer?

Inhaltsverzeichnis

Vorwort   Seite 13

Unser Leben als Homo Digitalis: Führen wir eine Existenz mit (digitalen) Scheuklappen?

Haben Sie nicht auch das Gefühl, in einer gestörten Beziehungswelt zu leben, oder nehmen Sie dieses Phänomen und seine Auswüchse gar nicht mehr wahr? Zahlen wir den digitalen Rausch mit dem Verlust unserer Emotionalität, Spontaneität und Empathie?

Einleitung   Seite 19

Homo Digitalis oder Der freie Wille

Die Digitalisierung unserer Lebenswelt zeigt Wirkung! Wie werden unsere Bedürfnisse, Beziehungen und Lebensentwürfe von ihr geprägt – im Guten wie im Schlechten?

Auftakt   Seite 25

Der digitale Paukenschlag und seine Nachbeben

Da kommt was auf uns zu! Müssen wir jetzt die Herrschaft der Bits, Bytes und Bots fürchten? Künstliche Intelligenz + Zukunftsszenario 2030 + Megatrends

Erster Teil   Seite 45
Homo Digitalis oder Die Chronik einer gestörten Beziehung
Wie wurde der Mensch zum Störfall in seiner ureigenen Lebenswelt?

Mal ehrlich: Wann haben Sie letztmals eine Offline-Beziehung gepflegt – so wie früher in der vorsintflutlichen ... äh, vor-digitalen Welt, mit Nähe, Gespräch, belebtem Schweigen, Lachen, gemeinsam verbrachter Zeit? Und wie hat es sich für Sie angefühlt? Haben Sie sich ganz eingebracht und im Flow gespürt – mit sich und der Welt im Reinen?

Serial: Familie Backes und ihre digitale Welt   Seite 46
Folge 1: „Bruno Backes und die Seinen – Was geht ab?"

Kapitel 1   Seite 50
Was ist eigentlich los? Was passiert gerade mit uns?

Leiden Sie auch bereits unter einer gestörten Beziehung zu Ihrer Umwelt oder erleben Sie sich in ihren elementaren menschlichen Bedürfnissen (Nähe, Beziehung, Kontakt, Selbstverwirklichung, Autonomie) als potenzieller funkensprühender Störfall im digitalen Universum?

Checkliste   Seite 55
Störfall im Reaktor „Soziale Kontakte"
10 Fragen zu meiner Haltung gegenüber der digitalen Welt

Kapitel 2   Seite 57
Symptome einer digitalen Pervertierung – aufgezeigt am Beispiel Mensch
Das Smartphone, die dritte Hand des Menschen – Freund Facebook? – Killergames – virtueller Voyeurismus – geliehene Emotionen – soziale Vereinzelung – digitaler Overflow

Resümee und Ausblick

Zweiter Teil   Seite 86
Paradigmenwechsel Digitalisierung und seine Vorläufer

Lassen wir uns vom digitalen Tsunami überfluten oder halten wir stand? – Wie stark ist der Paradigmenwechsel von der analogen zur digitalen Kultur mit anderen Erdrutschen oder Erosionen in der Nachkriegsgeschichte und den darauffolgenden Epochen vergleichbar? Wie gestaltete das 20. Jahrhundert Beziehung, und wie steht es im digitalen Zeitalter damit? Wie lebendig fühlen wir uns mit einem digitalen Schleudertrauma?

Serial: Familie Backes und ihre digitale Welt   Seite 86
Folge 2: „Alle Zeichen stehen auf Veränderung im Hause Backes"

Kapitel 1   Seite 94
Im digitalen Jahrhundert heißt Noahs Arche „Beziehung"

Steht die Digitalisierung in der Nachfolge der Epoche der Renaissance? – Technik versus Kommunikation – Freuds narzisstische Kränkungen und ihr digitales Pendant – German Angst

Kapitel 2   Seite 124
Wohin retten sich Beziehung und Emotion in den digitalen Sintfluten des 20. und 21. Jahrhunderts?

Ein Blick auf bedeutsame globale Umbrüche, Strömungen und Paradigmenwechsel seit der Industriellen Revolution mit kulturhistorischen Bezügen und Nachwehen bis heute – Digitalisierung als Ersatzreligion?

Resümee und Ausblick

Zwischenbilanz: Der Paradigmenwechsel der Nullerjahre   Seite 146

Dritter Teil   Seite 149
Homo Digitalis und die Welt um ihn herum
Wie wirken sich die digitalen Eruptionen auf die gesamte Gesellschaft aus?

25 Jahre, die unsere Welt veränderten. Der Eintritt des Smartphones in die Geschichte und seine Auswirkungen sorgten für nachhaltige gesellschaftliche Erdbeben. Welche individuellen und kollektiven Phänomene lassen sich auf sie beziehen? Ein prüfender Blick auf die Befindlichkeiten der digitalisierten Gesellschaft in der zweiten Dekade des dritten Jahrtausends verzeichnet Befindlichkeitsschübe, die aufrütteln oder verstören können.

Serial: Familie Backes und ihre digitale Welt   Seite 149
Folge 3: „Bruno muss raus aus der Hängematte,
und Gattin Irma macht sich locker"

Kapitel 1   Seite 158
Die „vermessene" Gesellschaft

Zwischen gestörter, gefährdeter, vereinzelter und freudloser Gesellschaft ziehen sich nur schmale Grate der Annäherung und Selbsterkenntnis – Wie monetarisiert sich Beziehung? – Macht und Ohnmacht der Masse – Sind Lügen ein Wirtschaftsfaktor? – Oh, du schöne neue Mingle-Welt!

Kapitel 2   Seite 184
Hauptsache Ego – der digitale Maskenball

Was ist im Daten-Schneegestöber mit der „Krone der Schöpfung" geschehen? Internet-Neuschöpfungen „Neu-Denk" und „Neu-Sprech" finden Eingang in Politik und Gesellschaft, Kunst, Kultur und menschliche Wahrnehmung - Selbstdarsteller, Egomane und Blender an die Front! Haben heute die digitalen Narzissten das Sagen? – Digitale Mitgeschöpfe.

Resümee und Ausblick

Vierter Teil   Seite 202
Homo Digitalis und sein Menschsein
Was macht eigentlich ein sinnerfülltes, geglücktes, ein mir gemäßes Leben aus?

Wie wichtig ist es, mit den allgemeinen Ansichten, Trends und Erwartungen konform zu gehen? Wie viel Mut erfordert es, seinen eigenen Erwartungen zu genügen und sich nicht an anderen zu messen? Wird Glücklich sein überschätzt? Ist Zufriedenheit nicht die langfristig und nachhaltig wichtigere Maßeinheit? Ein sinnvolles Leben führe ich, wenn es meiner eigenen Wahrheit entspricht.

Serial: Familie Backes und ihre digitale Welt   Seite 202
Folge 4: „Familie Backes auf der Suche nach dem
verlorenen Zusammenhalt"

Kapitel 1   Seite 212
Optimiere dich – und dir geht's gut?

Immer schöner, besser, stärker, digitaler! – Der sich selbst optimierende Mensch kann nie zufrieden sein – Das Glatte gegen das Individuelle – „Digitale Demenz" – Authentizität oder schöner Schein?

Checkliste   Seite 223
„Was heißt für mich geglücktes Leben?"

Kapitel 2   Seite 241
Was ist der Sinn des Lebens?

Always looking on the bright side of life – Satire hat immer einen Kern von Wahrheit – Erkenne dich selbst – Gespräch ist Lebenselixier – Was ist mit unserem humanistischen Menschenbild geschehen? – Zugehörigkeit, Lebenssinn, Selbstregulation, Freude!

Exkurs: Arbeit 4.0 – New Work   Seite 261
Roboter im Anmarsch – Wie werden wir in Zukunft arbeiten?

Wie sieht der Arbeitsplatz im Jahre 2025 aus? Steht Kollege Roboter neben uns an der Werkbank oder am Schreibtisch? Wie können wir uns auf die Prognose einstellen, dass bis dahin eine noch nicht absehbare, doch sicherlich enorme Menge an Jobs durch Künstliche Intelligenz ersetzt sein wird?

Resümee und Ausblick

Fünfter Teil   Seite 267
Homo Digitalis und sein Ausblick auf morgen
Die digitale Zukunft wird die sein, die Sie für sich selbst daraus machen.

Apocalypse tomorrow? Was führt die digitale Transformation als Beifang im Schleppnetz? Was können wir selbst steuern, was müssen wir als gesetzt hinnehmen?

Das atemberaubende Tempo, mit dem die Digitalisierung über uns hereinbrach, lässt ahnen, dass sich diese in den nächsten Jahren potenzieren wird. Welche guten Seiten hat die Digitalisierung? Wo sollten wir vorsichtig mit ihren Phänomenen umgehen?

Serial: Familie Backes und ihre digitale Welt   Seite 269
Folge 5: „Eisberge schmelzen, und unserer Modellfamilie dämmert langsam, was im Leben wirklich wichtig ist"

Exkurs: Die dunkle Seite der Macht oder Entscheiden bald Algorithmen über Leben und Tod?   Seite 283

Der Algorithmus – die moralische Anstalt? Der Mensch als Handlanger der Maschine? Die Naivität, mit der wir unsere Gewohnheiten und Bedürfnisse preisgeben, müsste die Maschine längst zum Schmunzeln gebracht haben.

Kapitel 1 — Seite 279
Der Mensch als Datenträger

Vielleicht wird ja morgen alles gar nicht so toll? – Meine Daten gehören mir!? – Der durchleuchtete Mensch – Die dunkle Seite der Macht – Fake for Fake's sake

Kapitel 2 — Seite 288
Mensch bleiben – aber wie?

Die Rettung der analogen Lebendigkeit: Der Homo Digitalis bleibt Homo sapiens – Was hat die Erfindung der Dampflok mit der digitalen Revolution zu tun?

Nachwort — Seite 293
Machen wir uns bereit für den Wandel!

Was könnte uns hier als Rüstzeug dienen? Ins Gespräch gehen – Zuhören – sich selbst ernst nehmen und wertschätzen – Freundschaften pflegen – Gefühl zeigen und (Leben und Menschen) umarmen!

Epilog — Seite 302
Freund Facebook?

Die Dosis macht das Gift oder Wie man das Monster zügelt

Vorsicht – die Lektüre dieses Buches könnte Sie irritieren!

Vorwort
Unser Leben als Homo Digitalis: Führen wir eine Existenz mit Scheuklappen?

Zahlen wir den digitalen Rausch mit dem Verlust unserer Emotionalität, Spontaneität und Empathie? Haben Sie nicht auch mal das Gefühl, in einer gestörten Beziehungswelt zu leben, oder nehmen Sie dieses Phänomen und seine Auswüchse gar nicht mehr wahr?

Schwanken die verlässlichen Grundpfeiler des menschlichen Miteinanders, die auf bewährten Qualitäten ruhen wie derjenigen, sich auf den Mitmensch zu beziehen und emotionale Sicherheit in nährenden Kontakten zu finden? Haben sie gar ausgedient und einer Sensationslüsternheit Platz gemacht? Ungehemmt und nicht selten schamfrei äußern wir uns im digitalen Kosmos, sehr wohl ahnend, dass unsere Postings reale und aufnahmebereite Empfänger finden. Während alltägliche Begebenheiten oder seriöse Informationen keine Resonanz generieren. Was ist mit dem bewährten Kommunikationsmodell „Sender–Empfänger" (sprechen–zuhören) passiert? Wenn wir kaum Hoffnung haben dürfen, in eine authentische, ehrliche, reflektierte Kommunikation mit unseren Mitmenschen zu treten, was gibt uns noch innere Stabilität, Sicherheit und Geborgenheit? Unsere Steinzeitahnen benötigten das Beziehungsnetz der Horde, um sich in ihrer Existenz sicher fühlen zu können. Dezidierte „Junggesellen" oder Außenseiter, die sich abgesondert hätten, hätten kaum überlebt. Fördert die digitale Welt die moderne Vereinzelung? Was bedeutet dies für unsere Gabe, Gefühle und Emotionen zu entwickeln?

Wie fühlt sich unser Leben im digitalen Kosmos an?

Wie schließen wir Beziehungen im digitalen Zeitalter, wenn wir mehr und mehr die Kontrolle über unser Leben an gesichtslose Algorithmen abgeben? Ein schleichender Prozess, der das ablöst, was in analogen Zeiten als Selbstbestimmung begehrenswert erschien. Heute erleben wir die Macht der Masse: Warum werden Hass-Postings so populär, und warum treffen diese auf so rege Akzeptanz? Was bedeutet uns noch Beziehung in ihrer ursprünglichen Bedeutung von „Hinwendung zu anderen Individuen"? Der Mensch ist immer eingebunden – ob er will oder nicht – in vorhandene soziale Systeme, unbewusst-bewusst. In diesen agiert er als Individuum und als Mitmensch und aus diesem Miteinander-Agieren bezieht er seine Anerkennung, Bestätigung und Verantwortung. Sich individuell zu einer einzigartigen Persönlichkeit zu formen, war erklärtes Ziel. Heute sind Gleichschaltung und Nivellierung eine Form der Verflachung durch das Primat des „Gleichen" gegenüber der Wertschätzung des „anderen" (im Sinne von andersartig).

Der Philosoph Byung-Chul Han schreibt in „Die Austreibung des Anderen", S. Fischer Wissenschaft 2016, S.9: *„Der Terror des Gleichen erfasst heute alle Lebensbereiche. (..) Man häuft Informationen und Daten an, ohne Wissen zu erlangen. Man giert nach Erlebnissen und Erregungen, in denen man aber sich immer gleich bleibt. Man akkumuliert Friends und Follower, ohne je einem Anderen zu begegnen."*

Die Stimmungslage im Jahre 2018 ist höchst ambivalent auf allen relevanten Ebenen – der gesellschaftlichen, global-politischen, wirtschaftlichen und rein menschlich-privaten. Vertraute Institutionen, Staatengefüge, Wertordnungen, Verhaltensweisen werden porös oder stehen auf unsicheren Füßen. Der Terror ist greifbare Gegenwart, der Krieg aus fernen Ländern bei uns angekommen, Menschen, die aus Not, Angst und Elend bei uns Zuflucht suchen und Aufnahme finden, durchmischen die Gesellschaft. Wir erleben inländische und europäische Umbrüche und Verwerfungen, von denen wir meinten, sie überwunden zu haben.

Der digitale Spagat

Gleichzeitig muss der moderne Mensch einer Zerreißprobe standhalten – permanent wird er zu Agilität aufgefordert. Aktiv soll er sein, tatkräftig, vorausblickend, erfolgreich und zupackend. Selbstoptimierung, Selbstverwirklichung, Selbstperfektionierung, Selbstapotheose sind das Gebot der Stunde. Die in einem atemberaubenden Tempo erzeugten Neuerungen in Technik und Digitalisierung wollen zügig und freudig in Realtime vollzogen und adaptiert werden.

Doch es hat den Anschein, dass unsere durch Naturell und tradiertes Verständnis vom Menschsein ererbte Befindlichkeit mit der Dramatik des Fortschrittstempos nicht mithalten kann. Dass Angst aufkommt, im Rausch des technischen Wandels den Anschluss zu verlieren. Dass in einer Welt der ungeahnten Möglichkeiten eine neue Begrenzung entsteht durch die plötzlich aufbrechenden eigenen Defizite. Dass sich Gefühle von Unlust und Frust einstellen, die man als eine natürliche Gegenwehr des Organismus deuten könnte, der sich in seinem evolutionären Potenzial überfordert sieht.

So rasch wie noch nie in der Menschheitsgeschichte muss sich der moderne Mensch auf einschneidende Veränderungen einstellen. Und dabei erleben wir, dass je mehr wir uns bemühen, desto mehr Widerstand wächst, der sich nicht mehr zum Schweigen bringen lässt. Ist es nicht bereits so, dass wir die zweifellos gigantischen Innovationen und Chancen der Digitalisierung im Überfluss nutzen, dies aber immer mehr im Banne eines mal peinlichen, mal reuigen, mal trotzigen Grundgefühls, das auf fatale Weise dem Schuldgefühl gleicht, das die Kirchen dafür benutzen, ihre Schäfchen im Zaum zu halten?

Die Welt der Sinne – was will dieses Buch bewirken?

- *„Störfall Mensch!"* stellt provokante Fragen, die jeden Einzelnen im Spannungsfeld zwischen Menschsein und Digitalisierung tangieren. Gleichzeitig sollen wache Leser mit Anregungen und Denkanstößen keinesfalls dogmatischer Art zu Reflexion, Meinung, Gegenentwürfen gelangen. So wächst Potenzial für einen lebenswerten Kosmos. Betrachten Sie, liebe Leser, die Lektüre als eine Denksportaufgabe der besonderen Art, mit ernsthaftem Hintergrund, universeller Wirkung, auch spielerischem Duktus. Wer, wenn nicht der Mensch, könnte sich diesen Diskurs mit sich selbst und den anderen zutrauen und auch zumuten?

- *„Störfall Mensch!"* will vor allem ein starkes Bewusstsein für die „Gretchenfrage" erzeugen, in welchem Umfang und in welcher Verantwortung jeder mit den Segnungen der Digitalisierung umgehen will. Schöpfend aus eigener Perspektive und eigenem Erleben wagt der Autor, den aktuellen Zeitgeist zu hinterfragen, indem er eine Diskussion über Sinn und Unsinn der Digitalisierung befeuert. Keinesfalls geht es um Belehrung, denn jeder sollte für sich selbst entscheiden, wo die Digitalisierung für ihn Zuckerln bietet und wo Essiggurken. Der Autor zögert nicht zu polarisieren und zuzuspitzen, wo es ihm notwendig erscheint, um sich klar zu positionieren. Seine Ansichten sind subjektiv, kritisch hinterfragbar und nicht für jeden gleich gut bekömmlich.

- *„Störfall Mensch!"* erhebt keinen Anspruch auf Allgemeingültigkeit, sondern versteht sich als ein Ausschnitt dessen, was sich täglich im Spannungsfeld zwischen virtuell technisierter Realität und real greifbarer Lebenswelt abspielt. Aber ist die reale Welt auch wirklich real? Ist Realität nicht das, was wir mit allen Sinnen erleben, sehen, hören, schmecken, fühlen, riechen und greifen können? Ist sie fiktional oder gar ganz und gar virtuell? Ist die virtuelle Welt gar real? Existiert das, was sich vor unserem Auge darstellt, nur in unserer Einbildung? – Nehmen wir die Welt immer noch so wahr, wie wir sie haben wollen? Oder wie sie uns die Technik darstellt?

- *„Störfall Mensch!"* ist eine Einladung, über die großen Lebensfragen im täglichen digitalen Kleinen und Großen zu reflektieren. Für Menschen, die sich mit dem scheinbar Realen nicht zufriedengeben, die eine gesunde Skepsis an den Tag legen, dazu Neugier und Wissensdurst, und die ergründen wollen, was den Menschen erst zum Menschen macht – auch in einer zunehmend digitalisierten Welt. Die sich ihre Gefühlsfähigkeit erhalten oder diese verbessern wollen und die wissen, dass damit verbundene psychische und physische Schmerzen untrennbar zum menschlichen Leben gehören. Die einerseits die Segnungen der Digitalisierung genießen und nutzen, sich andererseits stets aufs Neue fragen, wie weit sie sich ihnen unterwerfen wollen.

Hinweis:
Verfasst zwischen März 2017 und April 2018 kann dieses Buch nicht tagesaktuell sein, wenn Sie es zu einem späteren Zeitpunkt in Händen halten. Das eine oder andere Faktum wird bereits von der digitalen Welle erfasst worden sein und die Digitalisierung ist weiter vorangeschritten.

Das gute Gefühl, mal wieder offline zu sein

Kennen Sie das überhaupt noch? Offline – klingt unvertraut, fremd, sperrig, oldschool. Die Hand zuckt nach dem Smartphone, der Finger liegt auf der Reset-Taste. Was bleibt, wenn wir offline gehen? Unsicherheit auf ungewohnt gewordenem Terrain? Hilflosigkeit angesichts der Tatsache, dass es Zeit „zu füllen" gibt mit Offline-Aktivitäten, denen man bereits entwachsen ist? Wie fühlt sich das für Sie an?

Ist jetzt nicht Zeit, an einer neuen Kultur des menschlichen und gesellschaftlichen Miteinanders zu arbeiten? Altvertraute und streckenweise obsolet gewordene Gewohnheiten aufleben zu lassen: das bewusst geführte Gespräch, eine neue emotionale Intimität und gemeinsam gestaltete Privatsphäre, Empathie und wachsame Intuition im Umgang miteinander? Ein respektvolles Einander-zugewandt-Sein schafft eine neue Toleranz des „Anderen" als Gegenpart zur sichtbaren und beziehungsgefährdenden Gleichschaltung durch Digitalisierung.

Seien Sie gespannt auf das, was in Ihnen und mit Ihnen passiert!

Wie dieses Buch gelesen werden will

Als Ganzes oder kapitelweise. Alle Teile sind zwar durch ein großes Thema miteinander verbunden, gleichzeitig aber als autonome Themenstücke zu verstehen. In jedem Teil finden Sie weiterführende Lesetipps und Hinweise zu den Inhalten. Was Sie als geschlossene Geschichte lesen sollten, ist die Rahmenhandlung, in der Sie die Familie Backes durch einen Entwicklungsprozess vor dem Hintergrund der Digitalisierung und ihrer Folgeerscheinungen begleiten. Bruno, Irma, Lisa, Dennis und Ben Backes sind die netten Nachbarn von nebenan. An ihnen werden mehr oder weniger die Auswirkungen die Digitalisierung deutlich, aber es wird auch gezeigt, wie die auseinanderdriftende Familie Backes wieder zu einer Gemeinschaft zusammenwächst. Die Eltern sehen wir im Konflikt mit den neuen Anforderungen in Beruf und Arbeitsleben straucheln und doch wieder festen Boden unter den Füßen gewinnen, die Kinder kämpfen mit ihren altersbedingten, durch die digitale Zeit allerdings verschärften Mühen auf dem Weg zum Erwachsenwerden. Am Ende werden wir sagen können: „Wenn Bruno und Irma es schaffen, eine gesunde Einstellung zur Digitalisierung zu finden, dann schaffen wir das auch!"

Einleitung
Homo Digitalis oder Der freie Wille

Die Digitalisierung unserer Lebenswelt zeigt Wirkung! Wie werden unsere Bedürfnisse, Beziehungen und Lebensentwürfe von ihr geprägt – im Guten wie im Schlechten?

In einem Tempo, das sich selbst zu überholen scheint, erleben wir fasziniert und gleichzeitig fröstelnd die Auswirkungen des digitalen und technologischen Overkills. Der Autor unternimmt den ehrgeizigen Versuch, das Metaphysische zwischen der digitalen und der realen Welt zu begreifen. Er fordert uns auf, aus der digitalisierten Parallelwelt wieder offener und aufnahmebereiter in die reale Welt zurückzukehren, wo die wirklichen Entscheidungen und Konsequenzen auf uns warten. Erfahren in der professionellen Veränderung von Beziehungen und Organisationen, wirft Thomas Wehrs Fragen auf, die dieser Forderung den Weg bereiten sollen.

Das Internet gewährt uns Anonymität und Freiheit und führt mit Fake News, falschen Identitäten, offenem Hass und der Diskriminierung anderer Menschen (die nicht unserer Meinung sind) wenig erstrebenswerte Ballaste mit sich. Im Umgang mit den schier endlosen Möglichkeiten und leicht zugänglichen Informationen qua Internet hat sich ein Sicherheitsvakuum gebildet. Die Jünger der Digitalen Revolution haben ihre Technodizee erst noch zu beweisen, denn die Digitalisierung droht an der technologischen Zerstörung unserer Lebensbedingungen zu scheitern. Ohne zukunftsgewandte und vorwärtsstürmende Technik können wir nicht existieren – unsere Verantwortung gegenüber künftigen Generationen allerdings ist klar: Es gilt, unsere Vernunft, unseren gestalterischen Ideenreichtum, unser Wissen um unsere gelebten Werte voll in die Waagschale zu werfen. Alles, was wir tun, denken und fühlen, sollte der Maxime unterworfen sein, eine lebenswerte Welt für künftige Generationen zu bewahren.

Sapere aude!
Eine Zeitreise zu den Ursprüngen der Naturwissenschaften

An der Schwelle zur Aufklärung befindet der Universalgelehrte Gottfried Wilhelm Leibniz, dass die Schöpfung als Ganzes gut sei, postuliert aber nicht, dass die Welt rundum gut sein sollte oder es könnte. Gott habe die bestmögliche Welt geschaffen, nicht die optimale oder perfekte, gerade so gut, dass sich der Mensch mit einem freien Willen seine eigene Lebenswelt bauen kann. Die Idee von einer völlig heilen Welt wäre auch absurd. Leibniz erkennt die Güte Gottes auch und gerade in einer Welt, die nicht frei von Übeln ist. Anlass für seine Theodizee war das verheerende Erd- und Seebeben von Lissabon an Allerheiligen im Jahre 1756. Die damaligen Menschen deuteten es als Feuerzeichen der Strafe. Endlich begann sich die Nachwelt – unter anderem der große Philosoph der Aufklärung Immanuel Kant – für Naturphänomene und Naturkatastrophen und die von ihnen ausgehenden Gefahren, die bis dahin als „Grimm Gottes" gesehen worden waren, zu interessieren.

Wie hätten die Damaligen in einer Vision ihrer Zukunft eine digitalisierte Welt empfunden, in der der Einzelne über eine unglaubliche Vielfalt an neuen Möglichkeiten frei verfügen kann – dem Zugang zu Weltwissen, Vernetzung, Globalisierung? Wie würden sie es bewerten, dass der freie Wille des Menschen zunehmend in Gefahr ist, von den unbezwingbaren Gesetzen der Technik unterwandert zu werden? Der Soziologe Max Weber nannte die Industrialisierung und den Siegeszug von Technik und Wissenschaft eine „Entzauberung der Welt". Wie hätten es erst die Denker der deutschen Romantik formuliert, die eine „Poetisierung der Welt" anstrebten?

Wenn nicht mehr Zahlen und Figuren sind Schlüssel aller Kreaturen,
wenn die, so singen oder küssen mehr als die Tiefgelehrten wissen,
wenn sich die Welt ins freie Leben und in die Welt wird zurückbegeben,
wenn dann sich wieder Licht und Schatten zu echter Klarheit werden gatten
und man in Märchen und Gedichten erkennt die wahren Weltgeschichten,
dann fliegt vor einem geheimen Wort das ganze verkehrte Wesen fort.
(Georg Philipp Friedrich von Hardenberg, genannt Novalis, 1772–1801)

Mitläufer oder Rebell?

Was ist eigentlich mit dem guten, alten, persönlichen Gespräch, mit der Freude an Diskurs und Austausch, dem lebendigen Miteinander passiert? Erinnern wir uns noch, wann wir zuletzt einmal ein Gespräch in Familienrunde, eine Diskussion unter Freunden, ein Streitgespräch mit Kollegen geführt haben? Wenn wir erst nachdenken müssen, liegt dies schon lange zurück. Welchen Gewinn können wir aus der historisch tradierten Gesprächskultur ziehen? Wann kam es zum „Bruch" zwischen vertrautem analogen Miteinander und distanzierter Online-Selbstgenügsamkeit?

Spielt die Digitalisierung eine ähnliche Rolle wie die gravierenden sozialen und gesellschaftlichen Umwälzungen des 20. Jahrhunderts, wie die Verwerfungen der Kriegsjahre und die widerstreitenden gesellschaftlichen Prozesse der Nachkriegsjahrzehnte? Haben die sozialen Medien die Aufgabe der Salons früherer Jahrhunderte übernommen, die als hochanerkannte gesellschaftliche Zentren die Kunst der geschliffenen Rede, des zivilisierten Miteinanders und des verfeinerten Gesprächs pflegten? Online zu sein ist für die meisten von uns die Regel. Offline zu sein dagegen mit einer besonderen Qualität behaftet. Gilt dies nicht vielen als Verweigerung, Ablehnung, Isolierung, bewusste Distanzierung oder gar Rebellion? Es scheint, als bedürfe es einer Dosis Mut, sich dies zu erlauben.

Eine Prise rebellischen Aufbegehrens steckt in jedem von uns. Aber vor allem ist es für uns eine Notwendigkeit, uns zu einer Gemeinschaft gehörig zu fühlen. Das legitimiert uns, verleiht uns Identität und Sicherheit. Die Balance zwischen digitaler Akzeptanz und digitaler Distanz zu halten, ist eine der vorrangigen Aufgaben des modernen Menschen.

Die Veränderbarkeit von Mensch und Welt

Wir nehmen die Welt heute als so komplex und vielschichtig wahr, dass wir meinen, in den großen Lebensfragen oder Begebenheiten nichts bewegen zu können. Aber trifft nicht zu: Jeder für sich trägt selbst die Verantwortung, wie er sich als

Erwachsener positioniert. Sehe ich mich als Opfer (frühe Verhaltensmuster) ohne Veränderungsmöglichkeit – „Ich bin halt so" –, oder nutze ich bestimmte Situationen und Begebenheiten, um meine Sicht- und Verhaltensweisen zu modifizieren und schrittweise zu einem selbstbestimmten Leben zu gelangen? Die Freiheit des Willens besteht darin, sich selbst die Entscheidungshoheit zuzuweisen, ob man mit dem alten Ballast (frühe Prägungen, schädliche Verhaltensweisen, obsolet gewordene Gewohnheiten oder negative Glaubenssätze) weiter (belastet) leben oder diesem mit der gesicherten Klarheit des Erwachsenen einen neuen Stellenwert und Platz zuweisen will. Das heißt auch: eine innere Haltung einnehmen, mutig Flagge aufziehen und von der eigenen Warte aus das Mögliche für eine menschliche Welt zu leisten. Diese Welt ist schön!

Der Homo Digitalis in seinem sozialen Umfeld

Mit der digitalen Transformation aufgewachsene Menschen, die offenen Geistes in die Welt sehen, die nachfragen und sich nicht mit dem Mainstream bescheiden, die sich nicht nur ein Bild machen (lassen), sondern auch zupacken und aktiv werden, können von diesem Buch besonders profitieren. Alle, die eine gesunde Skepsis an den Tag legen, neugierig sind und wissen wollen, was den Menschen zum Menschen macht. Die Fähigkeit, Emotionen zu entwickeln und zuzulassen, gehört untrennbar dazu, auch wenn diese mit psychischem und physischem Schmerz verbunden sind. Die Weisheit zu akzeptieren, dass Schmerz und Glück nahe beieinanderliegen. Beides ist möglich, wenn der Reifeprozess, den wir gemeinhin als Erwachsenwerden betrachten, vollzogen und nicht geleugnet wurde. Manche suchen ihr ganzes Leben danach, und gerade ältere Leser, die aufgehört haben, sich diese Fragen zu stellen, werden neuen Auftrieb spüren und vieles, was sich in ihrem realen und digitalen Leben ereignet, kritisch im Sinne von veränderungsbereit sehen.

Dass Leser bei der Lektüre in milde Zweifel geraten, ist vom Autor nachgerade erwünscht. Dabei soll eines immer betont werden: Kein denkender Mensch muss mit seinen Zweifeln alleine bleiben. Die Wissenschaftsforschung hat auch hier Disziplinen – wie das Systemische Coaching und die Transaktionsanalyse – hervorgebracht, die, als Lotse eingesetzt, Lösungen ermöglichen und Erklärungen geben können. Menschliches Verhalten ist selbst in hohem Alter noch veränderbar. Allerdings – je früher, desto wirkungsvoller. Jeder kann sich heute effektive Hilfe suchen, nach der die Zeitgenossen von Kant und Leibniz in der Religion (nicht selten noch vergeblich) fahndeten.

Der Homo Digitalis in der globalen Wirtschaft

Wir alle stehen in einem vielfältigen Netz an Verpflichtungen, das uns nicht selten bis zur Erstickung einschnürt. Scheinbar sind wir eingebunden in genauso vielfältige Beziehungen. Aber gehen wir immer noch so offen und vorbehaltlos mit ihnen um wie im analogen Zeitalter? Auch in der Wirtschaft sind es Menschen und noch keine Roboter, die an den Stellschrauben drehen, die Verantwortung für Teams, Betriebe, Niederlassungen und ausländische Standorte tragen und folgenschwere Entscheidungen verantworten. Zu führen lernt man leider weder in der Schule noch an der Universität oder in der Ausbildung.

Dieses Buch kann für Menschen in Führungspositionen (selbstständig, angestellt, in Teams oder als Solisten) eine Reflexionsfläche bieten. Lösungsansätze für Konflikte, die im Zuge der digitalen Transformation in ihren Unternehmen auftreten und die sie in einem persönlichen Coaching gezielt weiterverfolgen wollen. Sie machen die Erfahrung, dass Einzelpersonen, Gruppen und Teams die intern auftauchenden Reibungsflächen oder personellen Stolpersteine professionell bearbeiten und betreuen lassen können. Sie erhöhen ihre Handlungskompetenz und gewinnen ein Gefühl für ein reflektiertes und empathisches Beziehungsmanagement, das Kreise ins Private zieht und im Sinne der griechischen Philosophie zu einer erfüllten Lebensgestaltung führt, die zwischen innen und außen, privat und öffentlich nicht trennen möchte.

Diskurs, Gespräch, Sprachkultur, Erzähltradition wiederbeleben – eine Forderung der Zeit

Wenn wir das digitale Zeitalter nicht nur überleben, sondern seinen unbestrittenen Nutzen sinnvoll und bestmöglich für ein erfülltes Leben einsetzen wollen, ist eine neue Hinwendung zu Reflexion und Fühlen unabdingbar. Zurück zu einem empathischen Verständnis davon, dass Kontakt, Nähe, Verbindung, die Bereitschaft, sich auf Menschen einzulassen, Empathie und Intuition die Schmierstoffe sind, die ein ganzheitliches Menschsein ausmachen. Sind Sie jetzt neugierig geworden, die geheime Erotik des Gesprächs neu zu entdecken? Energie aus bestätigenden und wertschätzenden Begegnungen zu ziehen? Wenn sich für den Augenblick des intensiven Meinungsaustausches das Gefühl der Selbstentfremdung verliert, das uns in der Isolation der Vereinzelung überfallen kann, wird unser Herz weit. Macht die Einbindung in einen Kokon aus vernetzten gemeinsamen sozialen Erfahrungen nicht letztlich die Teilnahme am Weltwissen aus? Dieser Motor mobilisiert Energien, von denen wir bisher nur ahnungsvolle Kenntnis auf der kognitiven Ebene hatten. Erfülltes Menschsein.

Seien wir nicht nur Homo Digitalis – bleiben wir Mensch!

Auftakt
Der digitale Paukenschlag und seine Nachbeben

Da kommt was auf uns zu! Müssen wir jetzt die Herrschaft der Bits, Bytes und Bots fürchten? Was sind die Megatrends der nahen Zukunft?

Die Gegenwart ist bereits digital, die Zukunft wird noch weit digitaler werden. Bei der Arbeit an diesem Thema machte ich die Erfahrung, dass die Menschen, mit denen ich darüber sprach, genauso wenig wie ich selbst eine klare Vorstellung hatten vom Ausmaß der Digitalisierung, das wir bereits mehr oder bewusst am eigenen Leib verspüren. Wir sind fasziniert von den Möglichkeiten, und gleichzeitig beschleicht uns eine Ahnung, dass die Auswirkungen in ihrer Gänze noch nicht in unser Bewusstsein gedrungen sind. Noch können wir gegensteuern – hinschauen, urteilen und eine gesunde Distanz entwickeln. Wenn ich Ihnen hier ein paar Empfehlungen geben kann, wie Sie die digitalen Paukenschläge sanft abfedern können, ist meine Mission erfüllt!

→ https://www.welt.de/kmpkt/article166416327/So-soll-sich-unser-Leben-bis-2030-veraendern.html

Fünf Megatrends im digitalen Zeitalter: So schaut's aus!

Laut einer im Juli 2017 vorgestellten Studie der Heidelberger Gesellschaft für Innovative Marktforschung (GIM) wird sich unser gesellschaftliches Klima in Zukunft gravierend verändern. Die Studie zeigt große und bestimmende Trends der Zukunft auf und erörtert die Fragestellung, wie sich die gesellschaftlichen Wertvorstellungen im Jahre 2030 darstellen könnten. Nach Einschätzung der beteiligten Wissenschaftler um Dr. Johannes Fernow werden uns Trends umtreiben wie:

1. **Algorithmisierung,**
2. **Selbstverwertung statt Selbstverwirklichung,**
3. **Gestaltung,**
4. **Fragmentierung** und
5. **Re-Lokalisierung** (als Gegenbewegung zu Globalisierung und Digitalisierung).

Algorithmen ernähren sich von unserem Input. Je mehr wir ihnen an Wissen über uns liefern, desto mehr können sie uns eine Welt präsentieren, die an diese Gewohnheiten angepasst ist. Sie werden intime Kenntnis von uns haben und uns darüber Entscheidungen abnehmen, was uns einerseits entlastet, gleichzeitig aber unsere Freiheit und den persönlichen Handlungsspielraum einschränkt. Die Selbstverwertung zielt auf kannibalistische Selbstausbeutung. Eine Live-Kochshow auf Facebook, die ein für Electronics bekanntes Unternehmen promotet, wird als gelungen angesehen, wenn sie 100.000 Likes erzeugt, auch wenn (geschätzt) nicht einer der Viewer die Rezepte nachkocht oder (verifiziert) den als Produkt in die Show integrierten Dampfkochtopf ordert. Im digitalen Zeitalter wachsen neue Währungen, mit denen der digitale Mensch Handel treiben kann. Doch wo bleibt der sinnlich-ideelle Genuss, wenn alles Bemühen einzig und allein ein Mittel zum Zweck ist?

Dass der Mensch sich von jeher der **Gestaltung** seiner Welt verpflichtet fühlt, hat die Evolution vorangetrieben. Doch was heute denk- und machbar scheint – Eingriffe in existenzielle Fragen wie geklonte Menschen oder Designerbabys –, rüttelt an den Grundfesten der bisher gekannten Weltordnung und kratzt an Tabus. Was im Gesundheitswesen und der Medizin vertretbar ist – synthetische Nahrungsergänzungsmittel, die auf die Spitze getriebene Leistungsfähigkeit durch designte Medikamente, verändernde Schönheitsoperationen, digitale Prothesen, Selbstkonditionierung durch Sport –, gerät bei Fragen, die in die Natur eingreifen oder wenn man so will die göttliche Weltordnung außer Kraft setzen, aus den Fugen.

Selbstverwertung und Selbstoptimierung, unterstützt durch Self-Tracking, arbeiten an der kostbarsten Maschine der Menschheitsgeschichte: dem menschlichen Körper. Doch dieser könnte ja noch mehr leisten! Ein Megaangebot an 15.000 Gesundheits-Apps, Sensoren, Gurten, Mess-Sets und Programmen steht bereit, um ihn zu warten, zu bewerten und stetig zu perfektionieren. Und nicht zuletzt den Menschen, der in diesem Körper steckt, auch zu erschrecken: Denn wer weiß, dass er noch viel besser, schneller, schöner, effizienter sein könnte, wenn er sich nur anstrengte, steht unter ständigem Stress. Pimp yourself! Hol alles aus dir heraus! So heißt der Appell. Mit Tracking-, Schlaf- und Meditations-Apps beginnt's, mit Körperfettwaagen, Fitnessarmbändern, Zucker-, Sauerstoff- und Pulsmessern, Schlafsensoren, Schrittzählern, Hüftgürteln zur Regulierung der Körperhaltung und kleinen Folterinstrumenten zur Herstellung eines straffen Waschbrettbauchs ist noch lange nicht Schluss. Sie essen noch konventionell? Greifen Sie zu Super-Foods und Smoothies, auch wenn sie Ihnen nicht schmecken – Hauptsache: stets gut drauf sein! Kontinuierliches Nach-oben-Streben, urteilt der deutsche Philosoph und Kulturwissenschaftler Peter Sloterdijk, ersetze tradierte Glaubenslehren.

Ein typisches Kennzeichen der Digitalisierung ist **Fragmentierung**. Die globale Internetwelt ist ent-grenzt und gleichzeitig unüberschaubar. Was für Menschen elementar ist, der Zusammenhalt mit definierten sozialen Gruppen und das Gefühl von Zugehörigkeit, vermittelt Identität. Diese Sicherheit bricht auf in einer scheinbar unüberschaubaren Auswahl an Identitätsoptionen.

Eine Studie der Heidelberger Gesellschaft für Innovative Marktforschung (GIM) sieht das „Patchwork-Ich" in Gefahr, sich durch die ständige Arbeit an einem optimierten Ich gnadenlos selbst zu überfordern. Dann verwundere nicht, dass in so einem Ausnahmezustand Zuflucht und Halt nicht zuletzt extreme (politisch, pseudoreligiöse) Ideologien böten. Dass Menschen in Überforderungssituationen Begrenzung suchen, etwa indem sie vertraute Gewohnheiten und tradierte Verhaltensweisen in modernen Phänomenen wie dem Urban Gardening in Großstädten wiederbeleben, in die Region fahren und beim Bauern mit dem Griff in der Bio-Kiste Trost finden oder sich in ihren eigenen begrenzten Mikrokosmos einigeln, sind Signale. Die greifbare Welt um uns herum gewinnt wieder an Bedeutung als sinngebende physische Einheit, als ideelles und dennoch reales Bollwerk gegen die digitale Nicht-(Be-)Greifbarkeit. Re-Lokalisierung entspricht dem genuinen Bedürfnis, in einem Kokon aus Vertrautheit, Gewohnheit und Beziehung geborgen zu sein.

In diesem Zusammenhang kommen auch die klassischen Medien ins Spiel. Laut einer Umfrage der Berliner Markenberatung Prophet aus dem Jahr 2017 vertrauen 73 Prozent der Bundesbürger mittlerweile wieder mehr den klassischen, regional bezogenen Medien als den sozialen Medien, die sie mit Falschmeldungen in Verbindung bringen. Sie bauten darauf, dass die redaktionellen Medien Meldungen auf ihren Wahrheitsgehalt hin prüften. Nun darf man argwöhnen, dass eine Umfrage unter 1.000 Probanden – zudem im erwachsenen Alter – nicht wirklich repräsentativ für ganz Deutschland sein muss. Dennoch darf dies als ein Indiz gewertet werden, dass die Menschen zunehmend kritisch eingestellt sind gegenüber der fortschreitenden Technisierung ihrer Lebenswelten. Der Hype um Facebook und Co scheint allmählich einer gesunden Ausnüchterung zu weichen.

Bundesbürger vertrauen klassischen Medien mehr als den sozialen
→ https://www.presseportal.de/pm/112455/3652877

Beim Blick auf die Wirtschaft fällt das Ergebnis eher besorgniserregend aus: Die für die Deutschen wichtigsten Marken kommen mit Google, Amazon und Apple aus den USA, erkennt die Marken- und Strategieberatung Prophet nach einer Befragung von 45.000 Konsumenten in Deutschland, England, China und den USA. Acht von zehn der für die Deutschen wichtigsten Marken sind in ein digitales Umfeld eingebettet, einheimische Traditionsmarken wie Bosch, Siemens, Lufthansa, Volkswagen oder Mercedes landeten abgeschlagen im Mittelfeld, nur 16 der für die Deutschen relevanten Marken sind inländischer Provenienz.

Sieben exemplarische Phänomene der digitalisierten Neuzeit

1. Künstliche Intelligenz als einer der wichtigsten Trends der Neuzeit

Künstliche Intelligenz ist mehr als ein Schlagwort, bereits ein Buzzword, das manche ängstigt, andere wiederum spannend finden. Wo haben wir es im täglichen Leben bereits mit Künstlicher Intelligenz zu tun, und wie sind ihre Zukunftsperspektiven? Müssen wir uns darauf einstellen, dass alle für uns essenziellen Lebensbereiche früher oder später in die Hand von Robotern gelangen? Arbeiten, einkaufen, Freizeit gestalten, sich gesund erhalten, als Verkehrsteilnehmer mobil bleiben, sich beziehen, gesellschaftlich miteinander Umgang pflegen? Wird sich Künstliche Intelligenz (KI) in Phänomenen spiegeln, die wir heute noch belächeln? Und sich einnisten als Mensch-Maschine-Dialog, autonomes Fahren, als Drohne, die uns das Postpaket an die Haustür liefert, Staubsaugerroboter, der unsere Teppichböden clean hält, und kommunizierende Kühlschränke, die eigenständig Shoppinglisten erstellen und notwendige Einkäufe bald eigenständig ordern, virtuelle Assistenten, die uns Hilfsdienste leisten, smarte Arbeitsplätze, Pflegeroboter und technische Gesichtserkennung? – Was kann uns eigentlich noch beeindrucken?

Vor dem Hintergrund dieser Entwicklung müssen Unternehmen ihre Haltung gegenüber dem Verbraucher modifizieren, heißt es im „CMO-Survey 2017", der künftige Märkte und Marketingtrends erforscht. Der Verbraucher gewinne zunehmend an Bedeutung als Entscheider und Mitgestalter über das, was er in Zukunft kaufen und konsumieren will, er poche auf zeitnahe und direkte Beantwortung seiner Fragen und werde Marketingmaßnahmen dann annehmen, wenn Künstliche Intelligenz und Intuition organisch zusammenspielten.

→ http://www.horizont.net/marketing/nachrichten/CMO-Report-Diesen-drei-Herausforderungen-muessen-sich-Marketer-in-den-kommenden-Jahren-stellen-164885

2. Das Internet der Dinge (Internet of Things) lebt

Trend, Aktualität und bald Zukunft: Was genau ist eigentlich unter Künstlicher Intelligenz zu verstehen? Artificial Intelligence ist in der Lage, mit Hilfe von selbstlernenden Computerprogrammen (Machine Learning/Deep Learning) die Denkfähigkeit des Menschen zu simulieren und intelligentes Verhalten zu automatisieren. Internet of Things bezeichnet einen revolutionären Vorgang: das Zusammenführen von physischer und virtueller Intelligenz. Maschinen klüger zu machen, ist längst der Schlachtruf in der Industrie 4.0. Vom Autobau bis zur Robotik hängt das wirtschaftliche Überleben von diesem ambitionierten Zukunftsziel ab, will Wissenschaftsjournalist Thomas Schulz in SPIEGEL-Online vom 30. Juli 2017 glauben machen. Ein selbstfahrendes beziehungsweise von Robotern gesteuertes Auto kommt ohne vom Menschen vorgenommene Programmierung aus. Der Roboter lernt selbstständig, indem er Millionen Fahrkilometer am Simulator hinter sich bringt. Und er fährt und fährt und fährt ...

Das Internet der Dinge polarisiert und spaltet die Expertenmeinungen in der öffentlich ausgetragenen Diskussion. Tesla-Gründer Elton Musk etwa zeichnet eine Zukunftsvision, in der Roboter auf der Straße Menschen töten könnten, während Facebook-Chef Mark Zuckerberg, von einem grenzenlosen Optimismus getrieben, Warnungen vor einem digitalen Overkill naiv und verantwortungslos nennt. Zuckerberg spricht natürlich pro domo, denn im eigenen Haus tüfteln internationale Spitzenkräfte längst an KI-Systemen.

Der Autor Sam Harris entwirft in seinem Roman „A Player of Games" eine interplanetare Utopie, in der Menschen ihre Lebensdauer selbst bestimmen und sich in künstlich geschaffenen Landschaften die Zeit mit Exzessen (Drogen, Alkohol, Sex, Erleuchtungsstreben) vertreiben, soweit sie sich nicht gerade auf intergalaktischen Abenteuerreisen befinden. Er sieht in der Künstlichen Intelligenz einen Passagierschein zum Paradies. Auch Stephen Hawking hatte zu Künstlicher Intelligenz eine dezidierte Meinung: Werden Maschinen klüger als der klügste Mensch, könnte das eine die gesamte Menschheit bedrohende Entwicklung in Gang setzen.

Der Informatik-Professor Geoffrey Hinton von der Universität Toronto gilt als graue Eminenz der Künstlichen Intelligenz. Schon vor einigen Jahrzehnten schreckte er die Wissenschaft mit der Zukunftsvision auf, dass Maschinen einmal wie das menschliche Gehirn funktionieren und wie Menschen denken könnten. Damals wurde er als „durchgeknallt" beurteilt – heute ist er für Google tätig. Google-Chef Lerry Page bekundet, man sei noch weit von solchen Horrorszenarien entfernt, und plädiert für die Künstliche Intelligenz als die einzige Möglichkeit, die Lebensqualität der zukünftigen Menschheit zu bewahren und nach Kräften zu optimieren.

→ http://www.spiegel.de/thema/kuenstliche_intelligenz/
→ http://www.spiegel.de/wissenschaft/mensch/mark-zuckerberg-und-elon-musk-zukunft-der-kuenstlichen-intelligenz-a-1160095.html

Künstliche Intelligenz ist bereits in viele Lebensbereiche vorgedrungen. Wo wird sie noch weit mehr als heute unser Leben, unser Denken und Fühlen tangieren? Schauen wir uns doch einmal einige ausgewählte Szenarien an.

3. Smart Home – Willkommen, Alexa & Verwandtschaft!

Bereits heute zeichnet sich ein starker Trend ab: Unser zukünftiges Arbeitsleben wird sich verstärkt im Home Office abspielen. Das heißt, unserem Zuhause wird ein noch höherer Stellenwert zugemessen als bisher. Von der Steinhöhle bis zum Penthouse – der Mensch strebte immer nach einem Schutz vor feindlicher Umwelt, vor der Unbill des Wetters und der Unkalkulierbarkeit der freien Wildbahn. Ihn fand er in einem umgrenzten und nach außen gesicherten Raum, in dem er sein Intimleben und seine Privatheit pflegte, wo Traditionen und Rituale sich festigten. Die Ausbildung von familiären Mustern wäre ohne diesen „heimischen Herd" wohl kaum denkbar.

Unbehaustheit deuten wir als Wurzellosigkeit, Nicht-Geborgenheit, Heimatlosigkeit. Die frühen Lehmhütten, Pfahlbauten und Holzhäuser waren ein großer Schritt in die Zivilisation. War das Zuhause des einfachen Bauern oder frühen Handwerkers über Jahrtausende noch von Einfachheit, ja Primitivität geprägt, während Adel und Rittertum ihren Hang zu Prunk und Palast kultivierten, bereiteten die Erfindungen zwischen Renaissance und Moderne der Technik den Weg in die privaten Haushalte. Ab der zweiten Hälfte des 19. Jahrhunderts stand auch dem Bürger eine sich stetig entwickelnde Haustechnik und Haushaltstechnologie zur Verfügung. Nach dem Zweiten Weltkrieg wurde die Küche zu einem Labor und Spielplatz für Fortschritt und Luxus, zu einem Statusobjekt. Gleichzeitig wuchs auch ein Trend, sich in seinem Zuhause wie in einer Burg zu fühlen, geschützt und gleichzeitig frei. Der Mensch besaß die Kontrolle über die Zugänge zu seinem Heim und unternahm große Anstrengungen, um diese vor Übergriffen zu schützen.

> **Umso mehr müssen wir uns fragen:**
> Warum lassen wir nun Elemente in diese geschützte Burg, die bei genauerem Hinsehen diesen bisher noch abgewehrten Eindringlingen wie heimliche „Brandstifter auf dem eigenen Dachboden" vom Wesen her gleichen? Smart Home lockert Konventionen, die jahrhundertelang galten.

Das Intelligente Zuhause ist keine Zukunftsmusik. Mit ihm ist unser häusliches Umfeld längst kein beschaulicher Kokon und Schutzschild mehr. Kuschelig kann es immer noch sein, aber keineswegs intim, denn Alexa und Verwandtschaft hören immer mit. Sind sie die neuen Wanzen, die fremde Geheimdienste in unseren Wänden installieren? Ein Smart-Home-System ist bereits in der Lage, wie der Wohnungs- oder Hausbewohner zu denken. Längst hat es verinnerlicht, wann es, den Tageszeiten und Jahreszeiten angepasst, die Fenster verdunkeln, die Raumtemperatur erhöhen oder das Licht dimmen soll. Es kennt uns besser als wir selbst: Haben wir Gäste, entsteht eine andere Atmosphäre als wenn wir uns für die Nachtruhe rüsten. Die richtige Komfortzone zum richtigen Zeitpunkt? – Smart Home erkennt sie, bevor wir unser Bedürfnis selbst spüren, und bald wird es so sein, dass wir auch nicht mehr widersprechen, wenn das System eigene Entscheidungen trifft, oder? Stellen wir unser Leben auf Autopilot – und alles kann passieren.

Das hat einen geheimen Spannungskitzel, aber auch seine Tücken. Ist es wirklich von Vorteil, wenn ich nach einem langen Arbeitstag mein Heim bereits komplett auf Gemütlichkeit eingestellt vorfinde? Ja, es ist schön, wenn die Räume gut durchlüftet sind, der Kühlschrank gefüllt, die Wäsche gewaschen, das Licht im richtigen Helligkeitsgrad eingestellt. Wenn das Bad aufgrund Spracherkennung selbst entscheidet, ob ich Licht zum Rasieren oder Schminken benötige, die berührungsfreie Toilettenspülung betätigt oder die genau dosierte Wassermenge zum Händewaschen bereithält. Wenn der Duschplaner mir die Menge an Wasser zuweist, die er für angemessen hält, die Badewanne sich auf Sprachbefehl mit der gerade richtigen Menge an genau temperiertem Wasser füllt, die meinem Wohlgefühl ganz offenbar angemessen ist. Wenn sich die Sitzfläche meiner Toilette wohlig warm anfühlt und während meiner Verweildauer meine Lieblingsmelodie erklingt.

Klingt anheimelnd. Ist es aber zwingend notwendig? Der anfängliche Reiz kann leicht einem Gefühl von Gewöhnung und in der Steigerung von Zwanghaftigkeit weichen. Beraubt mich Smart Home nicht ein Stück weit meiner Eigenverantwortlichkeit? Will ich als Mensch auf die Genugtuung verzichten, jeden Tag, jeden Abend meine Gewohnheiten und meine Freizeit selbst zu gestalten? Brauche ich in meiner Zwei- oder Drei-Zimmer-Wohnung Wecker-Sirenen, die in alle Räumen schallen, und müssen Z-Wellenrepeater in größeren Anlagen sicherstellen, dass auch jeder mehr oder weniger Betroffene wirklich alles mitkriegt? Individualität versus Konformität? Da war doch noch was… !

Die Anbieter von Smart-Home-Lösungen preisen in ihren Werbeaussagen die „totale Kontrolle", die Nutzer über ihr Leben beziehungsweise ihren Haushalt gewinnen, wenn sie mit einer einzigen App auf Tablet, Smartphone oder Notebook von jedem Punkt der Welt aus technische Funktionalitäten in ihrem Heim steuern, aktivieren, modifizieren oder deaktivieren können. Wenn sie am Arbeitsplatz oder unterwegs Textnachrichten von „Zuhause" erhalten, sobald sich dort Aktivitäten ergeben oder das System angepasst oder durch weitere Automatisierung erweitert werden soll. Kann man sich sicherer fühlen, wenn Bewegungs- oder Bildsensoren mit eingebauter Kamera so konfiguriert sind, dass Fehlalarme von Haustieren mit weniger als 20 Kilogramm Körpergewicht vermieden werden, oder Tür- und

Fenstersensoren Vollzug melden, wenn Sie Fenster, Haus- oder Garagentüren geöffnet haben? Wenn Überflutungssensoren, Kohlenstoffsensoren oder Rauchmelder, Glasbruchsensoren oder Temperaturüberwachungsanlagen die Raumverhältnisse in Kinderzimmer oder Einliegerwohnung, wo die betagten Großeltern leben, überwachen und bei Bedarf Alarm melden? Wenn aus der Ferne Glühbirnen gesteuert werden können und jedes an den Smart-Plug-Ausgang angeschlossene Gerät bedient werden kann? Wenn ubiquitäre Kameras eine beispiellose Überwachungssituation herstellen?

Is my home still my castle?

Ist es nicht eher ein Paradoxon, dass wir gerade in unserer Privatsphäre, wo wir Geborgenheit, Intimität und Hyggeligkeit suchen, angreifbarer geworden sind, als wir es vorher waren? Würden Sie vor Antritt einer Reise einem x-beliebigen unbekannten Passanten auf der Straße Ihren Hausschlüssel anvertrauen, damit er sich um die Sicherheit Ihres Heims kümmert? Wohl kaum! Alexa und Verwandte machen uns von außen für Hackerangriffe von verschiedenen Seiten angreifbar. Sie können unser Smart-Home-System knacken und das Auto aus der Garage holen, den Kühlschrank leeren (noch das geringste Risiko) und alles von Wert außer Haus und Landes bringen. Marodeure können das Innenleben verwüsten. Was geht hier vor? Überwiegen noch die Chancen, oder wollen wir vor den Risiken die Augen verschließen? Ist das Smart Home der Zukunft ein Abziehbild dessen, wie wir die Welt (nicht) sehen wollen?

Apropos Küche: Könnten Sie sich mit dieser Ernährung der Zukunft anfreunden?

SPIEGEL-Journalist Jörg Römer wagte den Selbstversuch mit innovativer Shake-Vollnahrung, ausschließlich flüssig aufgenommenen Lifestyle-Pulvern. Was man aus der Diätindustrie kennt, könnte künftig die komplette Nahrungsaufnahme bestimmen. Zwei Wochen lang hielt er zunehmend frustriert und vereinsamt durch, bis er des täglichen Einerlei müde sich mit Wonne wieder einer konventionellen, bissfesten, kernigen und natürlichen Nahrung zuwandte. Seit Urzeiten braucht der Mensch „etwas zwischen die Zähne". Er will an Hühnerbeinen nagen, in krosse Brotkruste beißen und mit Wonne Nüsse kleinmahlen. Von der Gefahr eines Vital- und Nährstoffmangels ganz abgesehen: Genüssliche Nahrung sieht anders aus. Ein Genuss für alle Sinne und nicht reine Nahrungsaufnahme, die den Organismus überleben lässt. Dem Testesser fehlten vor allem die haptische Wahrnehmung des Verzehrs und das soziale Gefühl von Zusammengehörigkeit, das eine gemeinsame Mahlzeit mit Mitmenschen auslöst. Übrigens eine der unverzichtbaren Voraussetzungen, um seinen Platz im Leben zu finden.

→ http://www.spiegel.de/gesundheit/ernaehrung/pulvernahrung-im-selbstversuch-ich-armer-schlucker-a-1189941.html#ref=nl-dertag

Dazu auch:
→ http://www.sueddeutsche.de/stil/essen-trinken-in-alter-frische-1.3905146
Essen sei das Einzige, was uns noch mit der analogen Welt verbinde, meint René Redzepi, Gründer und Inhaber des legendären Moma in Kopenhagen, der Wiege der „neuen nordischen Küche".

Menschliche Bedürfnisse werden ausgelagert bedient

Pflege- und Serviceroboter sollen nach Willen der Industrie das übernehmen, wozu viele Familien nicht mehr in der Lage sind: die Familienmitglieder glücklich machen! Was sich nach einem Armutszeugnis für das soziale Klima in der Gesellschaft anfühlt, hat im digitalen Zeitalter, in dem Familien immer weniger Lebenszeit miteinander verbringen, eine enorme Brisanz. Den Bedarf muss man als hoch einschätzen. Für den medizinischen Sektor, den Gesundheitsbereich und überall dort, wo Menschen schwere Lasten transportieren müssen, arbeiten japanische Unternehmen an einem Roboteranzug als Geh- und Tragehilfe. Der humanoide „Pepper" kann bereits Emotionen deuten (allerdings noch nicht selbst empfinden!) und findet nicht nur als Haushaltshilfe, sondern auch als „Gesellschaftsdame" für Einsame und Alleinlebende seine Bestimmung. Die Roboterrobbe „Paro" holt sich mit ihrem weißen Kuschelfell die nötigen Streicheleinheiten von einsamen

Senioren und entlastet das Pflegepersonal bei der Betreuung von demenzkranken Heimbewohnern. Service- und Pflegeroboter stoßen allerdings dort an ihre Grenzen, wo sich Menschen nicht mehr von technischen Devices zu Handlungen auffordern lassen wollen, die sie für sich ablehnen.

4. Die künstlich stilisierte Welt der Virtual Reality

Menschen mit vielfältigen Erfahrungen wirken spannend und inspirierend, sie werden bewundert. Wir alle erfahren die Welt täglich neu. Das macht ein gutes Stück unserer menschlichen Identität aus, wir wachsen und reifen zu starken Persönlichkeiten (oder auch nicht J), wenn wir diese Erfahrungen als Lern- und Entwicklungschancen nutzen. Gelebtes Leben macht uns widerstandsfähig und gewandt. Nach dem Willen von Facebook-Gründer Mark Zuckerberg sollen menschliche Erfahrungswelten künftig nicht mehr ohne Virtual Reality ablaufen. Eine Überhöhung der Wirklichkeit wird alles möglich machen! „Our mission is to give anyone the power to express anything they're thinking about or want to experience." Die Mission Facebook? Jeder soll seine Gedanken, Vorhaben und Wünsche ausdrücken können. Mit diesem Schlachtruf startete Facebook ins Virtual-Reality-Zeitalter.

Klingt verführerisch! Wollten Sie nicht auch schon mal durch das Weltall fliegen? Geister jagen oder mit fantastischen Geschöpfen in Berührung kommen, ferne Welten sehen, ohne zu reisen, und aufregende Abenteuer bestehen, ohne sich aus Ihrem Zuhause zu bewegen? – Dass Virtual Reality gerade in Entertainment, Kunst und Kultur, Film und Museum auf fruchtbaren Boden stößt, erstaunt nicht. Überall dort, wo die Fantasie fehlt, aber dringend erwünscht ist, ist die VR-Brille ein aufregender Verstärker. Sie macht Geschichten auf vielfältig sinnliche Weise erlebbar. Storyliving. Teil einer Szenerie zu werden, die in einer virtuellen Realität mit allen Sinnen spielt. Die Faszination, sich seine eigene Wirklichkeit zu schaffen, hat einen Technik-Boom ausgelöst, der noch nicht annähernd ausgereizt ist. Mit einer Virtual-Reality-Brille auf der Nase wird die Spielrealität eines Playstation-Horrorgame-Klassikers wie „Resident Evil" zu einer höchst bedrohlich wirkenden Erfahrung.

Andere virtuelle Realitätserlebnisse, die sich etwa im Freien vollziehen und stark auf sinnliche Erfahrungen bauen, können hier allerdings (noch) nicht mithalten. Es fehlen sinn- und emotionsverstärkende Momente wie Temperaturgefühl, Wetterbedingungen, haptische oder räumlich-geografische Begebenheiten. Theateraufführungen experimentieren bereits mit VR-Brillen, indem sie dem Träger einen verstärkten Zugang zum Bewusstsein der anderen Mitspieler öffnen. Alles nur noch Illusionismus? Ein Berliner Start-up arbeitet gerade am „Illusion Walk": Reale mit VR-Brillen versehene Menschen bewegen sich durch großräumige Kulissen und Installationen und werden selbst Teil einer virtuellen Welt.

Doch es wäre zu kurz gegriffen, Virtual Reality auf die unterhaltenden Genres zu beschränken – auch Wirtschaft und Arbeitsleben werden infiltriert. Wie wir künftig arbeiten, kann diese Strömung stark beeinflussen, zumal New Work die tradierten Gewohnheiten aufbricht: mehr Fernarbeit, vermehrt Remote Teams und interdisziplinäre Teams, die an verschiedenen Arbeitsorten gemeinsam arbeiten, internationale Kooperationen, grenzübergreifende Projekte. Experten schätzen, dass ein Gutteil der Kosten, die Remote Working generiert, etwa durch wenig kostenintensive Online-Trainings, VR-Schulungen, virtuell simulierte Instruktionen eingespart werden können. Etwa wenn der Veranstalter eines VR-gesteuerten Workshops sich an Trainees richtet, die quer über den ganzen Globus lokalisiert sind. Die Technologie greift nicht zum ersten Mal einen Trend auf, der bereits Jahre oder sogar Jahrzehnte zuvor in Science-Fiction-Literatur oder -Film vorausgespielt wurde. Der Blockbuster „Star Trek" zum Beispiel setzte die ersten „Handheld-Kommunikatoren" (frühe Mobiles) ein und „Minority Report" Iron-Man-Anzüge.

Zweifellos hat Virtual Reality eine neue innovative Generation von Start-ups angestoßen, die in den unterschiedlichsten Industrie- und Wachstumsbranchen zu Hause sind. Sie produzieren Software, 3-D-Try-on-Technologie, Lösungen für Medizin und Gesundheitswesen, Headsets und intelligente Brillen, Imaging für die plastische Chirurgie, Mixed-Reality-Systems und Augmented Reality für den Arbeitsplatz oder für das Gaming, Lösungen für Achterbahnen, Luftschifffahrt, High Fidelity oder Küstenmotorschiffe. Mit einem computergestützten, am Kopf befestigten Display werden die Grenzen des herkömmlichen Monitors gesprengt.

Die Nutzer erweitern ihren virtuellen Computer-Desktop gegen Unendlich.

Sind Data das neue Stethoskop?
→ http://www.sueddeutsche.de/wissen/medizin-dr-data-1.3908072

Übrigens meint die LinkedIn-Redakteurin Sara Weber am 15. März 2018 in „Tech-News", dass es das Smartphone in zehn Jahren gar nicht mehr geben könnte. An seine Stelle treten dann …

Doch lesen Sie selbst:
→ https://www.linkedin.com/pulse/werden-smartphones-bald-pass%C3%A9-sein-und-bleibt-von-stephen-sara-weber/

5. Der realen Welt auf die Sprünge helfen – Augmented Reality

„Die Kamera des Smartphones wird über Augmented Reality zur Brücke zwischen realer und virtueller Welt", schreibt Graham Roberts in der „New York Times" im Februar 2018. Zum Start der Olympischen Winterspiele in Pyeongchang editierte das Blatt in seiner App eine Augmented-Reality-Story, die es den Nutzern mittels von Athletenfotos gerenderten 3-D-Modellen erlaubte, Olympioniken in ihr häusliches Umfeld zu holen. Zum Greifen nah – und doch nur Illusion. Auch die Washington Post ist in der Entwicklung digitaler Medienformate nicht untätig: In einer Augmented-Reality-Story wird der Fall des Afroamerikaners Freddie Gray rekonstruiert, der 2015 im Polizeigewahrsam in Baltimore zu Tode kam. 3-D-Bilder, Audiodateien, authentische Protokolle und Verhörunterlagen kreieren eine zweite Realität, die mit der Authentizität der ersten Schritt halten kann. Wäre der nächste Schritt der „Blockbuster"-Journalismus? Spiele wie „Pokemon go!" schickten Millionen bereits vor einigen Jahren quer durch ihre Städte auf die Jagd nach virtuellen Monstern.

Auch die Werbung zog längst nach: Begehbare Anzeigen für Immobilien, in denen Interessenten und Kunden durch die virtuellen Räume schlendern oder wie im

Augmented-Reality-Katalog eines schwedischen Möbelhauses virtuelle Möbelstücke in ihren eigenen vier Wänden aufstellen können, haben noch viel Luft nach oben. Virtual-Reality-Holorooms machen den Kunden unabhängig vom Besuch einer Shoppingmall oder eines Autohauses: Die Gestaltung seines neuen Badezimmers plant er virtuell, und um sein neues Wunsch-Automodell Probe zu fahren, muss er sich nicht mehr zum stationären Händler bewegen. Geografische Distanzen mit AR-Szenarien überbrücken zu können, dürfte ein wesentlicher Anreiz für Unternehmen sein, sich dieser Kunstwelten zu bedienen.

Apps machen es möglich. Kaum noch verwundern kann das Auftreten von AR bei der Verortung und Standortbestimmung. Auch längst aus dem täglichen Leben verschwundene Alltagsobjekte können mit AR wiederbelebt werden. Der User mutiert zum Science-Fiction-Darsteller, fliegt durch virtuelle Welträume und geht mit Außerirdischen enge Beziehungen ein. Augmented Reality (also die überhöhte, optimierte Realität) übersteigt die seit den sechziger Jahren als Experimentierfeld dienende virtuelle Realität. Sie erlaubt es, reale Begebenheiten zu simulieren, und lässt uns in virtuelle Welten vorstoßen. Die Überhöhung durch eine computergestützte und erweiterte Realitätswahrnehmung spricht alle Sinne an. Nicht nur in der Unterhaltungsindustrie wie im Virtual-Reality-Filmtheater, im Augmented-Reality-TV und in VR-Themenparks hat diese Technologie eine große Zukunft vor sich – auch im Arbeitsleben, vor allem in den Produktionshallen, fasste sie bereits Fuß und wird noch stärker Einfluss nehmen in der Aus- und Weiterbildung, Schulung und Planung in medizinischen und technischen Bereichen. Im Konsumenten-Sektor wird die verstärkte Einführung von AR-Szenarien allein durch den Faszinationswert die Lust am Konsum ankurbeln. Zumal die Darstellungsflächen hochvariabel sind: AR spielt sich auf unterschiedlichen Displays ab, auf Bildschirmen, Monitoren, Datenbrillen, Handheld-Geräten.

Rechtliche Bedenken – zum Beispiel im Kontext der Gesichtserkennung – sind noch nicht ausdiskutiert. Doch müssen wir uns nicht auch fragen, was es mit der Flüchtigkeit des Erlebens in virtuellen Welten auf sich hat? Bereits 1991 meinte der Medientheoretiker Jean Baudrillard in einem Interview mit dem Magazin SPIEGEL, dass das Fernsehen ein Medium sei, das keinen Kontakt mit der Realität biete. Es sei flüchtig, austauschbar, virtuell. Und 1996 spricht er in seinem Werk „Das perfekte Verbrechen" von der „Ermordung der Realität" durch virtuelle Datenwelten. Und die Zukunft? Die technischen Möglichkeiten werden immer smarter, die Mensch-Computer-Interaktionen immer raffinierter, die technische Intelligenz immer artifizieller – doch hält der begrenzte Mensch hier Schritt?

→ https://medienwoche.ch/2018/02/20/auf-dem-weg-zum-blockbuster-journalismus/

6. Phänomen Cyborg – Mischwesen zwischen Mensch und Roboter?

Es mutet schon gruselig an: Technisch veränderte lebendige Organismen, Menschen, die durch technische Elemente verändert werden, sorgen für leichte Gänsehaut. Ganz neu ist es nicht: Künstliche Ersatzteile wie Herzschrittmacher und Prothesen haben seit Jahrzehnten ihren angestammten Platz in der Medizin und werden dauerhaft von Menschen getragen. Aber dabei blieb es nicht: Heute können digitale Ersatzstücke vom Gehirn gesteuert und mit Nervenzellen verbunden werden und ungleich mehr leisten als die herkömmlichen Prothesen. Etwa wenn der farbenblind geborene Neil Harbisson über einen mit dem Gehirn verbundenen Eyeborg in die Lage versetzt wird, Farben in Schallwellen übersetzt zu hören, oder wenn Bio-Hacker sich zum Zwecke der Selbstoptimierung oder zum Empfang von Daten Computerchips unter die Haut implantieren lassen. Wenn Gehörlose über ein eingepflanztes Cochlea-Implantat Schallwellen als elektrische Impulse direkt am Hörnerv empfangen, Armprothesen über Sensoren fühlen oder die Temperatur und Beschaffenheit von Objekten ertasten können. Die Bio-Elektronik verschweißt technische mit biologischen Elementen. Im medizinischen Kontext keine Seltenheit: Mehr als zehn Prozent der amerikanischen Bevölkerung kann man nach dieser Definition als Cyborgs bezeichnen.

Wie so viele technologische Innovationen wurde der Begriff in der Raumfahrt geboren. Erstmals Erwähnung fand er in den sechziger Jahren in einem Aufsatz der Wissenschaftler Clynes und Kline. Die Diskussion, wie der Mensch im Raumschiff an die Umweltbedingungen des Alls angepasst werden könne, kratzte an der Lehre von der natürlichen Evolution. Wohlgemerkt: Der Umkehrschluss wäre gewesen, eine erdähnliche Atmosphäre innerhalb der Raumschiffe zu simulieren. Aber das war keineswegs geplant. „Selbstregulierende Mensch-Maschinen-Systeme" sollten die menschliche Überlebensfähigkeit im All gewährleisten. – Bewegen wir uns nicht auch in einem digitalen Raumschiff, in dem wir unsere Bedürfnisse und Eigenschaften mehr und mehr und meist unbewusst den Umweltbedingungen des digitalen Alls anpassen?

Unterscheiden sollte man zwischen Cyborg und Androiden (altgriechisch: menschähnlich). Androide ähneln Menschen stark und sind in ihrem Verhalten durchaus vergleichbar. Der Begriff Humanoid wird für künstliche Konstrukte verwendet, die menschliche Formen aufgreifen oder sehr ähnliche Charakteristika aufweisen. Die klassische Science-Fiction-Literatur benutzte ihre Vorläufer längst als Fantasiemotive, bevor sie Realität wurden.

Das Blockbuster-Zukunftsdrama aus den späten neunziger Jahren „Der 200 Jahre Mann" („Bicentennial Man") etablierte bereits den Androiden, der in menschlichen Familien als guter Geist wirkt. Andrew dient seiner Familie so hingebungsvoll, dass er bald menschliche Gefühle für einige Familienmitglieder entwickelt. Außerdem wächst in ihm ein Freiheitswunsch, der ihn hinaus in die Welt treibt respektive in ein eigenes Haus in der Nachbarschaft. Mit Hilfe eines Roboterexperten tauscht er eigene Maschinenteile gegen menschliche Ersatzteile aus. Sein größter Wunsch, endlich vollständig als Mensch anerkannt zu werden, wird vom zuständigen Weltparlament wegen dessen Unsterblichkeit als nicht erfüllbar abgeschmettert. Andrew kehrt zur Familie zurück, verliebt sich in eine der weiblichen Nachkommen und verändert seinen Körper so stark, dass er seine Unsterblichkeit verliert und im biblischen Alter von 200 Jahren das Zeitliche segnet, kurz bevor sein Menschsein anerkannt wird. Die Fragestellung – „Was steht zwischen Mensch und Roboter?" – haben Science-Fiction-Blockbuster auch ins Gegenteil verkehrt und Roboter mit menschlichen Versatzstücken ausgerüstet.

→ https://de.wikipedia.org/wiki/Cyborg

→ https://www.kika.de/erde-an-zukunft/sendungsinfos/cyborg102.html
→ http://www.faz.net/aktuell/wirtschaft/me-convention-2017/

7. Wie geht Cyber Security?

Der grenzenlose Cyber Space erlaubt einen unbeschränkten Zugriff auf Daten, Informationen und Meinungsfreiheit, und folgerichtig hat die Absicherung von Computern, Maschinen und Daten höchste Priorität. Aber noch sind Unsicherheit und Unwissen hoch, wie sicher das digitale All sein kann. Der Sicherheitsexperte Dr. Jürgen Haller vom „DIG Experten Netzwerk" fordert auf einem Internetportal im Frühjahr 2016 mit Blick auf die Industrie 4.0, dass nicht nur Gefahrenquellen rund um die IT-Werkzeuge ausgeschlossen werden sollten, sondern auch das organisatorische Umfeld gecheckt und Anwender (Mitarbeiter) intensiv geschult werden müssen. Die erwartete rapide wachsende Zahl von technischen Devices und deren stärkere Verknüpfung von realer und virtueller Welt biete erhöhte Angriffsflächen für Hacker-Attacken.

→ https://www.channelpartner.de/a/cyber-security-ist-mehr-als-nur-technologie,3047555

Auf einem Telekom-Kongress zur Netzsicherheit fand der renommierte Sicherheitsexperte Bruce Schneier im November 2016 in Frankfurt aufrüttelnd klare Worte: „Die Ära von Spaß und Spielen ist vorbei."

→ https://www.heise.de/newsticker/meldung/Bruce-Schneier-zur-Netz-Sicherheit-Die-Aera-von-Spass-und-Spielen-ist-vorbei-3507457.html

Mit dem Internet der Dinge baue der Mensch gerade an einem „Roboter von der Größe eines Planeten". Die „komplexeste Maschine, die die Menschheit je erschaffen habe", stellte er der Brisanz einer Bombe im Wartestand gleich. Die Verknüpfung des Internets mit dem IoT (zum Beispiel bei digitalen Videorekordern oder Kühlschrankthermostaten durch Sensoren und Aktoren) locke Hackerangriffe geradezu an und gefährde nicht mehr nur die Daten, sondern auch die Menschen. Schneier befand es als absurd, dass Automobile einen strengen Zertifizierungsprozess durchlaufen müssen, während das Internet weitestgehend davon unberührt bliebe. Strikte staatliche Regulierung müsse zwingend auch internationale Nachahmung und globale Konsequenzen zeitigen.

Natürlich geht dieser Appell auch an uns normale private Verbraucher, bei denen ein Smart-Fernseher oder eine Videospielkonsole im Wohnzimmer steht. Doch einem besonders brisanten Gefahrenpotenzial unterliegen industrielle Nutzer, die in der Schusslinie von Cyberangriffen mit dem Ziel der Produktpiraterie und Wirtschaftsspionage stehen. „WannaCry" und „CEO-Fraud"* haben die Chefetagen aufgerüttelt. Gefürchtet sind nicht nur die exponentiell anwachsenden Attacken, sondern auch die möglicherweise irreparablen Konsequenzen für Börsenkurs und Image. Schadenersatzforderungen betroffener Kunden könnten Unternehmen empfindlich treffen. Das beschlossene IT-Sicherheitsgesetz soll ein gewisses Plus an Absicherung bringen, denn betroffene Unternehmen stehen in der Pflicht, Hackerangriffe zu melden (Nicht-Meldung wird mit Bußgeld belegt) und Mindeststandards einzuhalten, vor allem in essenziellen und sensiblen Branchen und Bundesbehörden. – Trägt dies wirklich zu unserer Beruhigung bei? Man darf eine gesunde Skepsis hegen.

→ https://www.computerwoche.de/a/diese-regeln-schreibt-das-it-sicherheitsgesetz-vor%2C3210644
→ https://www.computerwoche.de/a/die-groessten-cyberangriffe-auf-unternehmen,3214326
→ http://www.sueddeutsche.de/digital/cambridge-analytica-wie-eine-firma-die-daten-von-millionen-facebook-nutzern-missbrauchte-1.3910421

Was bleibt uns jetzt zu tun?

Nach diesem kleinen Rundgang durch die virtuellen Möglichkeiten von morgen bleibt neben Faszination auch Unbehagen, zumal hier nur ein kleiner Ausschnitt der Zukunftsmusik gehört werden konnte. Dennoch sollten Sie als Leser nicht

---

* *Unter CEO-Fraud verbirgt sich eine clevere Betrugsmasche, bei der Firmen unter Verwendung falscher Identitäten per Mail zur Überweisung von Geld auf Betrugskonten im Ausland manipuliert werden.*

verwirrt wegsehen. Seien Sie alert für die Problematik der Zukunft. Auch wenn viele dieser Szenarien am Einzelnen vorbeirauschen werden – an einem Bewusstsein, dass sich diese Welt, dieses Land und diese Gesellschaft mit einem Phänomen auseinandersetzen müssen, das uns an die Grenzen unserer menschlichen Ratio und Emotion bringen könnte –, kann jeder mitwirken. Jeder von uns sollte sich täglich fragen: „Wie weit gehe ich da mit? Wo muss ich mitspielen? Wo kann ich mich verweigern? Wo liegen die neuen Chancen? Aber wie erkenne ich auch frühzeitig genug die Risiken? Kann ich meiner Urteilskraft trauen, und wie wird diese von der mächtigen Wirkung von Gewöhnung überdeckt?"

Es sieht ganz so aus, als ob der leicht schludrig gewordene, ja fast liederlich zukunftsbegeisterte Mensch jetzt an einen Punkt gerät, wo er sich die Grundfesten seines Seins in Erinnerung rufen muss. „Was unterscheidet mich von anderen Mitgeschöpfen wie Tier und Pflanze? Wo liegt meine Verantwortung, und was kann ich als Einzelner und im Miteinander mit anderen tun, um die Würde der Schöpfung zu wahren, auch wenn sich der digitale Feuersturm – mit positiven und negativen Auswirkungen – über unseren Köpfen austobt?" Weder geht es um totalitäre Ablehnung noch um gedankenlose Akzeptanz, sondern schlichtweg um eine eigene dezidierte und konsequent verfolgte Haltung.

So vorbereitet, werden Ihnen die kommenden Kapitel hoffentlich Freude und Mut machen, Zuversicht und ein gesundes Urteilsvermögen wecken, um ein Abenteuer zu bestreiten, wie es sich in dieser Ausprägung noch niemals zuvor in der Menschheitsgeschichte abgespielt hat.

Erster Teil
Homo Digitalis oder Die Chronik einer gestörten Beziehung

Mal ehrlich: Wann haben Sie letztmals eine Offline-Beziehung gepflegt – so wie früher in vorsintflutlicher ... äh, vor-digitaler Zeit, mit Nähe, Gespräch, belebtem Schweigen, Lachen, gemeinsam verbrachter Zeit? Und wie hat es sich für Sie angefühlt? Haben Sie sich ganz eingebracht und im Flow gefühlt – mit sich und der Welt im Reinen? Heute mehren sich Anzeichen, dass wir in Gefahr sind, die unstrittigen digitalen Fortschritte mit unserer Lebensfreude und Lebensqualität zu bezahlen.

Narrative Rahmenhandlung „Zu Hause bei Familie Backes!"

Hier lernen wir die digitale Welt einer ganz normalen Durchschnittsfamilie kennen. Wir sind Zaungäste am kleinen, aber eigenen Anwesen ab dem Zeitpunkt, als Vater Bruno erfährt, dass die digitale Transformation auch das Unternehmen erfasst, in dem er seit 17 Jahren in mittlerer Führungsposition tätig ist. Und ihn mitten in das Auge des Taifuns platziert. „Digitale Transformation in Unternehmen" ist ab jetzt ein vorrangiges, anfangs allerdings ungeliebtes Thema für Bruno. Bald stellt sich aber heraus, dass es auch ungeahnte Chancen birgt – denn was sich in der Familie Backes vor allem beim digitalen Konsum abspielt, hat sich bereits negativ auf die einzelnen Mitglieder und das gesamte Miteinander ausgewirkt. Ja, genau genommen sieht es gar nicht gut aus! Das rüttelt Bruno auf. Nach anfänglicher Panik lautet die zentrale Fragestellung für ihn nun: „Wie kann ich mich mit der digitalen Welt anfreunden und gleichzeitig der bleiben, der ich war? Wie steht es mit unserem Familienleben, und ist unser Miteinander noch zu retten?"

Serial Folge 1: Bruno Backes und die Seinen
„Was geht ab bei Familie Backes?"

Ein typischer Abend: Bruno kommt vom Job nach Hause. Heute allerdings ziemlich genervt. Sich so wie sonst aufs Abendbrot freuen kann er gar nicht. Seine Frau Irma sitzt am Computer – völlig gefangen von Facebook, WhatsApp und Pinterest. Er wirft seine Arbeitstasche an die Garderobe und stapft ins Esszimmer. Dort ist der Tisch für drei gedeckt. Bruno ruft ins Nebenzimmer: „Hallo, Irmchen, bin zu Hause." Keine Reaktion. Irma ist zu beschäftigt, um ihn wahrzunehmen. Er geht hinüber und beugt sich über ihre Schulter. Irma schrickt leicht zusammen. „Du bist es schon?" – „Ja, wer sonst?" Brunos Laune wird nicht besser. Irma dreht sich um. Nach 16 Jahren Ehe kennt sie ihn gut. Das ist nicht der gut gelaunte Mann, der am Morgen das Haus verlassen hat. „Was'n los?" Bruno poltert geradeheraus, sein Kopf wird hochrot: „Stell dir vor – in der Firma soll jetzt alles anders werden. Digitale Transformation nennt sich das." So wie er den Begriff ausspuckt, wird klar, was er davon hält.

Mühsam beherrscht er sich, weil der kleine Ben den Kopf durch die Tür steckt. „Wann gibt's denn was zu essen?" Der Kleine ist wie eine Antenne, er merkt sofort, wenn etwas im Busch ist. Das macht ihn immer ganz nervös. Irma zieht ihn an sich. „Gleich, Schatz!" Und auch Bruno tätschelt ihm den Kopf. „Na, Großer, was haste denn heute so gemacht?" – „Der Max aus der dritten Klasse – der schon so groß ist –, der hat mir ein Bein gestellt. Ich bin ein Baby, sagt er, weil ich kein Handy hab." Bruno seufzt. Irma fragt den Kleinen: „Willst du denn eines? Eigentlich bist du ja noch zu jung ..." Ben schüttelt energisch den Kopf: „Nöö, aber ‚nen Hund ..." Irma seufzt. Das ist nun wirklich nicht ihre Priorität. „Wer soll den denn ausführen?" - „Na, ich", kräht der Lütte. „Ach, Ben."

Auch Bruno wehrt ab. Ben verzieht das Gesicht. „Du, Papa, ich hab heute was gebastelt ..." Er hebt Bruno ein ulkiges Konstrukt aus Blechdose und Drähten unter die Nase. „Was is'n das?", fragt Bruno. „Na, das sieht man doch ... ein Hund." Ben schnieft. Bruno heuchelt Interesse, aber Ben hat den Braten gerochen. Als er sich zum Händewaschen verzieht, prustet Bruno neu los: „Konrad hat es heute offiziell verkündet. Im Team-Meeting. Da war auch ein externer Berater dabei, der hat uns das offenbar eingebrockt. Ich hab ja schon was läuten hören ... Der ganze Betrieb muss mitmachen. Digitale Transformation heißt die Chose. Internet ist ja längst, aber jetzt wird die Orga vollkommen umgekrempelt, die Disposition, Lagerhaltung, das Kundenarchiv, meine Abteilung auch. Der Chef sagt, dass es eine Riesenerleichterung für uns wird und wir damit endlich in der Moderne ankommen und so weiter und so weiter ... Und ich muss mein Team auf Vordermann bringen. Und überhaupt – ich hab doch kaum Erfahrung mit der digitalen Technik, lief doch bisher gut – bin halt noch oldschool, brauch Papier und Stift. Punktum." Irma wirkt gelangweilt: „Internet und Facebook kann doch nun wirklich jeder stemmen. Du ... ich hab schon 344 Facebook-Freunde." - „Mensch, Süße!" Bruno schluckt. „Die sind doch nicht real." – „Doch, sind sie! Spaßverderber!" Wieder diese leichte Zornesfalte. Dann lenkt sie ein: „Nu mach dich nicht verrückt – das lernst du auch, du bist doch schlau."

Brunos Gesicht spricht eine andere Sprache. Als ob es nur darum ginge. Es ist mehr als klar: Er muss seine Komfortzone verlassen und sich der neuen Zeit stellen. Ihm ist ganz flau. „Mit meinen Leuten hab ich mich doch immer gut verstanden, das flutschte ohne viel autoritären Kram. Was werden die sagen, wenn ich jetzt den Obermacker gebe ... Und die neuen Techniken können alles und jeden überwachen, sagt der Tom aus der IT, die kontrollieren, ja steuern alles – eines Tages brauchen die mich gar nicht mehr ..." Irma drückt ihm einen Kuss auf die Wange. „Hör mal, ich hab mich doch auch umgestellt. Das is'n Klacks." Er kneift die Augen zusammen, sein gutmütiges Bibergesicht zieht sich in Falten. „Na ja, dein Kosmetikkram ist vielleicht nicht mit meinen Aufgaben zu vergleichen, oder? Unsere Speditionswagen sind in ganz Europa unterwegs ... ich hab da eh schon 'ne Mords-Verantwortung und überhaupt ... und jetzt noch mehr Aufgaben. Als ob ich nicht schon genug am Hals hätte." - „Macho!" Dann wird sie weicher. Ihr Männe meint das ja nicht so. „Ich versteh ja, dass du da ein bisschen Schiss vor hast. Aber das ist nun mal der Lauf der Zeit." Ihr Handy vibriert, Irma hat nur noch Ohren dafür, und Bruno verzieht sich.

Am Esstisch wartet schon Ben. Er hat sich selbst Milch eingegossen, in den Becher mit dem Hund drauf. Ben hätte sooo gerne einen. Nun mümmelt er an seinem Käsebrot und nuschelt: „Habt ihr euch gestritten?" – „Nee, nee". Beide schütteln den Kopf. Doch dass etwas in der Luft ist, spürt jeder. Bruno schaut sich um. „Wo sind denn Lisa und Dennis? Können die nicht wenigstens Abendbrot mit uns essen? Wir sehen uns ja eh kaum!" Irma wiegelt ab: „Lass doch die beiden, die haben sich vorhin Brote nach oben geholt, müssen ‚ne Seminararbeit oder so was machen." „Hausaufgaben?" Bruno ist skeptisch. „Die sitzen doch bestimmt vor ihren Computern und posten und chatten oder sind auf Snapchat unterwegs oder wie man das heute nennt ... Oder Lisa steht vor dem Spiegel, die Finger in deinen Cremetöpfen und Farbtiegeln." – „Die will sich halt ausprobieren." – „So'n hübsches Mädchen braucht doch nicht so viel Make-up im Gesicht", mault Bruno, „mit 15 hatte ich ganz andere Sorgen." – „Ja", meint Irma mit leicht süffisantem Unterton. „Fußball und Kickern und um die Häuser ziehen, was?" Ben fragt mit vollem Mund: „Was is'n das, um die Häuser ziehen?" – „Ach lass, biste noch zu klein für." – Ben lässt nicht locker: „Papa, wann bauen wir deine alte Modelleisenbahn im Keller auf?" „Bald", beschwichtigt er den Kleinen. Hat er jetzt nicht ganz andere Sorgen? Wichtigeres? – „Ach, das haste schon so oft gesagt." Bens Stimme ist jetzt ganz klein. „Nu zieh kein Gesicht." Irma kramt im Gefrierfach nach einem Eis für Ben und lässt sich wieder auf ihren Stuhl fallen. „Das läuft dir ja nicht weg." Aber ihr Blick ist auf das Smartphone neben ihrem Teller gerichtet, während sie ein paar Salatblätter aufspießt. „Außerdem musst du gleich ins Bett."

Beim Fernsehen geht Bruno das Thema noch mal an: „Du, der Tom aus der IT-Abteilung kam gleich auf mich zu. Mensch, sagte er, Elvis, ach nee, Bruno – biste jetzt auch endlich im digitalen Zeitalter angekommen? Guckte ganz herablassend. Dann bot er mir seine Unterstützung an, aber es klang nicht gerade kollegial. Und Peter und Matthias – die aus meinem Team – frotzelten herum: Musst du jetzt Internet lernen, was? Na, in deiner Haut möchten wir nicht stecken." – „Ach, hör nicht auf die", meint Irma geistesabwesend, denn schon wieder meldet sich ihr Mobile, im Fernsehen läuft ihre Lieblingsserie „Game of Thrones", und da sind noch acht WhatsApp-Messages, die sie noch nicht registriert hat. Und die Schwiegermutter wollte auch zurückgerufen werden. Das könnte eigentlich Bruno machen. „Meine Abnehmer finde ich alle auf Facebook", zischt sie noch, "und das Zubrot von meinem Online-Kosmetikvertrieb ist ja auch nicht ohne, oder?" Bruno fühlt sich angegriffen. "Hör mal, mein Gehalt ist okay." - "Ja, ja." Irma hat längst die Ohrstöpsel eingesteckt.

Bruno sinniert. Wie hat er sich eigentlich als junger Mann sein Leben vorgestellt? Er ist ganz zufrieden, wie es so gelaufen ist, sie haben alles, was sie sich mal gewünscht haben: gesunde Kinder, ein Häuschen, okay, nicht sehr groß, aber Eigentum, bald abgezahlt, Irmas kleiner Flitzer, der Job ist sicher, jährlich Campingurlaub am Gardasee oder in Lloret de Mar, ab und zu ein kleines Extra. Und nun das. Digitale Transformation. Grummel.

Apropos Familie: Der zwölfjährige Dennis steckt den Kopf durch die Tür. "Na, ihr Grufties, was steht an?" Irma kichert, Dennis ist ihr Liebling. "Mama, ey, Deluxe-Auftritt – Käpt'n Wasserstoff, wa? Voll krass. Zehn Jahre jünger, ich schwör! Fehlt nur der Blechpickel in der Nase." Wie könnte Irma ihm etwas abschlagen? Und da hakt Dennis schon nach: "Haste vielleicht ,nen Mikro-Zuschuss für ,nen armen Penner?" Als er draußen ist und gleich darauf ploppende, plärrende Gaming-Geräusche aus seinem Zimmer dringen, mosert Bruno: "Du verwöhnst ihn, er hängt an deinen Rockzipfeln wie ein Kleinkind." Irma überhört es. Gerade wird's spannend in Westeros und Essos.

Bruno steht auf und greift sich die Fußballzeitung. Er muss sich ablenken, auch der Kühlschrank bietet Trost. Als der Verschluss der Bierflasche knallt, horcht er auf. Die Haustür fällt ins Schloss. Durchs Fenster sieht er Tochter Lisa – sein Prinzesschen - in einem Nichts von einem Röckchen und einem knappen T-Shirt durch den Vorgarten staksen. Bruno ist alarmiert. Bereits weit nach 20 Uhr, und da geht die Göre noch auf die Straße? "Irma", ruft er in Richtung Wohnzimmer, "hast du Lisa erlaubt, noch mal rauszugehen?" – "Die trifft sich mit Jennifer beim Späti (= Kiosk, Anm. der Verfasser)." Na, wenn das mal stimmt, denkt sich Bruno. "Isses jetzt aus mit dem Marc von nebenan?" – "So richtig war ja nie was. Und als der Oben-ohne-Fotos von Lisa ins Internet gestellt hat ..."- "Was?" Bruno startet senkrecht nach oben, hochrot und wutschnaubend. "Das ist ja wohl die Höhe. Wenn ich den erwische ... seinem Vater werde ich was geigen!" – "Lass doch, Lisas

Gesicht war ja gar nicht zu sehen." Dass Irma abwiegelt, findet Bruno unerhört, aber er beschließt mühsam keuchend, dass er heute genug Aufregung hatte, und vertieft sich in die Lottoergebnisse. „Du – nur ein Bier, ja? Höchstens zwei. Denk an dein Bäuchlein." - „Ja, Süße!" Verflixt, Irma sieht halt alles. Bruno verzieht sich auf die Terrasse. Da steht noch der Grill vom Wochenende. Muss ich noch reinigen, denkt er. Ist Männersache. Eigentlich wäre doch alles gut. Und nun dies. Digitale Transformation. Allein der Begriff bereitet Bruno Sodbrennen. Die Sterne blinken vertrauensvoll. Ein paar Grillen beginnen ihr nächtliches Konzert, vom Nachbarhaus dringen Schlagerfetzen herüber. Bruno seufzt und leert sein Bierglas.

Ein ganz normaler Abend bei Familie Backes. Jeder macht seins. Dem Beobachter stellt sich die Frage: Kann sich Bruno mit der digitalen Welt anfreunden und sich gleichzeitig selbst treu bleiben? Und wie läuft's mit dem Familienzusammenhalt?

Hier verlassen wir fürs Erste Bruno und die Seinen, die ja ohnehin bald in einen hoffentlich süßen Schlummer finden, und wenden uns dem zu, was Bruno so irritierte. Welche Hintergründe sind es, die sein scheinbar geordnetes Leben so aus den Angeln heben können? In den weiteren Kapiteln werden wir wieder auf Familie Backes treffen und sie durch eine Zwickmühle aus analoger und digitaler Welt begleiten, in der sie einige Abenteuer bestehen muss. Es kann spannend werden! Fortsetzung folgt im zweiten Teil.

Kapitel 1
Was ist eigentlich los? Was passiert gerade mit uns?

Sind Bruno und Irma als Bürger des digitalen Zeitalters noch soziale Wesen oder bereits auf dem sicheren Weg zum selbstverliebten Ich-Darsteller? Wird der Mensch zusehends als Folge seiner sich stärker ausgeprägten Mangelversorgung mit Emotionalität für sich selbst zum Störfall? Aus Nachlässigkeit, wegen Bedienungs- oder Technikmängeln? Welche Brennstäbe sind hier durchgebrannt, und wie ist die nukleare Wolke beschaffen, die über uns wabert?

Schaut man genau hin, könnte man von einem Horrorszenario sprechen. Immer mehr psychische Auffälligkeiten stören das Heile-Welt-Bild, immer mehr narzisstische Störungen und Borderline-Symptome werden registriert, immer mehr Burn-outs, Depressionen, Alkohol- und Drogensüchtige. Jede zweite Krankmeldung in Betrieben ist psychisch bedingt. Angstneurosen und diffuse Ängste treten gehäufter auf. Was besonders Sorge bereitet: Auffallend viele Kinder – mittlerweile soll jeder fünfte Schüler* betroffen sein – leiden an Aufmerksamkeitsdefiziten, Schlafstörungen, Unruhe, Lernproblemen, gestörtem Essverhalten, Mobbing, aggressivem Verhalten. Das ist deswegen besonders signifikant und alarmierend, weil die meisten psychischen Erkrankungen von Erwachsenen bereits im Kindes- und Jugendalter angelegt werden.

* laut einer Studie von Prof. Dr. Gerd Schulte-Körne, Jugendpsychiatrie der LMU München:
  → https://www.derwesten.de/gesundheit/jeder-fuenfte-schueler-kaempft-mit-psychischen-problemen-id7926622.html

Dabei bemerke ich immer wieder ein befremdliches Phänomen: Immer weniger greifen wir bei der Bewältigung von psychischen und Befindlichkeitsstörungen auf bewährte Methoden zurück – etwa ein gutes Gespräch mit dem Partner, mit Freunden, Vertrauten, Vorgesetzten oder auf gemeinsam verbrachte Freizeit mit Menschen, die uns wichtig sind. Wir vertrauen den Segnungen der Pharmazie oder leiden still vor uns hin. Dabei ignorieren wir allzu oft das uns innewohnende, von der Natur weise angelegte Potenzial zur Selbstheilung.

Immer mehr Menschen benötigen Unterstützung, um mit ihrem komplexen, komplizierten, oft überbordenden und irritierenden Leben zurechtzukommen. Mit dem Anwachsen des Bedarfs wuchs auch eine Dienstleistungslandschaft, die ein breites und vielfältiges Beratungsspektrum von der Transaktionsanalyse über die Neurolinguistische Programmierung (NLP) und das Systemische Coaching bis zur Psychotherapie bereithält. In meiner Berufspraxis als Coach fasziniert es mich immer wieder, zu sehen, wie wirkungsvoll die Selbstheilungskräfte des Menschen aktiviert und Kraftenergien revitalisiert werden können. Wird er als autonomes

Individuum respektiert, behutsam zu den Quellen seines Unbehagens geführt und zu Lösungen befähigt, die in ihm selbst (meist unerkannt und verborgen) bereits auf ihre Entdeckung warten, entwickeln sich ganz organisch neue Lebensstrategien und Vorgehensweisen.

> **Mein Eindruck:**
> Der Bewohner des digitalen Kosmos benötigt mehr denn je Klarheit, Orientierung, Selbsterkenntnis und Selbststeuerung. Eine neue Lebendigkeit im Sinne von Ursprünglichkeit, Authentizität und Originalität gehört zu den globalen und essenziellen Forderungen unserer Zeit.

Ist unsere Gesellschaft bereits gestört?

Oder ist der Mensch zum Störfall geworden, weil er sich der radikalen Digitalisierung bereits – oft von ihm unbemerkt – angepasst hat, während ihm gleichzeitig dämmert, dass er dabei seine Grenzen überschreitet? Zunehmend ist ihm unbehaglich. Er wird mit Begriffen und Buzzwords bombardiert, die er schwer einordnen kann, und das macht ihm Angst: Digitale Transformation. Digitale Disruption. Artificial Intelligence. Künstliche Intelligenz. Big Data. Second Machine Age. Internet of Things. Digitales Empowerment. Virtuelle Realität. Accountability. Augmented Reality. Fake News. Effective Computing. Digitale Detox. Social Bots. Face Apps. Smart Home. Wearable. Connected Car. Shitstorm. Der gläserne Mensch. Sharing Economy. Self-Tracking. Lovenomics. Cyber Stalking. Dark Net. Deep Net.

Bei diesen Schlagwörtern fühlt sich der Mensch kalt erwischt und kommt ins Grübeln: „Woher sind die so schnell aufgetaucht? Hab ich da was nicht mitgekriegt?" Das Grummeln in seinem Bauch wächst sich rasch zu Druck und Selbstvorwurf aus. Und ihm schwant: Die bereitwillig erteilte Unterordnung unter die rigiden Gesetze der Digitalisierung verlangt von uns, unser Menschsein in seiner ganzen Komplexität zu verleugnen. Die Tücke an dieser Entwicklung: Alles vollzieht sich atemberaubend schnell – mit einer unvorstellbaren Geschwindigkeit, die in ihrer Dimension der Erdumkreisung um die Sonne vergleichbar ist. Wir bemerken keinerlei Bewegung, sondern halten den von diesem Naturphänomen bewirkten Ruhezustand für Fakt, ebenso wie wir die digitale Realität als greifbare Realität annehmen. Eines der gewaltigsten Fake Facts im digitalen Kosmos.

An welchen Symptomen lässt sich diese „gestörte Beziehung zu sich und der Welt" festmachen?

Vor Gericht würde der Staatsanwalt in seiner Anklageschrift eine fortschreitende Entmenschlichung aufführen, die der Mensch an sich selbst vornimmt. Dabei schwerwiegende Indizien aufrollen wie mangelnde Gesprächsbereitschaft, ein gestörtes soziales Miteinander, die Unfähigkeit zu vertrauen, starke Tendenzen zu Vereinzelung, Schablonisierung, Anonymisierung. Auch gehören Scheuklappeneffekte dazu wie der Rückzug in eine Scheinwelt, in der keine realen Interaktionen vorgesehen sind, die Flucht in eine Pseudowirklichkeit, wie sie uns die Medien vorspielen, in standardisierte Gefühlswelten, die keinen echten Nachhall provozieren, in die Unfähigkeit oder Verweigerung, profunde reale Beziehungen auf der Basis von Wertschätzung und Respekt zu pflegen. Die allgegenwärtigen Optionen auf Vervielfältigung und Vervielfachung von Information schaffen mehr Konfusion als Erkenntnisgewinn.

Dann verwundert kaum, dass in einer immer stärker digitalisierten Zeit der Ratgebermarkt explodiert. Wenn in den Menschen (wie es unser Protagonist Bruno Backes gerade erlebt) mehr und mehr das Gefühl wächst, die gravierenden Veränderungen der Zeit nicht allein bewältigen zu können, benötigen sie dringend Unterstützung. Für scheinbar komplizierte Problemstellungen suchen sie einfache, schnelle Lösungen, die wie eine Pille geschluckt werden können. Was beim Ratgeber für Nordic Walking oder veganes Kochen noch funktionieren mag, versagt angesichts der fundamentalen Dimension der Digitalisierung einerseits und der komplexen Emotionalität des Menschen andererseits auf der ganzen Linie.

Werden uns die Fallstricke der Digitalisierung überhaupt bewusst?

Der sympathische Bruno Backes ist kein Einzelfall, was er erlebt, geht uns alle an! Die Digitalisierung erzeugt in uns nicht selten ein bohrendes Gefühl: „Das schaff ich alles gar nicht! Das rutscht mir zwischen den Fingern durch. Was sich hier abspielt, kann ich gar nicht mehr beeinflussen. Das macht mir ganz schön Angst! Hab ich nur das Gefühl, dass alle anderen prima damit klarkommen und nur ich mich dabei so anstelle? Gerate ich ins Hintertreffen? Aber verflixt noch mal: Soll ich mich jetzt auch noch darum kümmern? Hab ich nicht bereits genug am Hals?"

Und wir resignieren: „Was bleibt uns übrig: Wir müssen uns mehr anstrengen!" Keine gute Ausgangssituation, um als soziales Wesen dem digitalen Tsunami standzuhalten. Wer von solchen Gedanken besetzt ist, kann nur scheitern oder klein beigeben. Eine sozialverträgliche Haltung gegenüber der digitalen Transformation entwickelt sich dann, wenn wir uns kritisch fragen, wie weit wir bereits involviert sind, welche Veränderungen wir schätzen können und welche bereits negative Folgen mit sich bringen.

> **Verstehen Sie mich bitte richtig:**
> Mein Anliegen ist es, Ihnen hier ein paar Hinweise zu geben. – Jeder muss für sich selbst eine klare Haltung zur fortschreitenden Digitalisierung der Welt und einen eigenen Lösungsansatz für den Umgang mit ihr finden.

Diese Checkliste könnte aufschlussreich für Sie sein:

Störfall im Reaktor „Soziale Kontakte"
10 Fragen zu meiner Haltung gegenüber der digitalen Welt

1. Wie oft täglich checke ich meine E-Mails? Beginne ich damit sogar meinen Tag?
2. Gerate ich in Panik, wenn ich unterwegs feststelle, dass ich mein Mobile vergessen habe und somit nicht erreichbar bin?
3. Stelle ich mein Mobile auf „Stumm", wenn ich mich mit Freunden unterhalte oder mit meiner Familie am Esstisch sitze? Gibt es sie überhaupt noch, die gemeinsame Mahlzeit?
4. Ist mir die Meinung von Facebook-Freunden wichtiger als die meiner realen Freunde? Was bedeuten mir ein Like, Gefällt-mir, Follower, Emoticon, Re-Tweet?
5. Wie oft greife ich auf Online-Dienste zurück – Partnerportale, Nachrichtenmagazine, Online-Shops, Online-Lieferdienste, Online-Support oder Chatrooms, Bewertungsportale und Empfehlungslisten? Welchen Stellenwert haben sie für mich?
6. Wie oft lasse ich meine Fans und Follower über ein Selfie oder Foto an meinem Privatleben partizipieren?
7. Wie wichtig ist es mir, dass meine Fans oder Freunde wissen, wie, was ich gerade mache? Und wo, warum, mit wem? Mit welchem Ergebnis?
8. Wann habe ich das letzte Mal in einem Buch gelesen, statt am Computer zu spielen, zu chatten, zu skypen, zu messagen, zu liken, zu posten, zu simsen oder zu daten?
9. Wie viel Zeit meines Tages (in Stunden) verbringe ich privat vor dem Computer?
10. Könnte ich mir ein Leben ohne Smartphone, Computer, iPod, Social Media, Messenger-Dienste, Games, Spotify, YouTube oder Netflix überhaupt noch vorstellen? Auf welches Tool oder Gerät könnte ich am leichtesten verzichten? Wo würde es richtig schmerzen?

Die Fragen der Checkliste mögen für Sie gar nicht zutreffen. Ich lade Sie ein, sich eigene zu gestalten, die auf Ihre persönlichen digitalen Gewohnheiten zugeschnitten sind. Aber ich warne Sie besser: Allein das Nachdenken darüber könnte zu leicht störender Irritation führen. Zu Risiken und Nebenwirkungen fragen Sie Ihren IT-Berater oder...

Uns allen geht es doch wie Bruno: Wir sind verwirrt. In den letzten 25 Jahren wurden wir in eine Umlaufbahn geschleudert, die uns keinerlei Anhaltspunkte gab, zu welch unerhörtem Tempo sie in der Lage sein würde. Nun stecken wir fest im digitalen Raumschiff und erleben eine Entwicklung, die sich weder verlangsamen noch anhalten lässt, zumal es auch nicht gewollt ist. Innerhalb der digitalen Rotation fühlen wir uns ent-grenzt und bodenlos. Wir ahnen mit leichtem Gruseln, dass unsere Anstrengungen, diesen Zustand zu beeinflussen, an einem äußerst potenten Gegenspieler scheitern würden.

Hier hilft eine Kehrtwende, die gar nicht schmerzt: die eigene Welt achtsam, selektiv und sich selbst gegenüber liebevoll ausstatten mit dem, was Sie wirklich benötigen und wünschen. So können Sie sich mit der aufregenden und überbordenden digitalen Realität in einer Weise anfreunden, die Ihnen guttut. Dabei könnte etwas Erstaunliches geschehen: Sie kämen wieder ganz bei sich selbst an!

Kapitel 2
Symptome einer digitalen Pervertierung

Aufgezeigt am Beispiel Mensch und seiner präferierten Verhaltensweisen

Die Nutzung der digitalen (elektronischen) Neuerungen wird mehr und mehr zur Pflicht, ob wir es gutheißen oder nicht. Digitalisierungsverweigerer geraten in den Nimbus eines Sonderlings oder Außenseiters. Der so erzeugte enorme Leistungs-, Präsenz- und Reaktionsdruck strahlt in alle Lebensbereiche hinein und beschneidet uns in unseren Privat- und Intimsphären. Fast unmerklich hat das „Leben im Netz" uns verändert. Netz im doppeldeutigen Sinne: Einmal steht es für die allgegenwärtige Teilhabe zu jeder Tages- und Nachtzeit an Milliarden von Vernetzungen, Optionen und Möglichkeiten, zum anderen für ein Netz, in dem wir wie ein Fisch zappeln, ein Köcher, der uns einfängt und festhält, unausweichlich scheint. Und dieser Fisch auf dem Trockenen ringt nach Luft.

Welche weit verbreiteten Phänomene nagen am Einzelnen? Welche wirken sich in fataler Weise auf die gesamte Gesellschaft aus? – Exemplarisch stelle ich fünf zur Diskussion:

1. Smartphone – der neue Teddybär?
2. Die Facebook-Reality – nie wieder ohne „Freunde"?
3. Internet Gaming – verrohen Sprache und Sitten?
4. Soziale Vereinzelung – die Unverbindlichkeit des digitalen Seins?
5. Cybermobbing, Bashing, Hass – sind das die neuen Umgangsformen im Netz?

Lassen Sie sich so gut es Ihnen möglich ist auf die Diskussion ein. Keiner kann sagen, er habe von den negativen Auswirkungen der Digitalisierung noch nie etwas gehört. Jeder könnte betroffen werden, niemand ist gefeit vor dem digitalen Overflow.

1. Ist das Smartphone der neue Teddybär für Dreijährige?

Die Frage ist nur bedingt provokant, denn längst kann man ein Kinder-Mobile mit einem Teddy-Avatar aus Plüsch umhüllen, sodass bereits die Kleinsten eine liebevolle Beziehung zum Kuscheltier Smartphone aufbauen können. Dabei fällt mir ein: Haben wir uns in den Kinderschuhen der Mobile-Nutzung nicht Sorgen gemacht, dass die Funkwellen durch den engen Kontakt des Geräts mit dem Gehörgang unserem Gehirn schaden?

Martin Lohmann* (68) berichtet: „Als Rentner nur zu Hause sitzen? Nee, das kommt nicht in Frage. Ich fahre immer noch Bus, in Teilzeit – Schulkinder. Noch vor acht, neun Jahren war das für mich ein Riesenspaß. Lärmig ging es zu, lebhaft, fröhlich. Ich mochte es, wenn die Gören morgens mit Nutella-verschmierten Mündern in den Bus strömten, sich gegenseitig ein Bein stellten, rangelten und balgten. Wie junge Fohlen, die sich beweisen wollten. Da war Lachen, Gejohle, alle möglichen Geräusche, vor allem nach Schulschluss. Heute dagegen ist es meist totenstill, alle starren auf ihr Smartphone oder Tablet, simsen oder mailen oder sind in die (nicht hörbare) Musik aus dem MP3-Player versunken, keiner schwatzt. Ich finde das erschreckend."

Es begann alles ganz harmlos am 29. Juni 2007 und wurde rasch zum Wetterleuchten

Ist dieses Szenario für Sie der ideale Tagesbeginn? Wenn Sie Ihr iPhone sanft weckt, Sie noch im Pyjama auf der Bettkante die neuen E-Mails checken, sich durch Facebook und Instagram arbeiten, eine SMS beantworten? Wenn WhatsApp und Twitter Ihnen Meinungen vorbeibringen wie früher der Zeitungsjunge die Morgenlektüre? Weil Sie schon so schön in Fahrt sind, machen Sie schnell noch ein digitales Gesundheitstracking. Höchste Zeit, sich wie ein Turmspringer vom Sechs-Meter-Brett von der Bettkante abzustoßen und ins Badezimmer zu hechten. Dort warten Live-Radio-App, Online-Wettervorhersage und weitere

* Name aus rechtlichen Gründen geändert

Gesundheitstipps, und auf dem Weg zur Garage erfahren Sie von der Verspätungslage des geplanten Lufthansa-Fluges und von den Staus auf dem Weg zum Flughafen. Der Touchscreen ist die Wange, die man früher küsste, wenn man sich morgens zum Job begab. „Bis heute Abend, Liebling! Ich ruf an, wenn es später wird!" Ähh – wie? Sie telefonieren noch?

→ https://onlinemarketing.de/news/erstes-smartphone-foto-20-geburtstag

Klein, aber ganz schön vereinnahmend: das Smartphone

Es brummt, piept, zwitschert, klingelt, klirrt, plärrt um uns herum. Verballhornte Musiktrailer malträtieren unser Trommelfell. Sensible Menschen bevorzugen die Vibration (nicht was Sie wieder denken!) wie den kleinen Serotoninkick in der Jackentasche. Es kommt harmloser daher und ist nicht weniger listig. Ein Smartphone ist praktisch. Supereinsatzfähig: Telefonieren, chatten, fotografieren, ins Internet gehen, E-Mails versenden, simsen, navigieren, Audio- und Video-Mitschnitte erstellen, whatsappen, messagen. Üblich und voll akzeptiert an Bushaltestellen und Marktständen, in Bahnen und Wartezimmern, in der Hotellobby oder Sauna, im Restaurant. Dabei leben wir Wildwest-Fantasien aus: Unsere Hand pflegt zum Handy ein ähnlich intimes Verhältnis wie Texas-Joe zu seinem geladenen Revolver. 70 Mal am Tag streicheln wir es mit unserer Aufmerksamkeit. Daher hat es längst einen Stammplatz auf dem Kopfkissen. Mit Folgen: Konzentrations- und Schlafstörungen, Haltungsschäden, Suchtgefahren vergleichbar den Auswirkungen eines Alkohol-, Drogen- oder Nikotinmissbrauchs. Ständig in Alarmbereitschaft erzeugt einen starren Körpertonus. Lieblingstöne wiegen uns in eine Illusion aus Secondhand-Sonnenuntergang und Sentimentalität. Autonome Eigenkontrolle sieht anders aus. Nicht wir haben das Mobile im Griff, eher umgekehrt. Wie konnte der Mensch so auf den Hund … äh … respektive das Smartphone kommen?

Der Urahn in der Familie der Mobiltelefone

Wer erinnert sich noch an den schweren, schwarzen Kasten im Kofferraum? Die Anfänge des Mobiltelefons waren abenteuerlich. 1992: IBM stellt dem verblüfften Publikum den Urahn des Smartphones, den IBM Simon vor, eine Weiterentwicklung des vorherigen Mobiltelefons, das nicht mehr zu genügen schien. Simon war schon ganz schön pfiffig: Er protzte mit Spielen, Kalender, E-Mail- und Fax-Funktion, Adressbuch, Touchscreen – ausgesprochen innovativ.

Beginn einer neuen Zeitrechnung – das erste Smartphone

Am 15. August 1996 lanciert der finnische Mobilfunkhersteller Nokia das erste originäre Smartphone „Nokia 9000 Communicator" und preist es als „Büro im Westentaschenformat". Kein Leichtgewicht: Das Gerät ist mit einem Körpergewicht von fast einem halben Kilogramm viermal so schwer wie das heutige iPhone. Ein Schnäppchen kann man das frischgeborene Handy auch nicht nennen, der Einstiegspreis von 2700 Deutschen Mark grenzt die Fangemeinde ein. Für die damalige Zeit leistet es Erstaunliches: Neben Telefonieren kann es auch Faxe und E-Mails senden und empfangen und über einen HTML-Browser auf Websites zugreifen – wenn auch im Schneckentempo. Babyschritte auf dem Weg zur Lichtgestalt. – 1999 überrascht Toshiba mit einem Phone, das wenig mehr kann außer zu telefonieren, aber der Pionier der Fotofunktion wird.

Der Hype beginnt – das erste iPhone

Am 9. Januar 2007 dann der digitale Quantensprung: Apple-Chef Steve Jobs stellt unter dem Jubel der Fans ein „revolutionäres und magisches Produkt" vor. Ein einziges Gerät integriert drei Tools in einem: iPod, Mobiltelefon und mobiles Kommunikations-Device. Im Vergleich zu den Vorgängermodellen der Apple-Mitbewerber glänzt es mit einem intuitiv bedienbaren Handling. Ein relativ großflächiger, berührungsempfindlicher Bildschirm ersetzt die bisherige Tastatur. 270.000 Geräte finden an diesem ersten Verkaufstag ihre glücklichen Besitzer. Der Erfinder des iPhones, Steve Wozniak, hatte gerade mal 200 Stück verkauft, als er auf Steve Jobs stieß und 1976 mit ihm und Ron Wayne und einem Startkapital von 1.300 Dollar die Garagenfirma Apple gründete. Heute wird sie an der New Yorker Börse mit mehr als 800 Milliarden Dollar gehandelt. Die Revolution war erfolgreich. – *Warten wir noch auf die Konterrevolution?*

In den Frühzeiten des Smartphones erregte die Foto-Funktion noch Unmut. Sie wurde oft durch unerlaubt erstellte Fotos als diskriminierender Akt empfunden, der zum Widerspruch anregte. Die Fotografierten waren sich des Fotografiertwerdens oft weder bewusst, noch konnten sie die Verwendung der Fotos verhindern. Heute finden wir dieses Anfangsphänomen vergleichsweise harmlos angesichts immer drastischerer Eingriffe in unsere Privatsphäre wie Datenmissbrauch und Hasskampagnen.

→ http://www.spiegel.de/einestages/apple-iphone-wird-10-das-erste-smartphone-erschien-2007-a-1153738.html

Wie wurde das Smartphone zu unserer dritten Hand?

20 Jahre danach ist der Smartphone-Junkie hochgradig suchtgefährdet und schaut mehr als 180 Mal täglich (oder öfter) auf sein Gerät. Sein soziales Leben spielt sich über das Gerät ab. Der Junkie verliert die Bodenhaftung, digital wird real, Angstzustände, Panikattacken und Depressionen, die Unfähigkeit, auf das Handy zu verzichten, untergraben Existenzen. Bei seiner Therapie werden bereits therapietaugliche Handy-Attrappen aus Kunststoff ohne Technikherz eingesetzt, geklonte Pseudomobiles für Pseudocharaktere. Hauptsache, die dritte Hand greift nicht ins Leere! Übrigens: 3,99 US-Dollar kostet die App „Leg dein Phone weg!".

Aber ist das Smartphone tatsächlich für die heutigen Jugendlichen unverzichtbar?

Bei Gesprächen mit Youngsters bei der TINCON 2016, einem Internetkongress in Berlin für Jugendliche von Jugendlichen, kommt es zu erstaunlichen Statements von Charly (16), Kaan (17) und Ole (16). Sie halten es für ein Vorurteil, dass sich nur junge Leute im Netz zu unüberlegten Äußerungen hinreißen lassen würden und die Internetnutzung ganz unreflektiert handhaben. Für sie ist das Netz sowohl vorteilhaft als auch negativ. Dass der Ton im Netz roher geworden sei, empfänden viele junge Leute selbst als unangemessen. Ein respektvoller Umgang wäre in ihrem Sinne. Das Internet sei kein rechtsfreier Raum, meinen sie. Die Möglichkeit, ungleich mehr neue Kontakte zu machen, als es vor der Digitalisierung möglich war, setze eben Begeisterung frei. Persönlicher Kontakt wird als zu anstrengend empfunden. Das Internet mache als innovativer sozialer Raum den öffentlichen Raum der analogen Zeit obsolet – ständig begehbar, jederzeit verfügbar, komfortabel erreichbar, könne er ohne engere Bindung auch jederzeit verlassen werden. Die Unverbindlichkeit der digitalen Zuwendung! Natürlich – so die Jugendlichen – sei das Handy auch suchtbegünstigend. Längst haben sich pathologische Reaktionen entwickelt: etwa das Phantom Vibration Syndrom, bei dem das Handy gar nicht mehr vibrieren muss, damit der Nutzer es als Vibration empfindet. Zu Belästigungen durch ebay-Werbung nach einer Schlagwort-Google-Suche haben Charly, Kaan und Ole eine klare Anti-Haltung, und bedrohlich finden sie, dass ihre Dateneingabe sie erpressbar macht. – Vielleicht Einzelfälle? Oder doch ein Zeichen, dass sich Jugend heute nicht mehr so rasch gleichschalten lässt?

→ https://www.goethe.de/de/kul/med/20921936.html

Und dennoch:

Der Psychiater Dr. Jan Kalbitzer forscht am „Zentrum für Internet und Seelische Gesundheit der Charité Berlin". In seinem 2016 veröffentlichten Sachbuch „Digitale Paranoia" appelliert er an uns, unseren privaten Bereich abzugleichen nach dem Maß an Zeit, die wir internetlos im familiären oder partnerschaftlichen Miteinander verbringen. Gerade im Zusammenleben seien neue Regeln und Rituale, die uns zu einem bewussten Umgang mit dem Smartphone und dem Internet führten, unverzichtbar. Seine Vorschläge lassen sich mit einiger Umgewöhnung gut in den Familienablauf integrieren. Etwa wenn Vereinbarungen getroffen werden, dass Mails nur zu bestimmten Zeiten oder an bestimmten Orten gecheckt und beantwortet werden. Wenn Brunos internetaffine Ehefrau Irma am Frühstückstisch eine SMS versendet, sollte sie den anderen mitteilen, warum sie dies tut. Um es nicht als nachlässige und ignorante Gewohnheit erscheinen zu lassen, muss der Hintergrund des Handelns (Informationsabruf oder Kundenauftrag) transparent werden. Auf Irma und Bruno übertragen: Sie sollten die eigene Zufriedenheit nicht von äußeren fremdgesteuerten Parametern abhängig machen.

2. Die Facebook-Reality – nie wieder ohne Freunde?

Was bedeutet es, ein Freund zu sein im Facebook-Verständnis? Stellen Sie sich einmal diese Begebenheit vor:
Gewöhnlich geht Simone Winkler* (31) abends noch mal auf die Straße. Ihre zierliche Gestalt und die Gewohnheit, stets ein Smartphone in der Hand zu halten, sind im Viertel bestens bekannt. Die hübsche Blondine ist auf digitaler Pirsch: Ihr Wild sind Passanten, Kneipengäste, Flaneure, Menschen, die den Feierabend genießen und nichts Schlimmes ahnen. Sympathisch, wie sie ist, wird sie von den wenigsten abgewiesen. Simone erzählt haarklein, was sie an diesem Tag erlebt hat, hält ihren Gesprächspartnern Fotos vom gerade eingenommenen Abendbrot vor die Nase und bittet sie nett um ihre Meinung: „Gefällt Ihnen doch auch, oder?" Foxterrier Billy, wie er „so putzig" seine Spielzeugmaus zerknautscht, Töchterchen Paula (ja, Simone ist alleinerziehend) „so süß" schlummernd, Friseur Marc beim Föhnen von Simones Haarschopf „so cute" – sie geht methodisch vor. Als besonderen Vertrauensbeweis erlaubt sie einen Einblick in ihr strammes Fitnessprogramm und ihr wechselhaftes Dating-Verhalten auf Tinder. Kurz: Ein fotografischer Querschnitt durch Simones Leben macht Unbekannte flugs zu Freunden und Fans. Simone lässt nicht eher von ihnen ab, bis sie ein „Gefällt mir" oder „Nee, gefällt mir nicht

---

* Name ist im Interesse des Persönlichkeitsrechts geändert.

so" erbettelt hat. – Leider gibt es unter ihren unfreiwilligen Gesprächspartnern auch Ignoranten. Die Gutwilligen schwanken zwischen Desinteresse, peinlicher Langeweile oder irritiertem Grinsen, weil sie es für „Versteckte Kamera" halten. Andere ergreifen sofort die Flucht, tauchen in einer Toreinfahrt oder Mülltonne ab. Stinkefinger und Pöbeleien und den Ruf nach dem Notarzt verbucht Simone unter analoger Ignoranz. Ein festes Ritual im Leben gibt man doch nicht so leicht auf, oder? Stolz ist sie auf mittlerweile sechs regelmäßige Follower respektive Ver-Folger. Sie haben allesamt schöne Berufe: Streifenpolizist, verdeckter Ermittler, Streetworkerin, Psychiater, Pflegerin und Telefonseelsorger.

Kommt Ihnen abartig vor? – Ja, schon. Doch wie absurd erscheinen denn die rituellen Facebook-Gewohnheiten?

Facebook ist das Portal der Selfies – die Irma unserer Rahmenhandlung ist bekennende Facebook-Konsumentin, aber sie kann sich bei der Produktion der Selfies noch bremsen. Sie setzt den Selfie-Stick vor allem für ihr berufliches Personal Branding ein, für Attraktivität und Lebensstil. Schließlich ist Irma den Produkten verpflichtet, die sie online vertreibt – Mittel und Mittelchen, um die Selbstperfektion zumindest körperlich-äußerlich voranzutreiben. Tochter Lisa hat das Selfie für sich entdeckt, um auf Dating-Portalen Pluspunkte zu sammeln.

Selfie klingt rasierklingenscharf nach selfish! Eine gesunde Eigenliebe und Selbstakzeptanz ist zwar unabdingbare Voraussetzung, um auch seinen Mitmenschen Zuneigung, Liebe und Respekt entgegenbringen zu können. Doch Kommunikation aus Eigennutz und Selbstdarstellungsdrang führt ins Leere. Der Empfänger eines Selfies ahnt die böse Absicht und fühlt sich betrogen: Selfies sollten das Gespräch, den Dialog, das In-Kontakt-Gehen, die beidseitig interessierte Beziehung ersetzen. Oder Gefühle kompensieren? Selfies vollziehen sich auf der digitalen Einbahnstraße. Der Selfie-Stick als Handspiegel oder die Wasserfläche, in der Narziss sich bewunderte? Und der Wirkung seines eigenen Bildes verfiel, was ihm bekanntlich nicht gut bekam.

Wer Selfies postet, will einen Nachweis geben, wo und wann und womit er gerade beschäftigt ist. Oft nicht mal das. Dann ersetzt ein Selbstporträt respektive

Selbstgespräch den ohnehin schon eingeschränkten und auf verbale Versatzstücke minimierten Dialog. Einzeln und gezielt kann das noch als charmant durchgehen. Wird das Selfie aber, nur mit ein paar nichtssagenden Worten ergänzt, zur ausschließlichen Kommunikationsform und tritt es massenhaft auf, wächst es sich zur Plage aus. Und zu einem starken Indiz für zunehmende Beziehungslosigkeit. Können wir uns wirklich über Selfies mit unseren Mitmenschen verbinden? Sie verweisen lediglich auf mich und mein Darstellungsbedürfnis und denken gar nicht daran, den anderen zu fragen: „Wie geht es dir heute? Was treibt dich um? Was hast du erlebt? Was verbindet uns? Wie kann ich an deinem Leben teilhaben?"

Kommunikation ist jedoch keine Einbahnstraße. Zu einem Absender gehört immer auch ein Empfänger. Selfies sind die unverhüllt dreiste Aufforderung zu einer bestätigenden Gegenreaktion, die das Ich des Selfie-Eigners stärken soll – ein Liken, Gefällt-mir, „Ist ja toll", „Siehst gut aus", „Nee, da gratulier ich aber!" – unverbindlicher geht's nicht, oder? Dieses unverhohlen demonstrierte Desinteresse am anderen ist schamlos und despektierlich, herabwürdigend und hochpeinlich. Narzisstische Selbstdarstellungssucht, die zwanghaften Charakter annehmen kann. Der schamfreie Selbstbetrug ist die rasch eintretende Erkenntnis, dass sich ein schwaches Ego niemals durch Blendung und Selbsttäuschung stärken wird.

Der radikale Philosoph und Vordenker Byung-Chul Han befindet in seinem Werk „Die Austreibung des Anderen" (S. Fischer. FFM 2016), dass die Zeit, „in der es den Anderen gab", vorbei sei. Er weiche dem Terror des Gleichen. Zum Phänomen Selfie hat er eine ebenso dezidierte Meinung: „Auch die Selfie-Sucht hat mit (gesunder) Eigenliebe nichts zu tun. Sie ist nichts anderes als Leerlauf des vereinsamten narzisstischen Ich. Angesichts der inneren Leere versucht man sich zu produzieren. Allein die Leere produziert sich. Selfies sind Selbst in Leerformen. Selfie-Sucht verschärft das Gefühl der Leere. […] Selfies sind schöne, glatte Oberflächen eines entleerten, verunsicherten Selbst. Um der quälenden Leere zu entgehen, greift man heute entweder zur Rasierklinge oder zum Smartphone. […] Der Knopfdruck, der die Bombe hochgehen lässt, gleicht dem Druck auf den Auslöser der Kamera."

Die allgemein etablierte Selfie-Kultur ließ die Schamgrenzen sinken, wenn nicht gar fallen. Das dem gesund empfindenden Menschen immanente Gefühl für Anstand, Diskretion, Respekt ist der penetrant zur Schau gestellten Sucht nach Spiegelung gewichen. Die früher dreidimensional gehandhabte Informationsübertragung vollzieht sich heute eindimensional. Die kryptische digitale Ebene erlaubt uns, aus unserem wahren Ich auszusteigen und in eine watteweiche Anonymisierung abzutauchen. Sie ermöglicht Abschottung und bietet den idealen Nährboden für leichtes Verdrängen. Erlebten wir vor einigen Jahren noch das „Betroffenheits-Syndrom", gilt heute mehr und mehr das „Nicht-Betroffenheits-Syndrom" als Richtschnur für unsere Empfindungsfähigkeit, Empathie und Gefühlsbereitschaft im sozialen Miteinander.

Emoticons (schablonisierte elektronische Gefühlsausbrüche) sollen das leisten, was früher persönliche Worte ausdrücken sollten. Die Bildchen sind kostenfrei und daher auch nicht viel wert. Das Gegenüber scheint heute ent-personalisiert zu werden – vordergründig ist es, selbst sichtbar zu werden und mediale Aufmerksamkeit zu erregen. In analoger Zeit war es das Ziel, es in die Medien zu schaffen, heute können wir uns selbst inszenieren. Wir geben uns damit zufrieden, uns lediglich gesehen zu fühlen. Misserfolg wird gemessen an der Reaktion der „Freunde" (keine Likes, kein Gefällt-mir, keine Resonanz durch Click, View, Weiterleiten kann zu herber Enttäuschung und einem Einbrechen des Selbstwertgefühls führen). Tatsächlich ist es so, dass die Community uns unseren Wert zuspricht. Wo bleiben Selbstbestimmung und freier Wille?

Internet-Gewalt-Games – führen sie zu einer Verrohung von Sprache und Sitten?

„Das funzt total abgespaced, Alder? Später mal telen oder biste zu versifft, du Horst? Gehste später noch darthvadern? Im keinsten? – Na dann, hau rein!" – Haben Sie verstanden, worum es geht? Also, ich überlege noch.

Jugend hatte wohl zu allen Zeiten einen mehr oder minder von der Erwachsenensprache abweichenden Jargon. Eine „Halbstarken-Sprache" gab es, seit das soziale Phänomen Halbstarke die Generationen teilte. Erwähnt wird es bereits um 1900. In den fünfziger Jahren, also nur wenige Jahre nach dem Zweiten Weltkrieg, waren nur Levi's und Lederjacke nötig, um als Halbstarker durchzugehen. Die ausgelebten Provokationen waren vergleichsweise harmlos, die sprachlichen Verballhornungen nicht weniger. „Tach" ersetzte das klassische „Guten Tag". Oh shocking! Aktionen und Randale entsprangen zu jeder Halbstarken-Zeit der Lust an der Provokation, dem Entfachen öffentlicher Empörung und der Erregung von Aufmerksamkeit bei Polizei und Medien. Das Ziel war im Grunde berührend: Die jungen Leute der Sechziger und Siebziger wollten bei den tonangebenden, autoritär geprägten Patriarchen in Familie und Gesellschaft gesehen und wahrgenommen werden, ganz klar bezogen sie ihre Identität aus der Spiegelung von außen. Massive Randale, brutale Gewalt und blinde Zerstörungswut, wie sie sich im Juli 2017 beim politischen G20-Gipfel in Hamburg Raum schafften, waren zur „Halbstarken-Zeit" keine Option. Im direkten Vergleich erst wird die dramatische Verschärfung der Auftritte erkennbar. Wie sollten wir die heutige Halbstarken-Sprache und das Halbstarken-Gebaren einschätzen und erleben?

Hören wir doch einmal hinein:
Assig hieß früher doof, *abgespaced* verrückt, *dissen* sich abfällig äußern. Ein *Voll-Horst* möchte heute keiner sein, auch kein *Vollpfosten* oder *Super-Kevin*, und *gebasht* (besiegt) oder *ralle* (sternhagelvoll) nach dem *Vorglühen* (Alkoholgenuss vor dem Ausgehen) schon mal gar nicht. Was, meinen Sie, verbirgt sich hinter einer *Bambusleitung*? Was bedeutet „Meine Freundin ist bae"? Was ist *Analog-Spam*? *Tintling*? *Vollpfostenantenne*? *Mois*? *Dumfall*? Was könnte mit *voll cheedo* gemeint sein? Wer oder was verbirgt sich hinter einem *Uhrensohn*? – Sie schütteln den Kopf? Das müssen Sie wohl rasch mal googeln.

Manche halten es für unbegründet, zu pessimistisch auf einen Jugendjargon zu reagieren. Die anderen sehen das Ende der Zivilisation nahe. Die Indifferenten und „Mitläufer" sind irgendwo dazwischen. Rohe Gewalt kannten wir gemeinhin aus dem Kriminalroman oder TV-Thriller, aus den Schlagzeilen der Boulevardpresse oder der Kriegsberichterstattung der Fernsehmagazine. Erlebt hat der Normalbürger sie in der Regel nicht oder nur peripher – auf der Autobahn, im Rotlichtviertel, bei randalierenden Fußballfans und bei Massenveranstaltungen, wenn der Alkohol aufgeputschte Massen zu Exzessen verführte. Seit ein paar Jahren sind Terror und Attentate in europäischen Ländern kein Fremdwort mehr. Die Radikalisierung in politischen Bewegungen tut ihre Wirkung. Haben wir aber nicht auch ein Stück weit selbst zu verantworten, dass die Sitten, das Verhalten, das menschliche Miteinander, unsere Kommunikation nicht nur verflachen, sondern zu verrohen drohen?

In der verknappten und vereinfachten Sprache in E-Mail und Social Media Posting fühlen sich auch Akronyme wohl, die offenbar mehr der Verschlüsselung als der Klarheit dienen sollen. LOL (Laugh out loud) oder AK (Adknowledge) lassen sich noch dechiffrieren, aber was darf man sich unter DGDMMLBDDWU-UWDWNUHIDFILM vorstellen, und was fängt man mit hdgmdlbzmuwz an? Böse (analoge) Zungen könnten jetzt behaupten, dass diese Chiffrierung an die Enigma-Methodik erinnere, die seit 1930 von der Reichswehr und später von der Wehrmacht vor allem für den militärischen Funkverkehr benutzt wurde. (Und die dennoch von den Alliierten mit hohem Zeit- und Geldeinsatz geknackt wurde, was sich kriegsentscheidend auswirkte.) Könnte dies einer digitalen Enigma-Digitalisierung ebenso widerfahren?

Gewaltspiele im Laufe der letzten zehn Jahre – wie sieht man sie heute?

In „Counter Strike", einem der ersten und daher als spektakulär empfundenen Killerspiele, geht es um Macht und das Recht des Stärkeren. Feinde müssen bekämpft, Siege davontragen, der „verdiente" Lohn errungen oder andere unterdrückt werden. Dass Gewaltspiele die Neigung entfachen, sich aggressiv zu verhalten, oder sie – falls diese Neigung bereits vorhanden ist – massiv steigern können, dürfte unbestritten sein. Trotzdem meinen seit dem Auftauchen von Videospielen immer auch dezidierte Gegenstimmen, dass Jugendliche sich beim Spielen und der Übernahme von fremden Szenarien persönlich weiterentwickeln und ihren kreativen Freiraum vergrößern.

Krasse Zeiterscheinungen wie Amokläufe an Schulen (Erfurt 2002, Emsdetten 2006, Winnenden 2009) und Terroranschläge mitten im Straßenalltag (München, Berlin 2016, Paris 2017) werfen die Frage auf, ob die Täter unter dem abhängig machenden Einfluss von Killer-Games radikalisiert und emotional enthemmt gehandelt haben. 2005 forderte der Koalitionsvertrag der neu gebildeten Bundesregierung bereits ein Verbot von Gewaltspielen. Durchgesetzt wurde es nicht. Fakt ist, dass dies nur die eine Seite des Problems lösen könnte, zumal die Verfassungen freiheitlich-demokratischer Rechtsstaaten derartige Sanktionierung nicht erlauben. Hat die zunehmende Gewaltbereitschaft nicht differenziertere Hintergründe? Die Auslöser erscheinen vergleichsweise unbedeutend, die Fallhöhe gegenüber der Schwere der Tat jedoch gewaltig: Frust oder Mobbing in der Schule oder am Arbeitsplatz, familiäre Streitigkeiten, narzisstische Kränkungen oder der Drang, sich mächtig zu fühlen und mit der Tat einen hohen Grad an Bekanntheit und Bedeutung zu erreichen, kann ein schwaches oder verletztes Selbstwertgefühl durch ein einschießendes Allmachtgefühl aufwerten.

In einer groß angelegten Erhebung der Universität Potsdam vom November 2006 befragten die Psychologinnen Barbara Krahé und Ingrid Möller insgesamt 5.000 jugendliche und erwachsene Personen. Mit Hilfe von Test-Spielen ermittelten sie, wie weit regelmäßige Game-Spieler im Nachhinein durch aggressive Gedanken und Äußerungen auffällig wurden und wie stark ihre Neigung zu gewalttätigen Gefühlen war. Die Ergebnisse ließen aufhorchen: Der regelmäßige Konsum und die Teilnahme an Gewaltspielen über längere Zeiträume verstärkt exponenziell die Neigung zu Aggression und Gewalt. Dass Kamikaze-Gameplayer sehr schnell dabei sind, im Kontakt ihrem Gegenüber eine feindselige (und daher aggressionsfördernde) Haltung zu unterstellen, ließ sich ebenso belegen wie ihre steigende Affinität zu Gewaltdarstellung in Film und Fernsehen.

→ http://www.zeit.de/online/2006/49/computerspiele-gewalt-psychologie

Der sanktionierte virtuelle Voyeurismus
Die Demoskopie Allensbach stellte bereits zu Anfang des Jahres 2009 fest, dass das Massenphänomen der Internetkommunikation für Jugendliche zwischen

14 und 19 Jahren die präferierte Form des sozialen Umgangs war. Nur noch 36 Prozent der Jugendlichen schätzten das persönliche Gespräch. Gedeutet wurde es mit der Faszination für Jugendliche, sich im stetig verfügbaren digitalen Raum in Rollen zu versuchen und ihre nicht ausgelebten Fantasien oder Gefühle zu realisieren. Andere mediale Konsumoptionen können diese Nische nur bedingt oder gar nicht bieten. Verdrängt wird, dass diese Rollen und Pseudoidentitäten nicht dem realen Leben entspringen oder nur in klischeehafter Ausführung durchlebt werden. Auf der Bühne der Videospiele kann eintreten, was weder Fernsehen noch Film „auf dem Kasten haben": Darth Vader kommt um die Ecke oder „World of Warcraft" spielt sich im Sandkasten ab.

Studienergebnissen von Professor Stefan Aufenanger vom Pädagogischen Institut der Universität Mainz zufolge lag bereits 2009 die Quote suchtgefährdeter Internetnutzer zwischen zwei und sieben Prozent. Im sozialen Umgang unbeholfene Jugendliche nutzten den anonymen digitalen Freiraum, um Nähe und die unangenehme Situation, sich tiefer auf ein Gegenüber einzulassen, zu vermeiden. Ein echtes Interesse am anderen brauchte man nicht mal mehr zu heucheln, und ein lästiger Kontakt könnte mit einem Klick beendet werden. Schon damals ermittelte das Kriminologische Forschungsinstitut Niedersachsen, dass rund zehn Prozent der 15-Jährigen in Deutschland sieben Stunden täglich vor dem Computer verbrachten und dies vorrangig mit Videospielen, nicht mit Informationssuche oder Chatten, Jungs in stärkerem Maße als Mädchen.

Gaming ist verführerisch, wenn man sich in der eigenen Haut nicht zu Hause fühlt. Einfach in fiktive Rolle schlüpfen und eine andere, erstrebenswertere Identität entwickeln. Menschen mit psychischen oder Identitäts-, Persönlichkeits- oder Kontaktproblemen profitieren davon. Von der fiktiven Rolle werden die gewünschten Gefühle von Grandiosität und Allmacht übernommen, was noch tiefer in eine Krise stürzen lässt, sobald das vertraute Medium Videospiel ausfällt. Die Folge ist erneuter und noch heftiger suchtauslösender Mangel.

Was geht in Kindern vor, die über YouTube-Videos Gleichaltrige über Stunden hinweg beim Gaming beobachten? – Die manipulative Macht der Bilder ist die eigentliche Verführung der digitalen Welt. Visuelles und bewegte Bilder werden leichter konsumiert und verdaut als schriftliche Äußerungen. Die Bedrohung liegt darin, dass der immanente virtuelle Voyeurismus dabei ist, das Vergnügen, das verbale Erlebnisse bieten, zu überrunden. Videos, Animationen, Bilder, belebbare Szenen, Webinare, interaktive Webfunktionen manipulieren unsere Gefühlswelt. Den Beginn des massenmedialen Zeitalters datiert die Sozialpsychologin Catarina Katzer in ihrem 2016 erschienen Buch „Leben im Netz. Wie das Internet unser Leben verändert" auf den 11. September 2001. Die verstörenden Live-Bilder der „tumbling women", die vom World Trade Center auf der Flucht aus den Flammen in den Tod sprangen, haben sich in das kollektive Gedächtnis eingegraben. Zu bedenken sei laut Katzer auch, dass die Problematik von Gewaltvideos kein reines Phänomen der Jugendkultur sei, „auch Erwachsene filmen und veröffentlichen Clips, die brutale Kriegssituationen, zerstörte Häuser oder leblose Körper zeigen" (S. 180). 2013 stellte der Medienpsychologe Rudolf Weiß in einer Studie fest: „Diese Spiele tragen im großen Umfang zur Verrohung der Gesellschaft bei – aber es ist vermessen zu sagen, dass aus jedem Spieler ein Attentäter wird." Dabei zieht er eine Studie der State University Ohio aus demselben Jahr hinzu, die befindet, dass ausgeprägtes Hardcore-Gaming die Fähigkeit zu Empathie herabsetze und die Gewaltbereitschaft erhöhe, vor allem und gerade, wenn eine schwache Persönlichkeitsstruktur und ein instabiler familiärer Hintergrund die Voraussetzungen abstecken.

Ach, Killer-Games tun was für unsere Sozialkompetenz? Interessant!

Ballerspiele, Killer-Games, Ego-Shooter, Gewaltschocker – pädagogisch wertvoll? Nein, sie sind realistisch bis zum orgiastisch dargestellten blutigen Abschlachten. Die Gemüter erhitzen sich bei diesem Thema: Die einen sagen, sie stumpfen ab, die anderen, sie können Gutes bewirken. Ja, was denn nun? Können die jugendlichen Gewaltspiel-Aktionisten noch zwischen Realität und fiktiver Digitalwelt unterscheiden? Der Medienpädagoge Roland Rosenstock kam 2012 auf einer Fachtagung in Rostock, die sich mit der Mediennutzung von Jugendlichen beschäftigte, zu einem diesem widersprechenden Schluss. Er ordnet Gaming als sinnvollen Teil in die Jugendkultur ein. Gerade die interaktive Spielkultur der Online-Spiele wie „World of

Warcraft" fördere bei Jugendlichen zwischen zwölf und 19 Jahren in einer wichtigen Entwicklungsphase die Ausgestaltung von Persönlichkeit, Identität, sozialer Kompetenz und Meinungsbildung, das Erstarken von Wettbewerbsfähigkeit, Teamgeist und taktischem Denken. Sich mit anderen in den geistigen und mentalen Kräften zu messen, sei demnach eine aktive Beteiligung an einem in diesem Alter üblichen Findungsprozess.

→ https://www.welt.de/newsticker/dpa_nt/infoline_nt/computer_nt/article106589394/Online-Spiele-foerdern-Sozialkompetenz.html

Auch die Frankfurter Allgemeine Zeitung titelte zu einem Beitrag über Studien der Universität Stetson (Florida, USA): „Viel Geballer um nichts", und hält die Gefährdung für vernachlässigbar.

→ http://www.faz.net/aktuell/feuilleton/medien/studie-um-gewaltgehalt-viel-geballer-um-nichts-13300635.html

Der deutsche Jugendschutz hat mit der Festsetzung von Mindest-Altersgrenzen bei Gewalt-Games eine gewisse Sicherheitsschranke eingebaut. Dennoch sind Familien, Eltern, Pädagogen, das nähere Umfeld besonders gefordert, Kinder und Jugendliche an einen verantwortungsvollen Umgang mit Killerspielen heranzuführen. Diejenigen, die Verantwortung tragen, sollten das Regulativ sein, das den Umgang mit Gewaltvideos kritisch-skeptisch hinterfragt. Jugendliche Aggression und Gewalt im frühen Erwachsenenalter dürfen nicht als möglicher Einstieg in eine spätere kriminelle Erwachsenenkarriere verkannt werden.

Soziale Vereinzelung – die Unverbindlichkeit des digitalen Seins

Soziale Bindungen werden als obsolet empfunden, der Wert von traditionellen Lebensformen bröckelt, soziale Sonder- und Mischformen mit gesellschaftlicher Brisanz treten auf. Ist das noch die Gesellschaft, die wir uns wünschen? Viele Psychologen vertreten die Überzeugung, dass die Mehrheit der Menschen im Netz nicht anders reagiere als im realen Leben. Wer also eine gewisse Prädisposition für Mobbing oder Stalking mitbringe, werde diese auch online voll ausleben. Ebenso können die im Menschen zweifellos vorhandenen Schattenseiten, die nicht zwangsläufig ausbrechen müssen, im Netz ein Ventil für Entladung finden. Die räumliche Distanz zum entkörperlichten Opfer im Internet und seine ent-personifizierte Unsichtbarkeit lassen umso leichter in Gleichgültigkeit und Desensibilisierung abgleiten und bieten wasserdichte Abschottung vor unguten Gefühlen wie Schuld, Reue, Scham.

Aus dem Internet geliehene Emotionen

Episode in einem Abteil des EC 115 nach München: Zwischen Koblenz und Ulm führe ich ein reges Gespräch mit einer Mutter von vier Söhnen zwischen 6 und sechzehn Jahren. Sie beklagt den mangelnden Kontakt zwischen den Geschwistern. Der älteste Sohn verhält sich dem jüngeren gegenüber ablehnend und kühl. Nach eigenem Bekunden empfinde er keine geschwisterlichen Gefühle. Die Mutter selbst kommt in einer Therapie nicht wirklich in Kontakt mit der Therapeutin, Gespräche stecken auf der Oberfläche fest. Die jüngeren Kinder holen sich Freunde ins Haus, jedoch nicht, um altersgerechten Hobbys nachzugehen, sondern um mit ihnen gemeinsam auf YouTube fremde Kinder beim Video-Gaming, vor allem von Gewaltspielen, zu beobachten. Stundenlang. Als die Mutter die Kids motivieren will, hinaus in die Sonne zu gehen, lehnen diese entschieden, ja fast empört ab. Selbst die Kleinen fragen bereits nach einem eigenen Smartphone, die Kinderschutzsperre der Größeren ist längst geknackt. Die Familie ist keineswegs bildungsfern, doch der Dialog stockt. Der Ehemann bleibt seltsam blass. Meiner Gesprächspartnerin tut es offenbar gut, ihre Interna einem Fremden anzuvertrauen, den sie mit großer Wahrscheinlichkeit nie mehr wiedersehen wird. – Eine junge Frau kommt dazu und steigt sofort in unser Gespräch ein, als habe sie nur darauf gewartet. Sie ist auf dem Weg zu einem Vorstellungsgespräch, bei dem das Einstiegsgehalt verhandelt werden soll. Sie ist unsicher, hat keine Strategie und saugt unsere Anregungen dankbar auf, als hätte sie sonst niemanden in dieser Angelegenheit fragen können. Total verrückt! – Ein kurzer Ausschnitt aus dem Leben eines anderen Menschen, ein tiefer Einblick in fremde Gefühlswelten, die beide keine Wiederholung finden werden, im Moment der Realtime-Begegnung aber eine gewisse Bedeutung hatten.

Fazit: Das Gespräch lebt! Es stärkt unser Gemeinschaftsgefühl und tradiert allgemeingültige Normen. Aber offenbar fällt es uns gegenüber Fremden leichter ...? Paradox! Was heißt das für uns? Den Moment leben – ohne Vergangenheit und Zukunft – im Hier und Jetzt.

Kleinkinder, die ganz selbstverständlich mit dem Smartphone umgehen, Menschen im Café oder an der U-Bahn, die gebannt auf das Display starren, die Tageszeitung, ersetzt durch das iPhone oder iPad, Reality Dialog und Gesprächskultur, ausgetauscht durch virtuelle Kommunikation in den sozialen Medien. – Wir haben uns an diese Veränderungen in der Alltagswahrnehmung gewöhnt. Aber wissen wir auch, was dies im sozialen Sinne mit uns macht? Die sich tempomäßig überschlagende Digitalisierung hat unser Leben drastisch verändert. Zu unserer Freude, unserem Nutzen und unserem Leidwesen. Sie hat die Sicht des Individuums auf sich selbst und auf das Miteinander mit anderen stark geformt, ja eher deformiert. Digitalisierung ist notwendig, sinnvoll und gut und wird weiterhin wachsen. Verschließen wir aber nicht die Augen davor, dass die digitale Welt bereits jetzt tief einschneidende Lebens- und Verhaltensänderungen nach sich gezogen hat, die vermutlich nur ein Anfang sind.

Das Recht des Stärkeren oder gepflegte Gesprächskultur?

Auch in TV-Talkrunden erleben wir, dass Moderatoren nicht mehr in der Lage sind, ihre Talkgäste zu einem zivilisierten, wertschätzenden Umgang und Gesprächston anzuhalten. Verhöhnen, einander abkanzeln, ins Wort fallen, verbal angreifen – die Hemmschwelle ist gesunken. Streithähne, die sich angiften, oder Talkgäste, die die Runde demonstrativ verlassen, sind keine Seltenheit. In der Hilflosigkeit der Moderatoren spiegelt sich ein mittlerweile sanktionierter Usus. Die Gesprächskultur verflacht, eine aggressive Streitkultur ohne Respekt und Wertschätzung scheint heranzuwachsen – oder ist sie bereits Realität? Ist es darin begründet, dass wir uns heute ständig gefordert sehen, unsere Position zu besetzen, zu stärken und auszubauen? Dass wir kein wirkliches Interesse mehr an der Meinung des anderen haben? Unterliegen Rhetorik und Gespräch mehr als früher dem Recht des Stärkeren?

In einer digitalen Zeit, in der wir uns von der überquellenden und stetig präsenten Überfülle an Informationen und Nachrichten eingeengt und bedrängt fühlen, sind Feindseligkeit und Angriff offenbar erste Bürgerpflicht. Kann man es uns verdenken, dass wir dabei die Wahrheit verbiegen und nicht bemerken, dass wir uns dabei selbst verkrümmen? Dabei gehen gerade höchste Amtsträger relativ lax mit dem Wahrheitsgehalt von Aussagen um. Mit Blick auf den 2016 ins Amt gewählten US-Präsidenten Donald Trump wird immer öfter die Frage formuliert: „Sind Lügen heute erfolgreicher und empfehlenswerter als die Wahrheit?" Und sind sie aus ökonomischen Gründen als Wirtschaftsfaktur legitimiert?

Was bedeuten uns noch Gespräch und Diskurs?

Einerseits scheinen die Individualisierung der Welt und die Ausformung von immer stärker differenzierten Lebenskonzepten in einem noch nie erlebten Ausmaß fortzuschreiten. Andererseits wirkt der Trend zur anonymisierten Kommunikation dieser Entwicklung entgegen. Eine anonymisierte Form der Beziehungsgestaltung wirft die Frage nach dem Sinn des Lebens auf. Im Zuhören und Miteinander-Reden lernen Kinder die Welt kennen, sie be-greifen ihre Phänomene und geben ihnen Namen. Gespräche bestehen eben nicht nur aus verbalen Äußerungen, sondern einem Bündel an Signalen – Blick, Gestik, Haptik, Mimik, Tonalität, Ton, Lautstärke – ein weites Feld für Interpretation und Deutung.

Die Generation der vor 1990 Geborenen hat Kommunikation, persönliche Umgangskultur und Dialogfähigkeit noch anders gestaltet – und reibt sich ungläubig die Augen. Sie kennen das Gespräch am Gartenzaun, den Schwatz im Krämerladen und die spontanen Momente von Gemeinsamkeit. Rituale bildeten sich heraus, die ein Herantasten an die kleinen und großen Fragen der Welt zu einem gemeinsamen Abenteuer machten. Sie schufen Sicherheit und Wohlbehagen, wie ein schützendes Netz aus Kontakten und gegenseitigem Interesse. Man fragte: „Wie geht es Ihnen heute? Und die Familie? Alle wohlauf?", und das Gegenüber bekundete Freude: „Danke der Nachfrage. Alles in Ordnung." Oder: „Leider nicht alles zum Besten", was man dann ehrlich betrübt zur Kenntnis nahm.

Heute müssen wir uns fragen:

- Verlernen wir das Miteinander, wenn wir unseren Blick auf den Bildschirm fokussieren?

- Schätzen wir es nicht mehr, Zeit miteinander zu verbringen? Ist es uns nichts mehr wert?

- Empfinden wir es bereits als Zeitverschwendung und Anstrengung, mit anderen in Kontakt zu treten? Wissen wir noch, wie sich das anfühlt?

- Ist uns die Erfahrung entglitten, wie ein gesundes und beglückendes Miteinander funktioniert beziehungsweise was es in uns bewirkt?

- Hat die traditionelle Form der Ehe, Familie, Sippe an Bedeutung und Faszination verloren, oder wie kommt es, dass allein in Deutschland 16 Millionen Singles leben?

- Darüber hinaus bilden sich Vorlieben für unverbindliche Mischformen wie den Mingle oder den LAT (Living apart together) heraus, die eine Partnerschaft vorsehen, aber keine enge Bindung, Beziehung oder gar ein Zusammenleben. Jeder macht seins. Das Miteinander ist strategisch und gezielt, sporadisch, gesteuert, niemals spontan und unbefangen. Den Großteil seiner Zeit genießt der Mingle oder LAT frei und ungebunden von persönlicher Verpflichtung und lebt seine individuellen, eigenen Interessen in vollen Zügen aus. Die mit dem Mingle-Partner gemeinsam verbrachte Zeit wird auf ein Minimum reduziert – es wäre doch schade, wenn man die unglaubliche Vielfalt an Optionen, die das digitale Leben bietet, ungenutzt ließe, um sich nur einem einzelnen Menschen zu widmen, oder?

Jeder benötigt Kontakt und Halt. Der Mensch ist nicht als Einzelwesen tauglich.

Nährende Kontakte und Beziehungen bestätigen uns als Mensch, Mitmensch, Individuum, Persönlichkeit. Babys, die isoliert gehalten werden, verkümmern, sterben sogar. Warum meinen Erwachsene, dass sie auf die wertvolle Ressource des Miteinanders verzichten könnten? Gespräche sind mehr als ein Kommunikationsfaktor zur Vermittlung von Information, Meinung und Haltung. Mit ihnen öffnen wir uns, werden auch verletzbar und wagen es, uns einem anderen bis zu einem gewissen Grad auch „auszuliefern". Das Resultat belohnt unseren Mut: Wir entkommen der Einsamkeit und der Unwägbarkeit von Zeit. Unter dem Einfluss der Digitalisierung scheint Bindung aber für viele Menschen weniger (als bisher) Sicherheit zu bedeuten, eher Einengung, ein Stück weit Verlust der persönlichen Freiheit und Minimierung der Gestaltungsoptionen.

Auch im Beruf und Business (gerade bei Führungskräften und Managern) ist zu beobachten, dass Menschen vereinsamen. Dass sie sich auf ihre reine Funktion und Funktionsfähigkeit zurückziehen, die gestellten Anforderungen erfüllen, aber nicht mehr gestalten können, dass ihre Fähigkeit, Empathie, Verantwortungsgefühl und Gefühle zuzulassen und zu kultivieren, verkümmert. Skype und Co überwinden geographische Grenzen, berauben uns aber des ganz persönlichen Erlebnisses von Nähe. Waren Gruppenmeetings, Dienstreisen zu Firmenstandorten, Events, Besprechungsrunden sogar inflationär, greift man in Unternehmen heute mehr und mehr auf digitale Besprechungsformen zurück (Team Viewer, Intrazonen, u.a.). Aber es erhebt sich Gegenwind: Immer mehr jungen Arbeitnehmern ist es wichtig, einen Teil der Arbeitszeit im Home Office oder in Teilzeit zu verbringen, sich Familienzeiten oder Sabbaticals zu nehmen, ihre Arbeitszeit individuell zu gestalten und sich bewusst auf mehr Privatheit, Gemeinsamkeit, Rückzugszeit zu beziehen.

Wenn zwischenmenschliche Kontakte an Bedeutung verlieren, zwingen wir unserer Natur Restriktionen auf, denn die Evolution ist nicht so schnell, wie die Digitalisierung es vorgibt. Kontakt ist lebensnotwendig für Weiterentwicklung, Überleben, Wachstum, für gegenseitige Bestätigung – wir wollen und müssen „gesehen werden"! Bereits das Neugeborene sucht den Glanz im Auge der Mutter. Dabei sind wir gleichzeitig Energienehmer und Energiegeber – findet dieser Austausch nicht mehr real statt, verkümmern wesentliche Ressourcen, die unsere Persönlichkeit bilden. Auf die physische, psychische und mentale Gesundheit, die soziale und emotionale Intelligenz künftiger Generationen könnte sich dies verheerend auswirken. Eine Abwertung der Bedeutung von Menschsein. Auch wenn die Digitalisierung ein entscheidendes Instrument für Innovation und Zukunftsfähigkeit darstellt, darf sie nicht über das Wohlergehen der Menschheit entscheiden. Jeder sollte sich bewusst machen: Was macht das mit mir? Worauf verzichte ich? Was büße ich ein? Was gebe ich (nicht) an meine Kinder weiter?

> **Die These könnte lauten:**
> Ich darf und kann mich entscheiden, ob ich diesen Prozess ohne Gegenwehr zulasse. Alles eine Frage von Authentizität und kraftvoller Souveränität.

Menschen, die nicht mehr einen direkten Kontakt gestalten können oder wollen, erzeugen bei anderen Betroffenen Irritation. Offensichtlich wird, dass die Digitalisierung und die dadurch erzeugte Einschränkung der persönlichen Handlungsfreiheit, den Spielraum, Gefühle auszuleben, immer enger werden lässt.

Cybermobbing, Bashing, Hate Speech – die neuen Umgangsformen im Internet

Wird der Mensch in seinem Beziehungsbedürfnis zu Sand im digitalen Getriebe? Zur gefährlichen Schwachstelle, die das Betriebssystem Digitalisierung empfindlich einschränkt? Bietet der komplexe Mensch in seinem hohen Bedürfnis nach Emotion, Gefühl, Glück, Zufriedenheit zu viele Reibungsflächen für die Funktionalität des digitalen Flow? Der Mensch – ein Störfaktor für den reibungslosen Übergang in die digitale Zeitenwende?

Sind Lüge, Hass und Verleumdung bereits voll gesellschaftsfähig?

Alternative Fakten und Fake News werden irgendwann einmal auch bei kritisch Denkenden als Wahrheit wahrgenommen, je öfter sie auf einer Vielzahl an Kanälen verbreitet werden. Dann kommen Zweifel an der eigenen Wahrnehmungsfähigkeit und eigenen Urteilsfähigkeit auf, und das persönliche Bewertungssystem gerät in Schieflage. Digitalisierung unterstützt diese Symptomatik, indem sie lediglich einen Ausschnitt der Welt öffnet und die Anonymisierung vorantreibt. Durch ungebremstes Posten und Rezipieren ersetzen Pseudo-, Halb- und Scheinwissen organisch gewachsene Bildung. Unter reflektierenden Menschen, die ihre Realität zu hinterfragen gewöhnt sind, muss sich ein bohrendes Gefühl von Frust und Bedauern ausbreiten. Ein Gefühl von Leere, das schwer zu deuten ist, doch schleichende Eingriffe in das Sozialklima nach sich zieht.

Als direkte Folgen sinkt der Respekt vor dem Nächsten, die Scheu vor Übergriffigkeit nimmt ab. Da das Internet in seiner anonymisierten Schrankenlosigkeit ideale Nischen und Schlupflöcher bietet, verwundert nicht, dass Cybermobbing, Bashing, digitale Verleumdung, Hasskampagnen, Shitstorm, Aufrufe zu Straftaten, Mobbing, Cyberstalking, Cybermissbrauch zu Delikten der Zeit geworden sind. Bereits Deliktcharakter hat es, wenn Menschen ohne deren Wissen und Zustimmung fotografiert werden, weil es das Persönlichkeitsrecht am eigenen Bild verletzt. Wird das Bildmaterial darüber hinaus noch ins Netz gestellt, muss dies als brutaler und demütigender Angriff auf die Menschenwürde geahndet werden. Sie wollen jemanden mal so richtig fertigmachen, durch Ausgrenzung und Diffamierung nachhaltig schädigen? Nichts leichter als das. Über SMS, intime Videos oder Lügen-E-Mails können Sie Menschen erwiesenermaßen bis zum Selbstmord treiben.

Die digitale Welt gebiert stetig neue Fabelwesen: böse Bots, Trolle, Flamer, Hater, Cyberstalker, Cybermobber, Kobolde der digitalen Welt. Unter Pseudonym oder ganz unverhohlen unter dem Klarnamen werden Mitmenschen auf zum Teil übelste Weise angegriffen oder bis zur Selbstzerstörung getrieben – über kompromittierende Fotos oder Videos (echt oder konstruiert) oder Gerüchte, Verleumdungen, inszenierte Behauptungen. Ab einem gewissen Punkt übermäßiger digitaler Gewöhnung nehmen wir uns nicht mehr als Individuum wahr, sondern als Teil einer anonymen, entkörperlichten Masse. Eine derartige Selbsttäuschung kann die Selbstkontrolle erheblich mindern, Hemmschwellen abbauen.

Schutz der Intimsphäre im Netz?

Fehlanzeige. Ein Teil des Netzes lebt von peinlichen, entwürdigenden und beschämenden Situationen. Dies wirkt sich nicht zuletzt auf die Sprache aus, die vor Sexismen, Kraftausdrücken, Verbalinjurien, brutalen Beleidigungen und sowohl politisch radikalen wie fäkalsprachlichen Begriffen nicht zurückschrecken muss. Durch die immense Reichweite ist dieses Vorgehen gefährlicher und bedrohlicher als die analoge Form der Verleumdung innerhalb eines vergleichsweise geringen, lokalen Radius. Die digitalen Opfer sind körperlich nicht sichtbar, das heißt Täter tönen in den digitalen Kosmos hinein und freuen sich über den (üblen) Nachhall.

Cyber-Grooming (digitale sexuelle Anmache, nicht statthafte, das Persönlichkeitsrecht verletzende Kontaktversuche) ist ein besonders verachtenswerter Angriff auf die persönliche und körperliche Integrität. Besonders in den angesagten Online-Diensten wie Messengern, Games, Video-Diensten und sozialen Medien wie Facebook und Snapchat werden Kinder und minderjährige Halbwüchsige von Internet-Tätern ausgebeutet, um sexuelle Kontakte anzubahnen und Nacktfotos oder Treffen zu erzielen. Mit Hilfe eines Fake-Profils und Versprechungen gewinnen diese das Vertrauen der Opfer. Sie geben vor, auf der Suche nach Mode-Models zu sein, und heucheln ein starkes Interesse am Leben der Opfer. Sie setzen erotisches oder sogar pornografisches Bild- und Videomaterial ein und verlangen von Halbwüchsigen, vor der Webcam zu posieren. Über psychischen Druck, Erpressung und Mobbing nehmen sie gravierende seelische, mentale und nicht selten körperliche Folgen für die betroffenen Jugendlichen in Kauf, bis hin zu Traumatisierung, Verhaltensstörungen, Minderung des Selbstwertgefühls und emotionaler Erstarrung.

Das Netzwerkdurchsetzungsgesetz des Bundes („Facebook-Gesetz") versucht gegenzusteuern und der Hate-Speech im Netz Einhalt zu gebieten. Dieses Gesetz könnte auch bei unseren europäischen Nachbarn Nachfolger generieren. Das geschäftstüchtige „soziale" Netzwerk Facebook, das mittels unserer bereitwillig erteilten Daten, Informationen und Meinungen enorme Geschäftsgewinne erzielt, gerät erst nach längeren Interventionen in das Fadenkreuz der Kritik, weil es Hassbeiträgen und demokratiefeindlichen Postings nicht scharf genug begegnet und ihnen nicht die Existenzgrundlage entzieht, während es „nackte Busen" relativ schnell löscht. Wir füttern das Internet-Monster mit höchst nahrhafter Kost und wundern uns, dass es uns über den Kopf wächst. Ethik, Moral, Werte?

Vergessen wir eines nicht: Hier geht es um eine wechselseitige Verstrickung. Nicht wir User beherrschen das Internet, sondern das Internet hat unser Denken und teilweise bereits auch das Fühlen fest im Klammergriff. Wir sind es allerdinge, die das Netz am Leben erhalten, nicht umgekehrt. Ohne uns wäre es ein Nichts. „Stell dir vor, es ist Internet und keiner geht hin!"– Natürlich wünscht sich niemand mehr einen gänzlich internetfreien Zustand, das könnten sich moderne Industriegesellschaften auch gar nicht mehr leisten. Aber was werden wir in gar nicht ferner Zukunft noch entfesseln, wenn wir den Drachen ungehemmt in das weite Himmelsblau steigen lassen?

Ein besonders krasses und empörendes Beispiel von verrohtem Verhalten im Zusammenhang mit dem sozialen Medium Facebook, das sich hier eher als asozial erweist, darf ich Ihnen nicht vorenthalten: In einem Badeteich in Florida kämpft ein Mann um sein Leben, beobachtet von einer Gruppe von Jugendlichen, die den Vorgang johlend und unter Schmährufen und sich übertreffenden Lachsalven begleiten. Auch ein Smartphone leistet seinen Beitrag: Die bis zum Untergehen und Ertrinken des Mannes gefilmte Szene stellen die „Täter" auf Facebook ein. Erst sechs Tage später wird der Körper durch Zufall entdeckt, die Jugendlichen sahen keinen Anlass, den Vorfall der Polizei zu melden. Leider gehen sie ohne Strafe aus, unterlassene Hilfeleistung wird in diesem US-Staat nicht geahndet. Menschenunwürdiges und menschenverachtendes Verhalten offenbar auch nicht. Es ist weiterhin zu befürchten, dass den verrohten jungen Leuten das Ungeheuerliche ihres Verhaltens nicht bewusst ist.

→ http://www.spiegel.de/panorama/justiz/cocoa-florida-jugendliche-lachen-ertrinkenden-aus-a-1159284.html

Weltweit bestätigen Studien – zum Beispiel die der University of Michigan –, dass die Fähigkeit zur Empathie, zu Anteilnahme und Mitgefühl an fremdem Leid gesunken sei, was eine Beschränkung der Hilfsbereitschaft nach sich ziehe. Ein besonderer Auftrieb sei ab der Jahrtausendwende zu beobachten, als die reale Welt mehr und mehr von der Pseudowelt des Chattens, Teilens, Postens überrundet wurde.

> Mein Credo:
> Digitale Völlerei verursacht reales Sodbrennen. – Der Mensch braucht eine klare Überschaubarkeit in seinem Leben und Leitplanken durch Werte. – Digitale Entgrenzung generiert eine neue Begrenzung im Kopf!

Das lebendige Miteinander – die neue Lust auf reales Leben!

„Störfall Mensch!" versucht, das Metaphysische zwischen der digitalen und der realen Welt begreifbar zu machen. Wir sind aufgefordert, wieder mehr in die reale Welt zurückzukehren, wo die wirklichen Entscheidungen und Konsequenzen auf uns warten.

Genießen wir das Gefühl von scheinbarer Freiheit und Anonymität, das uns Fake News, getürkte Identitäten, offene Hassattacken und die Möglichkeit, anonym Menschen mit einer anderen Meinung zu diskreditieren, im Internet geben? Es ist weder im virtuellen noch im realen Leben moralisch vertretbar und vor allem ein Indiz unserer Unsicherheit. Die schier endlosen Möglichkeiten und leicht zugänglichen Informationen qua Internet überfordern uns gnadenlos, weil sie nicht verifiziert und überprüfbar sind. Das Vertrauen ins geschriebene Wort schwindet. Die Jünger der Digitalen Revolution haben ihre Technodizee* erst noch zu beweisen, denn die Digitalisierung droht an der technologischen Zerstörung unserer Lebensbedingungen (sichtbar in Rohstoffvergeudung und Rohstoffverknappung,

Techno- und Datenschrott, Luftverschmutzung, erhöhtem Recyclingbedarf, Ressourcenvernichtung) zu scheitern. Im gleichen Maße steigt die Gefahr für das gesellschaftliche Klima. Eine spürbare soziale Kälte kann wie ein Erkältungsvirus in Zeiten des anonymisierten und fragmentierten Kontaktes epidemisch vom Einzelnen rasch auf die Gesamtheit überspringen.

* siehe auch Hans Poser: *„Von der Theodizee zur Technodizee – Ein neues Problem in alter Gestalt",* Wehrhahn Verlag, 2011. *„In seiner Rechtfertigung Gottes ist für Leibniz das Übel um der Harmonie in der besten aller möglichen Welten willen als unvermeidlich zuzulassen. Als verwandelte Form der Theodizee ergibt sich das Technodizee-Problem, in dem nicht Gott, sondern der Mensch für die üblen Folgen seiner Schöpfung angeklagt wird. Als Mängelwesen mit Vernunft ist der Mensch einerseits auf die Technik angewiesen, andererseits gefährdet er durch die unvermeidlichen zerstörerischen Folgen technischer Schöpfungen sein Überleben und stellt vielleicht sogar das eigene Dasein in Frage. Haben wir für dieses Problem eine Lösung?"*

Ohne Technik können wir nicht leben und auch keine lebenswerte Zukunft garantieren – gleichzeitig sind wir den auf uns folgenden, künftigen Generationen verpflichtet. Eine unserer vorrangigen Aufgaben ist es, unsere ganze Vernunft, unseren gestalterischen Ideenreichtum und das Wissen um den Sinngehalt unserer Werte dafür einzusetzen, im Sinne des Prinzips des Besten für die Bewahrung einer lebenswerten Welt zu sorgen.

Fragestellungen werden aufgeworfen, auf die wir so leicht keine Antwort finden:

- Das Internet vermittelt uns ein Gefühl von grenzenloser (Netz-)Freiheit. Ist dies deswegen für uns Nutzer so faszinierend, weil wir in einer engen Bindung innerhalb realer, organisch geknüpfter Beziehungsnetze (verkopft und verklemmt) bereits eine Abhängigkeit sehen?
- Aber was bedeutet im sozialen Sinne Abhängigkeit? Wann ist sie gesund, wann schädlich?
- Was ist der gravierende Unterschied zwischen einem indigenen und von uns als „heil" empfundenen Beziehungsnetz und dem digitalen Netz?

Das Internet macht uns einsam, nicht zuletzt, weil wir es in der Regel allein und auf uns gestellt konsumieren. Wir lassen uns nicht bedienen, sondern dienen ihm längst selbst. Wir sitzen isoliert und wie vom Mond gefallen vor einem seelenlosen Gerät, das uns mit einem ausufernden Potenzial an Möglichkeiten und Informationen konfrontiert – und fühlen uns zunehmend elend. Das grenzt an Masochismus und erinnert an den Ritus des Sich-Ritzens, den emotional gestörte Menschen ausführen, um wenigstens im Schmerz eine Emotion zu entwickeln, wenn sonst gar nichts anderes mehr läuft.

Das digitale Universum fordert und überfordert uns in Permanenz. Das muss krank machen, weil niemals eine echte Befriedigung eintritt. Vergleichbar dem Zuckerkonsum in Limo, Burger, leerem Convenience Food oder Schokolade – man giert nach immer mehr, weil das Gehirn niemals Sättigung und Genuss signalisiert, sondern ausschließlich Sucht und nie befriedigend gestillten Bedarf. Die Fülle der Informationen ist janusköpfig: Haben wir eine Information verdaut, prasseln Tausende weitere auf uns ein. Neben der realen Überforderung wächst die Unfähigkeit, auszusteigen. Denn ins Hintertreffen geraten wäre des Teufels! Das führt zu einem erneuten selbst versklavten digitalen Über-Konsum. Angesichts seines Wirkradius ist Selektion kaum noch möglich. Das Gegenmittel?

Sich sinnvoll beschränken, Auszeiten nehmen, in der Reduktion eine neue Fülle und fokussierten Nutzen finden. Weniger ist meist mehr.

Was tun, um des digitalen Overflows Herr zu werden?

Das Verhältnis von Selbstbestimmung und Autonomie des Menschen zum Ausmaß von digitaler Kommunikation ist längst zu einer der elementarsten Herausforderungen des modernen Menschen geworden. In den nächsten Kapiteln fragen wir weiter nach und stellen Denkansätze vor. Als Leser haben Sie nicht nur Zeitvertreib verdient, sondern eine Reflexionsplattform, die in einen achtsamen Umgang mit den digitalen Auswüchsen führen kann.

Was passiert im zweiten Teil?

Die Digitalisierung ist eine enorm wichtige Entwicklung in der technischen Hemisphäre unserer Zeit. Doch der Mensch musste wohl noch niemals in seiner Geschichte einen solch gravierenden Paradigmenwechsel verkraften, wie ihn diese digitale Flutwelle darstellt, die aus dem Silicon Valley zu uns herüberschwappte und globalen Einfluss nahm. Gleichzeitig betonen wir: Unsere persönliche Empfindung ist wichtiger, als zu googlen! Sich digital und anonymisiert zu begegnen wie Ritter mit geschlossenem Visier kann den persönlichen Kontakt nie vollständig ersetzen.

- Können und wollen wir uns die digitale Völlerei zumuten? Und zu welchem Preis?
- Besser: Wie können wir diese Völlerei abfedern?
- Doch was kann Menschen, die die zweite Hälfte des 20. Jahrhunderts mit den unterschiedlichen Paradigmenwechseln erlebt haben, eigentlich noch erschüttern?
- Und wie begreifen die nachfolgenden Generationen, die keine andere Zeit als die digitale kennen, was sich in ihren Genen aus früheren Zeitepochen tradiert hat?

Bleiben Sie dran!

Zweiter Teil
Paradigmenwechsel Digitalisierung

Wie steht es im digitalen Zeitalter um unsere Beziehungsfähigkeit und Sozialkompetenz? Wie gelingen uns Dialog und Empathie in einer technologiebetörten Welt? Wie lebendig fühlen wir uns noch mit dem digitalen Schleudertrauma, und können wir unser Leben überhaupt noch genießen?

Serial Folge 2: „Alles steht auf Veränderung im Hause Backes"

Zurück bei Familie Backes: Bruno macht noch leicht unbeholfene Versuche, seine Rolle als Führungskraft im Betrieb einzuüben und gleichzeitig an der häuslichen Front als Vater und Ehemann präsenter zu sein. Er spürt, dass er sich einen Ruck geben muss und sich nicht mehr in einer behaglichen Gleichgültigkeit verstecken kann.

Bruno und sein alter Freund und Nachbar Konrad sind zum Dämmerschoppen in „Tonis Eckkneipe" gezogen, zu Hause tobt der freitags übliche Wochenendputz. „Toll, wie Irma das schafft", meint Bruno und nimmt einen tiefen Schluck. „Der Haushalt, die Eltern, die alt werden, die Kinder, ihr Job ..." – „Ja, eine moderne Frau!", nickt Konrad. „Aber", Bruno schluckt, „so ganz glatt läuft es in letzter Zeit nicht mehr. Heute musste sie zur Klassenlehrerin von Dennis. Er sei ... schwierig." Bruno ist es peinlich. Konrad hakt nach: „Worum ging's denn? Ist doch ein netter Junge!" – „Na, der kommt jetzt ins Halbstarken-Alter ... Hat ,ne große Klappe und wird schon mal heftig ... so wie es scheint." Konrad stutzt. "Na, warst du denn heute nicht mit?" Bruno wird rot. „Das ist doch Frauensache!"– „Nee, find ich aber nicht." – „Ach, der Dennis, immer vor dem Computer, Games und all das, der geht ja kaum noch ins Freie. Ich find im Moment keinen Draht zu ihm." – „Mensch, Bruno, rede mit ihm!" – „Mann, ich hab ja schon im Job viel am Hals. Stell dir vor, wir werden jetzt digitalisiert. Alles. Kürzlich wurden wir Gruppenleiter zum Gespräch zusammengeholt. Das nennt sich Kick-off-Veranstaltung." Bruno schnauft. „So'n externer Berater war da, der hat ziemlich unverständliche Töne geklopft. Als Typ war er ganz sympathisch, aber ..." Konrad grinst. „Was is'n genau los?" Bruno fährt auf: „Wir haben jetzt eine V-I-S-I-O-N, sagt der Chef. In der ersten Liga der internationalen Speditionen sollen wir mitspielen. Wir sind guter Mittelstand, ganz klar, solide, erfolgreich. Aber Bundesliga? Oder gar EM-Teilnehmer? Nee. Und dann so plötzlich. Von heut auf gestern." Bruno redet sich in Rage. „Global Player heißt das jetzt! Dass ich nicht lache." Konrad bestellt Bier nach. Kneipier Toni hat die Zeichen der Zeit erkannt und bringt noch zwei Korn mit. Und einen für sich selbst. Man prostet sich zu. Bruno wischt sich mit dem Handrücken über den Mund – macht er sonst nie, er ist sichtlich durcheinander. "Uns Teamleitern hat er Vorlagen gegeben, mit Argumenten, die sollen wir nun unseren Gruppen verklickern. Jeder von uns soll sich überlegen, wie er dazu beitragen kann, diese Vision mit Leben zu füllen. – Ich seh jetzt schon, wie meine Jungs feixen ... Die nehmen das doch niemals ernst." Konrad stutzt. „Das ist schon ein Ding." – „Siehste." Bruno lehnt sich zurück und entspannt sich. Dann fährt er erneut hoch: „Und dafür muss ich einen Kurs mitmachen – Führungsqualitäten im digitalen Zeitalter!" Konrad: „Das klingt eigentlich ganz vernünftig. Du hättest schon längst mehr aus deinem Job machen können. Bist doch eigentlich ein cleverer Typ." – Bruno: „Als ob das mit der Einführung der Telematik nicht schon genug wäre!" – „Was is'n das?" fragt Konrad nach. Bruno ist jetzt in seinem Element. „Die soll das Flottenmanagement revolutionieren. Elektronische Fahrtenbücher. Reduzierung der Kilometerleistung und der Benzin- und Verschleißkosten. Mehr Sicherheit für die Fahrer und die Transportgüter. Transparenz. Das System sagt uns, wenn der Reifendruck nicht mehr stimmt oder Bremsflüssigkeit fehlt und all das ..." – „Das ist doch prima." Konrad grinst, weil er sieht, wie es in Bruno arbeitet. „Meine Jungs haben da ‚ne andere Meinung. Big Brother is watching us." So. Dampf abgelassen. Bruno fühlt sich besser. Das wollte er sich schon längst von der Seele reden. Er gönnt sich eine Currywurst – Irma kriegt's ja nicht mit –, dann wird man weitersehen.

Zu Hause putzt Irma die Kellertreppe. Als sich Bruno auf leisen Sohlen ins Bad verziehen will, hält sie ihn auf. „Bruno!" Er gesteht es gleich: "Hab nur zwei, drei kleine Pils ..." Irma: "Darum geht's nicht. Bin wirklich sauer, dass du mich heute allein gelassen hast. Die Lehrerin, Frau Förster – die schaute so streng durch ihre schwarze Brille, Dennis sei faul, die Noten dramatisch verschlechtert, er geht schnell an die Decke, ist anderen gegenüber aggressiv, Eltern haben sich beschwert. Der Klaas kam mit einer Beule am Kopf nach Hause – Dennis hatte ihm auf der Treppe ein Bein gestellt." – „Mann, dieser Rowdy! Ist Klaas der, der ihn kürzlich beim Mathe-Lehrer angeschwärzt hat? Tut mir ja echt leid, meine Schöne, aber ich hatte doch selbst ein wichtiges Meeting." – Irma: „Du? Wichtiger als unsere Kids? Ich hab ihn verteidigt, aber jetzt bist du dran. Knöpf ihn dir vor!" – Bruno: „Wollt ich eh." Leichte Kriegsstimmung. Bruno schiebt es nicht auf die lange Bank: „Ist Dennis oben?" Irma: „Wo sonst? Der geht doch kaum noch raus."

Auf der Treppe empfängt ihn Donnern, Krachen, Ballergeräusche, aggressive Musik, die seine Ohren nervt. Als Dennis auf sein Klopfen nicht reagiert, stößt Bruno die Tür auf. Dennis kauert völlig versunken an seinem Schreibtisch, kriecht förmlich in den Bildschirm vor sich hinein. Da flackern grelle Farben, menschenähnliche Wesen und vermummte Gestalten, die wild herumballern, monströse Figuren, martialische Töne, Blechuniformen, Waffenträger. Dennis ist voll dabei und johlt bei jedem Treffer, den die Akteure platzieren, während er hektische Bemerkungen in ein Chatfenster tippt. Bruno berührt Dennis an der Schulter. Der fährt herum: „Papa, kannst nicht klopfen?"– „Hab ich doch. Aber bei diesem Höllenlärm ..." Er merkt schon, Dennis passt sein Besuch überhaupt nicht. „Mach das mal aus, ich muss mit dir reden!" – „Nee, jetzt doch nicht, grad so spannend, erst das Spiel beenden. Ich gehör doch zur Crew." Bruno versucht die Maus zu schnappen, die Dennis umklammert. Sie rangeln. Gerade rasselt auch noch Dennis' Smartphone, und im Chatfenster erscheinen skurrile Bildmotive.

Bruno kommt sich vor wie in einem Science-Fiction-Movie. Er schnauft. Wie kann Dennis dies den ganzen Tag betreiben? Endlich lässt sich Dennis herab, mit seinem Vater zu reden, während im Display weitere Gräuel-Szenen ablaufen.

„Ist doch nur ein Spiel!", mault Dennis. – „Das ist ganz großer Bullshit, mein Freund!" – „Aber das sind meine Freunde, die haben mich in die Gang eingeladen, das ist so spacig, das passiert nicht jedem ..." Bruno merkt, dass ihm die Regie aus der Hand gleitet. „Sag mal, Dennis, wie viele Stunden machst du das täglich?" Dennis stutzt: „Nicht so viel, nachmittags, abends ... vier, fünf Stunden." Dass das gelogen ist, spürt Bruno sofort. „Glaub ich nicht. Bestimmt mehr. Und schon das ist eine Menge!" Klingt lahm, das merkt er selbst. „Früher bist du doch gern ins Schwimmbad gegangen oder Rad gefahren. Was is'n aus dem Boxtraining geworden?" – „Ach, Papa, föhn mich nicht zu. Alugurke? Das ist so unkuuuul. Das ist hier das wahre Leben."– „Das ist doch nicht dein Ernst! Und in der Schule? Du bist aggressiv? Machst die Hausaufgaben nicht?" – „Die Förster will mich nur mobben, die mag mich nicht!" – „Na, mit deiner frechen Schnauze kein Wunder! Und deine Noten? Darüber reden wir noch ausführlicher, mein Sohn! Wo hakt es denn?" Er spürt selbst, wie hilflos das klingt. Ihm wird klar, dass sein Sohn und er nicht mehr dieselbe Sprache sprechen. „Ach, Papa, ich werde doch eh mal Profi-Gamer, das ist schon ‚ne Sportart, mit Wettkämpfen und so, und dann komm ich ganz groß raus!" Bruno kapituliert – fürs Erste. Am Bildschirm geht es gerade mit Krachen in die nächste Runde. Als er „Tschüssikowski" murmelt, verdreht Dennis die Augen nachsichtig grinsend. Er mag ja seinen Vater, aber der ist halt aus dem letzten Jahrhundert.

„Na, hast du ihm tüchtig die Meinung gesagt?", fragt Irma, als Bruno wieder unten ankommt. Er fühlt sich erschöpft, weil er spürt, dass er nichts erreicht hat. „Na ja, beobachten wir das mal. Was gibt's denn zum Abendbrot?" Irma spürt, dass er ablenken will, und zickt leicht herum: „Nach all dem Hausputz soll ich noch kochen? Ich hab eine Gemüsesuppe vorbereitet – gesund und lecker." Ein weiterer wunder Punkt. Dass Irma ihre Küche auf Vegetarisch, ja fast schon Vegan umgestellt hat, hat Bruno ihr noch nicht verziehen. „Hab eh keinen großen Hunger." Peinlich findet Bruno außerdem, dass Irma großen Ehrgeiz entwickelt hat, ihre Kochkünste auf Facebook bewundern zu lassen. Jedes Essen wird erst mal abfotografiert und eingestellt, bevor einer nur den Löffel eintauchen kann. Den Kindern gefällt's ja. Außer Ben, der das doof findet. „Wofür das gut sein soll?", brummelt Bruno. „Danach ist es meistens schon lauwarm. – Vegan und lauwarm, das ist echt zu viel. Ob das gut für Kinder in der Entwicklung ist?" Seit Irma grün drauf ist, hat sich der Verzehr von Schokoriegeln verdoppelt, denkt Bruno. Überall liegen Reste davon herum. Tatsächlich, dieser Tag ist ihm auf den Magen geschlagen. Gut, dass jetzt Lisa hereinkommt und ihn mit ihren riesengroßen Veilchen-Augen anhimmelt. „Papa! Du, ich muss mit dir reden. Ich brauch unbedingt mehr Taschengeld." – „Du bekommst doch genügend – wofür denn?" Lisa wird rot. Steht ihr, denkt Bruno. „Friseur. Und mal ,ne Hautcreme." - „Wie? Deine Mutter hat doch alles hier. Frag doch sie." Lisa beißt sich auf die Lippen. Autsch, das lief schief. Kann sie ihrem Papa denn sagen, worum es ihr geht? Sie will professionelle Fotos von sich machen lassen – aber das sollte er besser nicht wissen.

Oben in ihrem Zimmer klickt sie sofort den Computer an. Bei den ersten Mails grinste sie ja noch, und jetzt schon wieder der Typ, der sich so bei ihr einschmeichelt! Er nennt sich Ronny Rakete. Heute wird er richtig massiv: „Mach doch mal ein paar krasse Selfies oder lass dich fotografieren, möglichst mit nicht allzu viel an, was Durchsichtiges. ,ne kleine Serie am besten. Du brauchst doch deine tolle Figur nicht zu verstecken. Vorher kann ich meine Kontakte zu Model-Agenturen nicht anzapfen, die wollen Tacheles sehen, da bring ich dich ins Geschäft! Aber mach mal Dampf, meine Süße. Es gibt noch andere bildhübsche Girlies, die sich die Finger danach schlecken." Lisa ist verunsichert. Einerseits wäre es ihr Traum zu modeln, andererseits macht es ihr auch Angst. Der Ton in seinen Mails ist ganz schön frech und fordernd geworden, nach dem anfänglichen Süßholz-Raspeln. Verlockend wäre es schon – eine Zukunft mit Glamour und Glitter. Lisa verliert sich in Tagträumen und kuschelt sich aufs Bett. Da liegt doch tatsächlich noch der alte Teddy, haarlos und einohrig.

Die Beförderungswelle im Hause Backes hat auch Irma erreicht. Nach dem tollen Einstieg, den sie mit ihrem Online-Vertrieb gemacht hat, wurde sie in ihrer Organisation zur Aufsteigerin des Jahres gekürt. Manni, ach nee, neuerdings Olivier Großkopf, ihr Förderer, der sie auch angeworben hat, verspricht ihr das Blaue vom Himmel. „Du hast ein tolles Händchen für Menschen, bist ehrgeizig und umsatzstark und mit deinem Aussehen unser bestes Aushängeschild – wir haben intern beschlossen, dich zur Teamleiterin zu machen." Irma kiekst. „Toll! Was hab ich da zu tun?" – „Na, du leitest neue Leute an, machst mit ihnen Verkaufstrainings und bringst ihnen bei, wie sie unsere neuen Knallerprodukte unter die Leute bringen! Wellness und Beauty – das läuft immer." – „Aber kann ich das so aus dem hohlen Bauch?" – „Wirst natürlich geschult." Irma schluckt. Das bedeutet noch mehr Zeit für den Job – und die Familie? „Mach dir keine Sorgen, wir unterstützen dich! Denk an die Provisionsquoten! Du weißt doch, dass ich auf deiner Seite bin, du Super-Frau." Die Stimme des Vertriebsleiters ist jetzt butterweich, und Irma schmilzt dahin.

Währenddessen wird auch Bruno immer stärker eingespannt in seine neuen Aufgaben. Die Telematik kann er ja seinen Kollegen noch gut erklären. Obwohl diese mosern: „Das klingt, als ob wir rund um die Uhr überwacht würden? Kontrolliert und gegängelt." – Bruno: „Nee, also wie ich es verstehe, entlastet es euch, sorgt für einen reibungslosen Ablauf, für mehr Sicherheit und Transparenz. Das sichert unsere Arbeitsplätze. Mission Zukunft!" Die gucken nur skeptisch, und Bruno fühlt sich selbst damit nicht wirklich wohl. So richtig hat er die angeblichen Vorteile der digitalen Umstellung nämlich auch noch nicht begriffen.

Im persönlichen Beratungsgespräch mit dem Organisationsentwickler entschlüpft ihm die Frage: „Darf ich Sie mal was Privates fragen?" – Dieser ermuntert ihn: „Private Probleme wirken sich immer auch auf die Berufsebene aus. Schießen Sie mal los." Bruno: „Was halten Sie denn von diesen Computerspielen? Mein Dennis, der ist gerade zwölf, sitzt drei Viertel seiner Freizeit davor." Der Berater runzelt die Stirn: „Für einen Zwölfjährigen ist das sicherlich viel zu viel, denn das kann dem Gehirn schaden, das noch nicht voll entwickelt ist, und Kurz- und Langzeitschäden verursachen. Von der Neigung zu Aggression, die dadurch verstärkt wird, mal ganz abgesehen." Bruno ist beunruhigt. „Wir driften auseinander ..."- „Ja, aufpassen sollten Sie schon! Eine schwierige Phase." – „Im Moment hab ich so gar keinen Zugang zu ihm." In Brunos bislang fast heiler Welt kommen quälende Zweifel und Besorgnis auf. „So kann es nicht weitergehen!"

Andere Personen in Brunos Umfeld suchen dagegen seine Nähe, wenn sie Probleme haben. Seine Kollegin Ursula Haller weint sich bei ihm aus – ihr Vater starb vor zwei Monaten mit 79. „Ich kann ja mit sonst niemandem reden. Für mich war es immer selbstverständlich, dass ich mich um Vater gekümmert habe, als er so krank wurde, aber ich bin darüber ja auch nicht jünger geworden." Sie meint, dass sie sich für ihn „aufgeopfert" und ihr eigenes Leben vernachlässigt habe. „Als Kind hatte ich Angst vor ihm, er war oft abweisend und streng. Mein Großvater sei aus dem Krieg als veränderter Mann zurückgekommen, erzählte meine Mutter. Aber als sie dann so früh starb, hab ich als Älteste die Familie zusammenhalten müssen. Drei Geschwister!" Bruno nickt, etwas Ähnliches kennt er auch aus seiner Familie. Über die Kriegstraumata und Nachkriegswehen wurde nicht gesprochen. „Ich hab mir doch auch einen Partner und Familie gewünscht, aber Vater stand immer dazwischen." – Bruno denkt bei sich: Dabei ist Ursula doch eine patente Frau. – „Und stell dir vor: Auf Facebook macht mir seit Kurzem ein tunesischer Mann Avancen. Er ist Techniker und will aus der Misere seiner Heimat nach Deutschland auswandern, sagt er. Er schreibt so nett. Na ja …" Ursula wird rot. „Er ist deutlich jünger. Aber das heißt ja nix. Ich sähe seiner Mutter als junge Frau ähnlich.." Bruno merkt, dass der Flirt Ursula guttut, aber irgendwas macht ihn stutzig. „Mach doch mal einen Wellness-Urlaub, gönn dir was. Du hast doch jetzt das kleine Erbe." Ursula: „Vielleicht in Tunesien? Eine Thalasso-Kur? Die Hotels sind schön und gar nicht so teuer. Auf Travellino.de hab ich was gesehen …" Bruno nickt, denkt aber: Gerade nach Tunesien? Ein Land, in dem die Männer das Sagen haben? Er erschrickt selbst ein wenig vor dem Gedanken – darüber hat er bisher nicht so nachgedacht.

Im Betrieb geht die digitale Transformation ihren Gang. Bruno bemüht sich, die Umstellung zu verkraften und sie gleichzeitig seinen Teamkollegen schmackhaft zu machen. Aber im Universum der Bits und Bytes wird ihm schon mal schwindelig. Dann geht er eine Etage höher zu Tom Uhle, der die IT-Abteilung leitet. So auch an diesem blauen Montag. „Kannst du mir ein paar Sachen erklären?", fragt Bruno beim Eintreten. Tom ist schwer beschäftigt, bei geöffnetem Fenster misst er seinen Blutdruck und seine Blutzuckerwerte über ein Wearable und wehrt Bruno erst mal ab. „Gleich!" Dann trägt er alles minutiös in eine Excelliste ein. Auch die heutige bewältigte Schrittzahl und den Puls natürlich. Ganz zufrieden scheint er nicht zu sein. „Mann, Bruno! Fit bleiben ist ein Muss heutzutage. Das moderne

Leben fordert Tribut. Ständig am Ball sein, am Puls der Zeit, sprichwörtlich!" Tom grinst und übt Schattenboxen. Sein Kalauer gefällt ihm selbst sehr. „Alle Fitness-Werte kann ich mit dem Smartphone messen. Wie viel ich am Tag zurückgelegt habe, wie oft ich welche Muskel gefordert habe und wie sich das auswirkt." Das fordert Einsatz, Bruno staunt. „Ich hab ständig neue Datings (ich krieg sie alle!) – das fordert den ganzen Mann!" Bruno druckst herum, er will endlich sein Anliegen loswerden. „Willst du nicht auch mal deine Vitalfunktionen austesten? Komm her, ich zeig dir, wie." Doch Bruno wehrt ab und bereitet seinen Abgang vor. Jetzt wird es wohl nichts mit einem ernsthaften Gespräch. „Sehen wir uns in der Mittagspause im Imbiss nebenan?" – „Ja, sorry, Elvis, äh … Bruno, da mache ich drei Runden durch den Park. Ich hab einen Smoothie dabei. Was muss, das muss!" Sein Blick schweift über die Termindatei. „Komm doch noch mal … hm … sagen wir übermorgen … gegen acht Uhr? Oder besser Anfang der nächsten Woche?" Seine Augen gleiten schon wieder über seine Fitness-Liste, während er nach den Hanteln greift, die unter dem Schreibtisch lagern. – „Mensch, Tom, dann isses zu spät." Bruno zischt ab. Dann kann er sich ja selbst im Internet schlaumachen. Echt jetzt? Ihm fällt auf, dass ihn so etwas wie Neugier packt. Da braucht er doch den Tom nicht, oder? Wär doch gelacht, wenn er da nicht selbst fündig würde. Sollte er am Ende doch langsam Fuß fassen in der Digitalisierung? In Bruno macht sich vorsichtiger Optimismus breit.

Wir lassen die uns bereits lieb gewordene Musterfamilie Backes in einer Situation zurück, in der sich Umbruch abzeichnet, Veränderungen im Innen und Draußen sichtbar werden und kleine bis größere Schatten auf die bisher schön gefügte Welt des Bruno Backes fallen. Wir könnten ein wenig in Sorge sein, glauben aber doch fest daran, dass nichts so heiß gelöffelt wie gekocht wird. Dennoch scheinen die Zeichen auf Sturm zu stehen. Wie werden Bruno und Irma, Lisa, Dennis und Ben und ihr Umfeld diese Klippen meistern? In Szene 3 werden wir mehr erfahren.

Kapitel 1
Im digitalen Jahrhundert heißt Noahs Arche „Beziehung"

Ein kleiner Parforceritt durch die Menschheitsgeschichte mit Halt an Stationen, die mit unserer heutigen Situation in engster Verbindung stehen

„Digitalisierung – der gravierendste Paradigmenwechsel seit der Erfindung des Buchdrucks, der sich tief in das Denken eingegraben hat", postuliert Byung-Chul Han in seinem Gastbeitrag „IM SCHWARM" in der „Frankfurter Allgemeine Zeitung" vom 13.10.2012

→ http://www.faz.net/aktuell/politik/staat-und-recht/gastbeitrag-im-schwarm-11912458.html

Wir würden sicherlich frösteln, wenn wir uns das ganze Ausmaß künftiger Digitalisierung vor Augen halten könnten. Vieles ist bereits jetzt mit Händen greifbar, wie im „Paukenschlag" zu Beginn des Buches bereits angerissen wurde, vieles ist bedenkenvoll zu erahnen, und manches wird uns noch schlaflose Nächte bereiten. Was bereits in der Entwicklung Gestalt annimmt, ist uns Normalos gar nicht bekannt. Manchmal ist es gut, dass wir nicht in die Zukunft sehen können, aber gefasst sein müssen wir schlechterdings auf alles. Fegt der digitale Tsunami in seinem Erneuerungsfuror auch das hinweg, was die Menschen sich in Jahrtausenden und Jahrhunderten angeeignet haben, um zu einem von einem humanistischen Weltbild geprägten menschlichen Wesen zu werden?

In diesem Kapitel geht es um nicht weniger als eine der wichtigsten Existenzfragen des modernen Menschen. Lassen wir uns vom digitalen Tsunami überrollen, oder halten wir stand? Dabei hilft es, einen Blick zurück in die Geschichte zu werfen, in die Soziologie des Menschen, und sich zu vergegenwärtigen, dass der aktuelle Paradigmenwechsel – und um einen solchen handelt es sich zweifellos – in seinen spürbaren realen und genetischen Auswirkungen nicht weniger bedeutsame, noch heute spürbare historisch-gesellschaftlich-ökonomische Vorläufer hatte. Im Vergleich der Paradigmenwechsel seit dem Zweiten Weltkrieg reiht sich die Digitale Revolution – die ja längst nicht abgeschlossen ist – in ein überdimensionales Spektrum von gesellschaftlichen Phänomenen ein. Wir ahnen eine atomare Sprengkraft, die wir uns bislang nicht vorstellen konnten, und werden gleichzeitig an gesellschaftliche Erscheinungen aus einem guten Jahrhundert an Zeitdeutung gemahnt, die noch immer virulent sind. Diese historischen Paradigmen, von denen hier die Rede sein soll, vollzogen sich nicht ohne schmerzhafte Brüche. Tiefe Gräben und Verwerfungen setzten gleichzeitig Veränderung, Fortschritt und Entwicklung in Gang.

Die Paradigmen der Neuzeit entsprachen dem modernen Menschenbild im förderlichen wie im nachteiligen Sinne. Aus seinem unerschöpflichen Wissensdurst heraus sorgte der Mensch auch selbst dafür, dass sich seine Lebensführung, seine Haltung zur Welt und Umwelt, sein Denken und Fühlen, die Art, sich mit der Welt zu verbinden, in einem nie vorher gekannten Ausmaß veränderten. Ja, er griff selbst – dem Höhenflug des Ikarus vergleichbar – in die gegebene Weltordnung ein; sein unruhig-faustisch strebender Geist sorgte dafür, dass tradierte Lebensformen zeitweise außer Kraft gesetzt wurden (erkennbar etwa in den Materialschlachten des ausgehenden 19. und des 20. Jahrhunderts, gegen die Kriegsführungen vergangener Epochen als vergleichsweise unbedeutendes „Hauen und Stechen" erscheinen). Die Menschen peinigten zu Recht elementare Ängste, dass diese Umstürze eine eigene zerstörerische Dynamik annehmen könnten, die ihnen das Heft des Handelns aus der Hand nehmen würde.

Kommt dem heutigen „Homo Digitalis" dies nicht irgendwie bekannt vor?

Erleben wir gerade einen Paradigmenwechsel, wie ihn die Menschheit hinsichtlich Tempo, Brisanz und Wirkkraft angesichts eines kurzen Zeitraums wohl noch nie verkraften musste? Unsere Persönlichkeitsentwicklung kann mit einer derartigen Lichtgeschwindigkeit nicht mithalten. Erwiesen ist, dass die persönliche Entwicklung mit 80 Stundenkilometern reist, was Flugpassagiere in leichten Schwindel versetzt, wenn sie bei ihrer Ankunft der technischen Reisegeschwindigkeit beziehungsweise der zurückgelegten Zeit hinterherhinken. Müssen wir uns gar auf Weltuntergang einstellen, oder kann sich jeder mit der Kraft des gesunden Menschenverstands am eigenen Zopf aus dem Sumpf ziehen? Welche Konsequenzen und Lehren können wir aus den vergangenen Umbrüchen ziehen? Welche Ähnlichkeiten und Andersartigkeiten lassen sich ableiten?

Gerade die Zäsuren innerhalb des 19. und 20. Jahrhunderts, die Auswirkungen der Weltkriege, die in der westlichen Welt eine neue Ära des Schreckens erzwangen, und die emotionalen und psychosozialen Folgen der Nachkriegsjahrzehnte haben sich in unserem kollektiven Gedächtnis beziehungsweise den Körperzellen eingebrannt. Sie werden in den Genen der Nachgeborenen weitergetragen. Die Zäsur des Jahrtausendwechsels war nicht nur am Datum abzulesen. Auch die vorangegangenen Generationen mussten tiefgehende Einschnitte verkraften. Doch in der Retrospektive erscheinen uns diese verglichen mit dem aktuellen digitalen Paradigmenwechsel verdaubar. Oder werden sie überschattet von einer Zukunfts- und Existenzsorge, die auf der Vision einer Diktatur der Algorithmen gründet? Einer Macht, die vom Menschen weder vorstellbar noch beherrschbar scheint? George Orwells visionäres „1984" lässt grüßen.

Nichts ist so beständig wie der Wandel

Die Menschheit hätte niemals überlebt, die Evolution wäre chancenlos geblieben, wäre der Mensch von der Frühzeit über alle Zeitepochen hinweg nicht veränderungsbereit gewesen – seltener in bewusster und rationaler, dezidierter Entscheidung, meist unbewusst, aus der Notwendigkeit heraus. Klimawandel und dessen Folgen – Hungersnot, Dürre, Eiszeit, Sintflut, Verödung – erzwangen Völkerwandlung und Standortwechsel. Der menschliche Überlebensdrang und die Notwendigkeit, die Art zu erhalten, konnten nur befriedigt werden durch stetige Anpassung an die Launen der Natur, die Gezeiten, die Geschicke des

Himmels. Und dieser Anpassungsprozess hielt so lange an, bis die Industrialisierung den Menschen in die Lage versetzte, sich mehr und mehr zu emanzipieren und zu einer wenn auch fragilen Autonomie zu finden. Darwins Theorie des Survival of the fittest wurde lange missverständlich interpretiert. Nicht der Stärkere überlebt, sondern der Flexiblere. Nicht Kraft und Starre, sondern Anpassung, Offenheit gegenüber allem Neuen, der Aufbau von Beziehungsnetzen und eine gesunde Neugier und Wissbegier tragen zum Überleben des Menschen bei.

Von der Agrarwirtschaft zur Industrialisierung über die Elektrifizierung zum digitalen Netz

Jahrtausende lang war die Landwirtschaft wichtigster Wirtschaftszweig der Menschen und Grundlage gesellschaftlicher und politischer Organisation. Die Industrielle Revolution, die in den europäischen Ländern zu Anfang des 19. Jahrhunderts einsetzt, überwindet diese Dominanz – der Siegeszug massenhafter Produktion industrieller Waren stößt eine Entwicklung und in der Folge eine wirtschaftliche Blüte an. Der Feudalismus allerdings überlebt diese technologische Entwicklung nicht, denn Industrialisierung ist nicht ohne den Aufbau einer neuen Gesellschaftsordnung denkbar. „Funktionierende Menschen", die Maschinen bedienen und bereit sind, sich der materiellen Weltsicht des frühen 19. Jahrhunderts unterzuordnen, sind die neuen „Untertanen".

Als Musterbeispiel für die Umwandlung einer klassisch agrarwirtschaftlich geprägten Großregion dient der heutige Freistaat Bayern, der nach dem Zweiten Weltkrieg seine Identität gänzlich neu erfand. Unter dem Motto „Laptop und Lederhose" fahren die Nachkriegs-Ministerpräsidenten unter weiß-blauem Himmel strategische Feldzüge für eine strikte Modernisierung und setzen auf innovative Zukunftstechnologien. Gezielte und massive Förderung von Key-Industrien wie Autobau, Autozulieferer, Weltraumforschung, IT, Medien und Elektronik bringen Bayern im ökonomischen Wettbewerb der Bundesländer zügig nach vorn.

Ab den siebziger Jahren des 20. Jahrhunderts setzt mit geradezu revolutionärer

Auswirkung vor allem in den westlichen Industriestaaten ein Strukturwandel ein, der vom Abbau von industriellen Infrastrukturen, von Rationalisierung und damit von einem substanziellen Schrumpfen der Beschäftigten in der direkten Produktion gekennzeichnet ist. Die Demontage der bislang vorherrschenden Strukturen und die schwindende Förderung von Kohle und Stahl in der Vorzeigeregion Ruhrgebiet – bis 2007 sinkt die Zahl der Zechen auf sechs – führen anfänglich zu einer regionalen Verödung und Verarmung, was das ganze Land in Sorge stürzt. Der ehemals drittgrößte industrielle Ballungsraum Europas hatte als starke Lokomotive das bundesdeutsche Wirtschaftswunder entscheidend vorangetrieben. Seit den achtziger Jahren werden diese Abwärtstendenzen nicht nur aufgefangen, sondern münden durch eine gemeinsame Kraftanstrengung politisch-gesellschaftlicher Kräfte in eine erneuerte regionale und wirtschaftliche Identität. Neue Gewerbeansiedlungen auf alten industriellen Brachflächen, gezielte Anwerbung von Zukunftsbranchen, eine wohlwollende Haltung gegenüber Gründern und Start-ups, rundumerneuerte Städte und Wohngebiete und nicht zuletzt die gezielte Förderung von kulturellen Einrichtungen auf ehemaligen Industriegeländen schaffen neue Wohn-, Arbeits- und Lebenskulturen. Attraktivität und Lebensqualität sind der Motor für Neuansiedlung. Ein einprägendes Beispiel, wie Wandel und Evolution ineinandergreifen und gedeihen können.

Gleichzeitig gewinnen in diesen Jahrzehnten durch den zunehmenden Abbau der Industriearbeitsplätze nicht-gegenständliche, flüchtige Arbeitsleistungen zunehmend an Bedeutung: die Dienstleistungen. Die Spezialisten formieren sich. Ihr Angebot heißt Mehrwert durch Speziallösungen. Jetzt prägt sich der Terminus „Dienstleistungsgesellschaft", eine zunächst irritierende Entwicklung für eine Nation, die auf Fortschritt und Wohlstand durch Industrie setzte. Berufe wie Verkäufer, Berater, Friseure, Gestalter und Web-Designer vervielfältigen sich. Nicht mehr die Qualität des Produktes ist entscheidend, sondern der Nutzen und die Lösungsversprechen. Der hochbedeutsame und folgenreiche Prozess der Umwandlung von der Industrie- zur Dienstleistungsgesellschaft – die „Tertierisierung" – und die zunehmende Aufwertung und Betonung der Bedeutsamkeit von Dienstleistung führen in der Folge zu ansteigenden Dienstleistungsarbeitsplätzen und entsprechender Kaufkraft. So darf man behaupten, dass das Aufblühen und die zunehmende Vernetzung des Dienstleistungssektors den Weg für eine digitalisierte Gesellschaft bereitet haben, die sich in der universalen Vernetzung neu erfindet.

Ist Dienstleistung produktiv?

Die Erfindung der Dienstleistung bereitete der Gesellschaft Kopfzerbrechen: Ist das Dienstleistungs-Kapital produktiv oder nicht? Was bedeutet vergegenständlichte Arbeit, wenn es keinen Gegenstand mehr gibt? Marx' Lösung lautet zusammengefasst: Die Produktion eines Stuhls ist produktiv, der Transport zum Kunden ist es nicht – die Dienstleistung wird als „faux frais" – als notwendiges Übel – angesehen. Da der Transport notwendig ist für die Realisierung, erzielt das im Transport engagierte Kapital ebenfalls die gesellschaftliche Durchschnitts-Profitrate. Werden aber die Dienstleistungen dominant, übertreffen sie gar die Produktion an Bedeutung, verliert dieser Ansatz seine Überzeugungskraft. Seit der Einführung der Dampfmaschine hat der Kapitalismus ständig technisch-soziale Revolutionen hervorgerufen und geht regelmäßig verwandelt und gestärkt aus ihnen hervor. Dies veranschaulicht bereits Robert Obermaier, der als Betriebswirtschaftler und Lehrstuhlinhaber an der Universität Passau wirkt, in seiner Publikation „Industrie 4.0 als unternehmerische Gestaltungsaufgabe: Strategische und operative Handlungsfelder für Industriebetriebe".

Heute fällt auf, dass Dienstleistungen wie Beratung, kreative Schöpfungen und geistiges Eigentum neu begrifflich besetzt sind und als geistige „Produkte" erkannt und gehandelt werden. Der Mensch der digitalen Zeit scheint mehr denn je und immer stärker ein Bedürfnis nach konkret vorstellbarer Gegenständlichkeit zu haben. Bis zum Jahr 2050 – so die Auguren – wird der Dienstleistungssektor weiter stürmisch an Bedeutung gewinnen und sein historisches Maximum erreichen, nicht zuletzt der Digitalisierung geschuldet, die weitere Produktionsarbeitsplätze abbauen wird. Die Produktion sackt dramatisch ein: ein Phänomen, das eng mit Peak Oil – dem bevorstehenden Erreichen der maximalen historischen Ölfördermenge –, sowie allgemein mit den „Grenzen des Wachstums" und der Endlichkeit der Ressourcen unseres Planeten verknüpft ist. – Wer oder was ersetzt sie, wenn die Tanks leer sind?

Dass sich Epochen ablösen, Paradigmen oszillieren, ist keinesfalls neu. Macht man sich aber die dem Digitalisierungstornado immanenten Kriterien wie Ausmaß, Tempo, Reichweite und zukünftige Dimension nur annähernd bewusst, finden wir in der Menschheitsgeschichte kein vergleichbares Vorbild. Bedenkt man allerdings, dass ein Tornado langsam an Stärke gewinnt und in Wellenbewegungen verläuft, die in einen Peak münden, lassen sich mit etwas logischer Imaginationskraft durchaus Vorläufer-Epochen der Digitalisierung in der jüngeren Menschheitsgeschichte aufspüren.

Gehen wir bei der Betrachtung historischer Zeitenwenden weiter zurück, müssen wir uns fragen, ob die Digitalisierung etwa eine Fortsetzung respektive Weiterentwicklung einer vorangegangenen und ähnlich forschungs- und wissensorientierten, innovativen Epoche ist – der Renaissance. Der Epoche, der ein entscheidender Schritt gelang: vom Glauben zum Wissen! Übrigens ein europäischer Innovationssprung, der sich in den einzelnen Ländern nicht gleichzeitig ereignete, sondern zeitversetzt und unterschiedlich ausgeprägt.

Vom Glauben zum Wissen:
Steht das digitale Zeitalter in mittelbarer Nachfolge zur Renaissance?

In der außergewöhnlichen Zeitepoche der Renaissance gelingt den Menschen ein enormer Entwicklungsschritt, der den Zeitgenossen wohl nicht so bewusst war wie uns Heutigen in der zeitlichen Distanz: Der Glaube ist nicht mehr allmächtige Geistesgrundlage – der Mensch drängt nach Wissen! Jetzt explodiert der Forschungs- und Entdeckerdrang, übertreffen sich Künstler, Forscher, Wissenschaftler der Zeit gegenseitig in der Schöpfung epochaler Ideen und Werke, etablieren sich die modernen Wissenschaften. Das dunkle, für uns heute dumpf konnotierte Spätmittelalter, in dem der Mensch sich selbst gering schätzte, wird abgelöst von einer „Wiedergeburt im Geist der Antike", die dem noch heute gültigen Reichtum der antiken Weltreiche an Philosophien und Denkweisen nacheifert, ja ihn zu übertreffen strebt. Ein revolutionär neues Menschenbild misst kühn dem Menschen als forschendem Wesen eine tragende Rolle zu. Der Mensch will nicht mehr nur „glauben", was die Kirche seit Jahrhunderten ihren Gläubigen auferlegt, um sich unwissende und daher lenkbare „Untertanen" zu schaffen, sondern „wissen", intellektuell erfassen, die gegenständliche und feinstoffliche Welt akribisch hinterfragen, den großen Fragen der Menschheit nachgehen und das Grundrecht auf Entwicklung einklagen.

Das Bedürfnis, sich Wissen anzueignen und die Welt transparent zu machen, ebnet den Übergang vom treuen Glauben zur kritisch-forschenden Wissenschaft. In der Renaissance blühen die Naturwissenschaften, Medizin und Alchemie auf, auch unter dem Einfluss der vielfältigen Strömungen aus dem Orient und Griechenland. Die arabische Schrift kommt im Okzident an. Der Durst nach Eroberung ist unstillbar: Weltmeere gilt es zu beherrschen und als frühe „Global Player" Welthandel zu betreiben. Jetzt verdreifacht sich das bisher bekannte Wissen. Verglichen mit der Geschwindigkeit, mit der sich der digitale Wissensvorrat zweijährlich verdoppelt, kommt uns dies auf den ersten Blick überschaubar vor, im Duktus der Geschichte erkennt man einen unglaublichen geistigen Kraftakt.

Die engen Grenzen der spätmittelalterlichen Welt brechen auf

Die „ent-grenzte" Welt der Renaissance wirft ihre Schatten bis in die Digitalisierung. Nicht nur die gesellschaftliche Gedrängtheit, sondern auch die geographisch-räumliche Enge, der verkleinerte Blick auf die Welt werden gesprengt. Entdeckung und Forschung, Seefahrten und Expeditionen in ferne Länder verleihen dem Handel und seinen agierenden Personen eine Monopolstellung innerhalb der Gesellschaft. Das „Oben" und „Unten" der feudalen Gesellschaft bricht auf und fördert durch die Aufnahme ehrgeiziger, wirtschaftlich prosperierender und rühriger Bürger eine frühe Mittelstandsbildung. Salz und Pfeffer steigen in den Rang von Edelmetall auf. Das Bankenwesen, das bislang von jüdischen Geldverleihern dominiert war, generiert Familienimperien wie die Augsburger Fugger, die potent genug sind, Päpsten den Stuhl Petri zu sichern und Fürsten zu stürzen. Die Liberalisierung des Geldwesens macht den Weg frei für den Kapitalismus. Unerhörte technische Leistungen wie der Kuppelbau des Petersdoms in Rom und die Flugkörper da Vincis betören die Menschen noch heute. Das geistige Erwachen erfasst auch Philosophen und Gelehrte. Im globalen und welten-umgreifenden Geist der Zeit findet ein humanistisch geprägtes Menschenbild seine globale Ausprägung, die für die nächsten Jahrhunderte weisungsgebend sein wird.

In der Medizin, die auch Astronomie und Astrologie einbezieht, entstehen grundlegende Lehrbücher (Stichwort: Paracelsus). Das ganzheitliche Denken der Zeit widmet dem Wissenschaftsressort Astrologische Medizin eigene Lehrstühle, dessen letzter 1817 von der Universität Erlangen abgeschafft wird. Heute greifen ganzheitliche Gesundheitslehren diese Sicht neu auf, die eine individuelle gesundheitliche Prädisposition analog der Planetenkonstellation des Patienten ausmacht. Der ganzheitliche Mensch der Renaissancemedizin weiß, dass Körper, Geist und Seele eine Einheit bilden, und begründet die Anfänge von Naturheilkunde, Phytologie und Homöopathie.

Im späten 15. Jahrhundert holen erste emanzipatorische Tendenzen die (gebildete) Frau von Stand aus ihrer Haus- und Stiefmütterchenrolle. Dichterinnen, Künstlerinnen, Regentinnen, Fürstinnen und Königinnen, Frauen aus dem begüterten Bürgertum begegnen Männern auf Augenhöhe und entdecken ihre eigenen Potenziale, eine weibliche Blütezeit, die sich allerdings Ende des 16. Jahrhunderts wieder erschöpfte. Auf Gemälden von Botticelli, Dürer, Michelangelo, Tizian und Veronese kann man dieser „neuen Frau" nachspüren.

Man darf vermuten, dass nicht nur das gebildete Klientel, sondern alle Menschen der Renaissance mehr oder weniger an diesem aufblühenden Wissen partizipieren. Der Buchdruck, die Vereinheitlichung der Sprache, das verbesserte Schulwesen, der Aufschwung in Literatur und Kunst, der Anschub des Bildungswesens zum Beispiel durch die Gründung von Lateinschulen, die Ausbildung früher Medien, der inländische Warenverkehr und der internationale Handel befeuern Austausch, Kommunikation und Sprachentwicklung, Teilhabe am Wissen. Auch die Reisekutschen, die an Poststationen Halt machen, tragen Neuigkeiten („Zeitungen") quer über das Land. Wissbegier ist ur-menschlich, das bewiesen bereits Adam und Eva. Die Kaiserliche Kurierpost der Familie Thurn und Taxis wird zum Vorläufer der späteren Reichspost. Die Rechenkunst schafft die Grundlage für den Algorithmus. Schiffsbau, Kartographie und Navigationskunst manifestieren eine europäische Dominanz auf den bis dahin bekannten Weltmeeren. Ein interkontinentaler Austausch von Wissen, Information, Nachricht, Innovation und Neustrukturierung transportiert in Fülle Einflüsse fremder Kulturen ins eigene Land.

Exkurs:
Konversation und Gesprächskultur.

Heute können wir uns lebhaft vorstellen, dass selbst Menschen, die nicht direkt mit den neuen Kommunikationsmitteln in Berührung kamen, durch Gespräch, Dialog, Meinungsaustausch auf dem Markt, in den Posthalterstuben, auf der Landstraße, in Gasthäusern, beim Krämer, nach dem Kirchgang und bei Volksfesten den wichtigen Austausch fanden, der sie am modernen Leben teilhaben ließ. Man redete miteinander, diskutierte, schrieb sich Briefe – soweit man des Schreibens und Lesens mächtig war – oder ließ schreiben oder sich vorlesen. War den Zeitgenossen der Renaissance bewusster als uns Heutigen, die wir die „Kunst der Konversation" zu verlernen scheinen, welche Macht Gespräche haben? Der Generalist früherer Prägung war in der Lage, über unterschiedlichste Themen geistreich zu plaudern. Bis weit ins 20. Jahrhundert hinein galt eine fundierte Allgemeinbildung als deutsches Bildungsideal. Später etablierte sich das Konversationslexikon als Wissensquelle für gescheite und kluge Gesprächsführung. Ihre Hoch-Zeit erreichte sie im absolutistischen 17. Jahrhundert, als sich vor allem der Adel und das aufstrebende Bürgertum in der Kunst der Konversation übten, nicht zuletzt, um ihren Einfluss bei Hofe zu festigen oder eine ertragreiche Position oder Pension zu erringen.

Ab dem 18. Jahrhundert etablierte sich ein Konversations-Regelwerk. Es nicht zu beachten, konnte sozialen Abstieg nach sich ziehen. Vorläufer der heutigen Ratgeber-Literatur wie der berühmte „Knigge" entstanden in Fülle. Das erwachende Bildungsbürgertum versuchte, an den Adel anzuschließen. Gebildete Menschen, die eine geistreiche und gepflegte Gesprächskultur beherrschten, waren in der Gesellschaft die „Stars". Konflikte wurden im Gespräch gelöst. Was wir an Romanen aus dem 17., 18., 19. Jahrhundert schon mal als gewunden, redundant und umständlich empfinden, galt à l'époque als Hochkultur. Eine junge Dame von Stand konnte sich nur gut verheiraten, wenn sie in der Lage war, ein elegantes Gespräch zu führen. Beim „Lever" der französischen Könige, wenn sich die Spitzen des Hofstaates im Ankleide- und Toilettenzimmer des Herrschers versammelten, wurden auf elegante Art Neuigkeiten ausgetauscht, eine Art Morgenzeitung, und die Intrigen weitergesponnen, die am Vorabend bei elegantem Spiel, Tanz und Koketterie geknüpft worden waren.

Erst der Gesellschaftskritik des 20. Jahrhunderts gelang es, durch die Einführung des Small Talks die Konversation im herkömmlichen Sinne zu derangieren. Der Experte für Innovationsmanagement Dr. Roger Aeschbacher weist auf die starke Rolle hin, die der Konversation bei Führung und Unternehmensmanagement zukomme. Um Ideen und Pläne erfolgreich umsetzen zu können, müssten sie durch gemeinsamen Diskurs in die richtigen Kanäle geleitet werden. Erst durch Lernen über Fragenstellen und gemeinsames Abwägen würden neue Ansätze geboren. Keine Novität ohne vorherigen Austausch. – Was bedeutet dies für uns und die digitale Welt, in der Gespräch Chat, WhatsApp oder Message heißt und in minimierter und chiffrierter Form transportiert wird?

Erinnern wir uns an unseren Freund Bruno Backes. Dieser bemerkt gerade, dass Kommunikation und Konversation innerhalb der Familie immer mehr zu wünschen übrig lassen. Die Kids haben eine eigene Sprache und kommunizieren fast ausschließlich digital, Irma und Bruno vernachlässigen die alten Gepflogenheiten, sich zu unterhalten oder Freunde einzuladen. Dass solche Versäumnisse bereits Spuren hinterlassen haben könnten, dämmert Bruno langsam.

Was hat die Renaissance mit unserem digitalen Zeitalter zu tun?

Nun mögen Sie sich fragen, welche Querverbindungen und Erkenntnisse sich mit Blick auf die Renaissance ziehen lassen. Betrachtet man die Zeitepoche der Renaissance mit heutigen Augen, erkennt man eine international agierende, überaus tatkräftige und dynamische, beinahe modern zu nennende Gesellschaft, die uns heute noch eine Menge zu sagen hat. Nicht zuletzt war sie die Wiege eines wertschätzenden Umgangs der Bürger untereinander, die dabei waren, ein enges Ständesystem zu sprengen. Der Mensch war das, was er darstellte, leistete und vorlebte. Und das ist mehr, als wir jetzt von uns sagen können. Das humanistische Menschenbild dieser Epoche ist heute in Gefahr, ins Abseits geschoben und als unrentabel und ineffizient, nicht zeitgemäß und obsolet diffamiert zu werden. Im Zeitalter von IT- und Business-Technologie, von universaler Vernetzung geben wir uns den Anschein, die „Krone der Schöpfung" zu sein, als sei alles machbar – und das macht uns übermütig, arrogant und angstbereit zugleich. Ohne die wesentlichen Grundlagen, die Menschsein ausmachen, bleibt die digitalisierte Welt nur schemenhaftes Funktionieren. Eingeschränkte Kontaktfähigkeit verunmöglicht Interaktion und Fortentwicklung. Beispiel Teamarbeit: Effiziente Lösungen finden sich im Miteinander von unterschiedlichen Perspektiven.

Sinnvoll begrenzte Verhältnisse sind dann produktiv, wenn das Eigentliche und Wesentliche sich ausleben darf. Führt man sich die universalen Kunstwerke vor Augen, die in der Renaissance-Architektur Zeugen übermenschlicher Anstrengungen symbolisieren, entstanden in einer Zeit, in der die Technik noch in den Kinderschuhen steckte, zeichnet sich im Übergang vom Spätmittelalter zur Renaissance ein lange Schatten werfender Paradigmenwechsel ab. Bis im 17. Jahrhundert der Barock eine Gegenbewegung einleitet, im Zuge derer Kirche und Klerus ihren immensen Einfluss auf die Menschen zurückgewinnen und ihren Blick auf das Jenseits richten. Durch Krieg, Krankheit, Pestilenz und Hungersnöte ist der Tod allgegenwärtig. Kein Kunstwerk kommt ohne einen Schädel oder Knochen als Beiwerk aus.

Seinem eigenen Selbstverständnis nach ist das Universalgenie Leonardo da Vinci weniger Künstler als Wissenschaftler, Forscher, Erfinder, Himmelstürmer, der weit über das Wissen seiner Zeit hinausdrängt, auch wenn sein Nachruhm sich auf seinem genialen Künstlertum gründet. Vorrangig war es Broterwerb, der Leonardo erlaubt, seinem unersättlichen und seine Zeit sprengenden Forscher- und Entdeckerdrang nachzugehen. Als Leonardo mittels raffinierter Mechanik vor seinen verblüfften und enthusiasmierten Zeitgenossen einen „laufenden Ritter" paradieren ließ, präsentierte er sich als Vorläufer der digitalen Revolution, einer Epoche, die sich aufmacht, den Roboter, den Maschinenmenschen, zur „Krone der Schöpfung" zu erklären.

Bei einem Blick 4.500 Jahre zurück finden wir die technologisch atemberaubenden Wunderwerke der Pyramiden von Gizeh oder die Tempel-Hieroglyphen bei Abydos: Die darauf abgebildeten Schmuckelemente sind modernen Fluggeräten und Unterseeboden täuschend ähnlich. Auch vorantike Flugmaschinen und Streitwagen aus dem zweiten vorchristlichen Jahrtausend, einfache Konstruktionen, die mit Scheibenrädern, später mit Speichenrädern angetrieben wurden, lassen vermuten, dass die damalige Intelligenzija über brillante intellektuelle Fähigkeiten verfügte.

→ siehe Kopp-Verlag/Neue Weltbilder

Beide Entwicklungen – damals der laufende Ritter oder die Flugmaschine da Vincis, heute der selbst steuernde und selbst denkende Roboter – stellen in ihrer Zeit phänomenologisch betrachtet einen gravierenden Einschnitt im Denken, Fühlen, Glauben und Handeln der Menschen dar und lösen eine retardierende Bewegung ab: Die vorhergehenden Jahrhunderte scheinen nach dem Verfall des römischen Weltreichs und dem Niedergang seiner Metropole Rom von einer geistigen und kulturellen Lähmung befangen zu sein.

Universalgelehrte der Renaissance trieben also eine Entwicklung voran, die sich heute weiter tradiert. Erneut begreifen wir, dass wir aus der Vergangenheit für die Zukunft lernen. Es stimmt nicht, dass die heutige Technik so sensationell neuartig wäre, es war alles schon mal da, lediglich unser Wissen hat sich enorm multipliziert. Die antiken Fluggeräte erheben sich in ihren neuzeitlichen Nachfolgern heute (mit) in die Luft. Technische Erfindungen wie die Uhr des Nürnberger Schlossermeisters Peter Henlein (etwa 1479–1542), der mit der Erfindung des mechanischen Uhrwerks eine in der Westentasche tragbare Uhr möglich machte, kann man getrost als einen Vorläufer des Smartphones bezeichnen, die Rechenkunst der Zeit als einen Vorreiter der Digitalisierung.

Unter den Exponaten des Bonner „Arithmeum" – eines Mathematik-Museums mit einer beeindruckenden historischen Sammlung aus mechanischen Rechenmaschinen, elektronischen Rechnern, frühen Computern und bibliophilen Raritäten – finden sich die ersten gedruckten Rechenbücher aus Gutenbergs Zeit. Sie sind die frühesten Druck-Zeugen in deutscher Sprache in einer Epoche, als das Rechnen noch den oberen Ständen vorbehalten war. Nicht nur Rechenbücher des bekanntesten Rechenmeisters Adam Ries (1492–1559) sind hier zu bewundern, auch seinen zahlreichen, meist in Vergessenheit geratenen Vorgängern und Zeitgenossen wird Tribut gezollt.

Der Mensch seiner Zeit konnte nur in den Gesetzen der Mechanik denken, dennoch explodierten Innovationen und Visionen. Die Renaissance-Kreativität entwickelte sich auf der Basis eines profunden, vielseitigen und weltumspannenden Wissens. Allerdings darf nicht unerwähnt bleiben, dass nicht zuletzt auch Kriegsführungen Innovationen vorangetrieben haben. Warum steigen wir an diesem Punkt aus? Entwicklungsprozesse erfordern positives, proaktives und universelles Denken und ein aus unterschiedlichsten Disziplinen gespeistes humanistisches Menschenbild. Neues entsteht in der Zusammenführung von unterschiedlichen Kräften und Talenten, im befruchtenden Miteinander und im produktiven Dialog. Den Renaissance-Menschen war bereits die Bedeutung von Information, Wissen, Kommunikation sehr bewusst. Ihr Ansatz bündelte mit Weitblick die individuellen Kräfte des Einzelnen in einem größeren Zusammenhang. Die hohe Zahl von Universalgelehrten steht einer heutigen multiplizierten Zahl von einzelnen Spezialisten und Fachexperten gegenüber.

Übrigens:
Wussten Sie, dass stabile, nährende, erfüllende, Sicherheit gebende Freundschaften das Leben um bis zu 22 Prozent verlängern können? Das mag vielleicht sogar wichtiger sein als eine stabile Zweierbeziehung. Wahre Freundschaft ist unschuldiger, naiver, unverstellter, sie fällt uns leichter, weil die Pfundgewichte in der Waagschale nicht so schwer wiegen wie in Ehe und Lebenspartnerschaft. In einer Zweierbeziehung geht es meist um alles oder nichts, meinen wir zumindest. Diese Haltung allerdings macht unglücklich – auch in einer Partnerbindung gehört jeder letztlich nur sich selbst. Die Gefahr, sich selbst aufzugeben, wenn man eine Verbindung eingeht, ist per se gering, und wenn es eintritt, dann vielleicht gewollt. Bindungsfreude und Beziehungsfähigkeit sind das Schmiermittel für Persönlichkeitsentwicklung.

Dualität „Technik versus Kommunikation im digitalen Zeitalter"

Heute herrscht erneut das Primat der Technik, ungeachtet der Tatsache, dass Einseitigkeit Innovation auch behindert. Eindimensionalität bringt uns in unserer menschlichen Entwicklung keinen Schritt weiter. Sich in geistiger Inzucht ausschließlich auf sich selbst zu beziehen, bremst Kreativität und Innovationsfähigkeit aus. Wachstum bedingt den ganzen Menschen in seiner Vielfalt und Multifunktionalität, Beziehungs- und Entfaltungskompetenz. Der heute gebräuchliche „Expertenstatus" ist fragwürdig. Das Zeitalter der (selbst ernannten) Experten führt in die Vermassung und von dort in die Nivellierung auf einem bescheidenen Level. Daraus resultierender Reputationsverlust, geschrumpfte Möglichkeiten und einbrechende Pluralität müssen in Verflachung münden und in einer zunehmenden Bedeutungslosigkeit des humanistischen Lebensideals.

Die Menschen der Renaissance verstanden es, beides – Wissenschaft und Humanismus – miteinander zu verbinden. Wir dagegen starren auf die „Krake Internet" wie auf den heilbringenden Geist aus der Flasche, während wir gleichzeitig fröstelnd vor Angst ahnen, dass dieser ein Eigenleben entwickeln könnte, das uns entmündigt. Und uns zurückwirft in dem, was Menschsein eigentlich ausmacht.

Wer sich heute in mehr als einer Fachdisziplin hervortut, wird leicht als Dilettant verschrien. Der deutschen Romantik galt Universalität als Gipfel des Kulturstrebens. Gelebte Universalität und interdisziplinäres Denken tut sich in der öffentlichen Wertung heute schwerer als ein (auf ein einziges Gebiet beschränktes) Expertentum. Mündet diese Sicht nicht in eine üble Sackgasse? Ist es für uns selbst nicht befriedigender und produktiver, verschiedene Disziplinen zu betreiben und uns in der Diskussion mit anderen Einflüssen, Inspirationen und Ideen zu nähren, die wir allein auf uns gestellt nicht entwickelt hätten? Dies gilt für Lehre, Forschung ebenso wie für das Business. Unser Wirtschaftsleben krankt an Schubladendenken und extensivem Nischen-Outsourcing, unkreativem Beharren auf „Stallgeruch". Unternehmen rücken intern zusammen und lehnen Impulse von außen, unterschiedliche Blickwinkel und kontroverse Vorgehensweisen gerne als störend, lästig und ängstigend ab. Und alles bleibt beim Alten.

→ http://www.deutschlandfunk.de/der-universalist.1184.de.html?dram:article_id=242746

Eine fatale Fehlsicht, wie ich finde. Erst die Pluralität im Meinungsaustausch generiert Vorteile und Mehrnutzen. Und hier schließt sich der Kreis: Die digitale Transformation setzt auf Vermassung, Gleichmachung und Ent-Individualisierung und wird daher akzeptabel für alle, die Anders-Sein fürchten. (Den in der Nazi-Diktatur missbrauchten Begriff des Gleichschaltens benutze ich hier ausdrücklich nicht, auch wenn er sich anbietet und die Gefahr ausdrückt, die Gleichmacherei in allen repressiven Formen darstellt.)

> **Ketzerische Frage:**
> Warum läuten wir nicht eine neue Renaissance der Beziehungsfähigkeit ein? Eine Wiedergeburt des Miteinanders im Geiste des Humanismus? Ergreifen wir doch die Chance, uns über Beziehungen und Dialog neu zu bewähren und zu erproben. Und genießen wir es, unser Selbstbild im Spiegel des anderen zu erkennen.

Wir Heutigen glauben an unsere grenzenlose Überlegenheit im Vergleich zu allen anderen Spezies, dabei wäre es doch denkbar, dass auf einem anderen Planeten – Millionen Lichtjahre entfernt – eine ganz andere Daseinsform längst in einer noch ausgereifteren Welt als der unsrigen lebt? Hybris hat die Menschheit vorangetrieben und erneut für grauenvolle Niedergänge gesorgt. Ist dies eine dem kosmologischen Weltbild immanente Gesetzmäßigkeit? Oder ist es evolutionstechnisch vorgegeben, dass Entwicklungsphasen von Rückschrittsperioden abgelöst werden, damit Veränderung und Fortschritt organisch wachsen können?

Phänomene wie Niedergang und Stagnation sind persönlich-menschlich wie auch gesellschaftlich-staatlich immer mit Schmerz, Angst, Hilflosigkeit verbunden. Ja, es stellt eine enorme Kränkung dar, zu erkennen, dass der Mensch aus eigener Kraft nicht alles beeinflussen kann oder dass tradiertes, die Stabilität des Menschenbildes sicherndes Wissen von heute auf morgen obsolet sein kann. Wir neigen dazu, zwischen grandiosem Narzissmus und Ohnmachtsgefühlen zu pendeln. Das rechte Maß der Dinge finden? Die Digitalisierung steckt uns dafür (ungewollt) ein Spielfeld ab.

Kränkungen tun weh – das geht der gesamten Menschheit nicht anders als dem Individuum

In der Mitte des 16. Jahrhunderts erschüttert die Erkenntnis, dass die Erde keine Scheibe, sondern rund und nicht der Mittelpunkt des Universums sei, die auf Glauben basierende Weltordnung. Der Erfinder der Psychoanalyse Sigmund Freud greift diesen radikalen Umbruch auf und definiert 1917 innerhalb seiner Schrift „Eine Schwierigkeit der Psychoanalyse" die Lehre von den drei Kränkungen des menschlichen Narzissmus. Als kosmologische Kränkung: „Die Erde ist nicht der Mittelpunkt des Weltalls" bezeichnet er eben diesen Übergang vom geo- zum heliozentrischen Weltbild als die Kopernikanische Wende 1543. Die Renaissance-Wissenschaftler Kopernikus und Galileo bestanden unbeirrbar auf ihrer die Kirchen-Autorität untergrabenden Überzeugung, dass es die Erde sei, die die Sonne umkreist, und nicht umgekehrt. Das machte die Erde zu einem einzelnen Planeten im Sonnensystem neben unzähligen anderen. Bereits Aristoteles hatte der Erde den niedrigsten Platz im Kosmos zugewiesen. Eine schwere Insultation für die Kirchenväter und starren Glaubensdogmatiker. Den auf Blasphemie folgenden todbringenden Schierlingsbecher leerte Galileo Galilei mit stoischem Gleichmut.

In der Spätrenaissance wandelt sich das Weltbild vom Menschen, der nur seinem Glauben verpflichtet war, hin zum autonomiegeprägten Wesen, das nach Erkenntnis und Wissen strebt. Moderne Individualität bricht sich Bahn. Mit der „kosmologischen Kränkung" sieht Freud das Selbstverständnis des Menschen nach Autonomie als narzisstische Kränkung in Frage gestellt, originäre Gefühle des Menschseins in ihrem Kern verletzt.

Ähnlich bewertet Freud die biologische Kränkung: „Der Mensch stammt vom Affen ab". 1859 schockiert die Evolutionstheorie Charles Darwins die gesamte bekannte Welt. Dass der Mensch kein Geschöpf Gottes sei, sondern sich vom Tier ableite, war ein schwer verdaubarer Brocken für das Selbstverständnis der Zeit. Hat der Mensch bisher eine Vorherrschaftsposition über das tierische Mitgeschöpf reklamiert, wird er nun quasi mit einem Schlag in die Magengrube mit dem Gegenteil konfrontiert. Dass wir vom Affen abstammen, ist seitdem vielfach wissenschaftlich bestätigt und lässt sich bereits rein anatomisch an der Vergleichbarkeit des Körperbaus, in unserem Verhalten und unserer DNA belegen. Was die Zeitgenossen Darwins schockte, ist heute voll legitimiert: Bis zu 98,5 Prozent stimmen unsere Gene mit denen des Schimpansen überein.

Die psychologische Kränkung: „Der Mensch ist triebgesteuert" basiert auf Sigmund Freuds eigener Entdeckung des Unbewussten, die der Nervenarzt 1917 selbstbewusst in die Liste der essenziellen Kränkungen der Menschheit einreiht. Dass der Mensch qua Willenskraft nicht in der Lage ist, seine Emotionen, Haltungen, Handlungen selbst zu beherrschen, erklärt Freud mit der Entdeckung des Unbewussten (früher fälschlich als Unterbewusstsein bezeichnet, was das Unbewusste dem Bewusstsein unterordnete), das sich einem direkten und bewussten, rationalen Zugang verweigert. Zu seiner Zeit eine ungeheuerliche, sowohl individuelle wie gesellschaftliche Provokation. Stringent weitergedacht postuliert Freud, dass unserem bewussten Anteil, dem Ich, die Zügel aus der Hand genommen sind. Das bewusste Ich gibt die Führungsrolle an das Unbewusste ab. Eine ungeheure Nachricht für den Menschen des frühen 20. Jahrhunderts, dessen Ideale in Autonomie, Selbststeuerung und Selbstbestimmung liegen. Ein seit Jahrhunderten Sicherheit vermittelndes Selbst- und Weltbild, das sich auf die menschliche Überlegenheit des Verstandes berief, stürzt vom Sockel.

Finden die historischen „Kränkungen der Menschheit" Freuds heute ihre kongeniale Nachfolgerin in der Digitalisierung?

Ganz in dieser Tradition wirkt die technologische Kränkung und ihre Aussage: „Die komplexe Welt der Digitalisierung ist nicht mehr steuerbar" wie ein vierter Donnerschlag. Bereits 1993 kreierte Johannes Rohbeck den Terminus der

„technologischen Kränkung" mit einem Verweis auf Goethes „Zauberlehrling". Bekanntlich konnte dieser die Geister (die technischen Hilfsmittel), die er rief respektive selbst schuf, nicht mehr bändigen. Auch Medienjournalist Sascha Lobo hält das Internet nicht für ein „Instrument der Freiheit, das dem Menschen nütze", sondern für eine Fessel. Reiner Klingholz beobachtet einen „unfreiwilligen Übergang zu einer Postwachstumsgesellschaft" mit stagnierenden Bevölkerungs- und Wirtschaftszahlen. Die Deklaration der „Grenzen des Wachstums" ist nicht wirklich neu, doch von scharfer Aktualität. Erstmals erließ sie der Club of Rome, ausgelöst durch die Ölkrise der frühen Siebziger, als die OPEC den Ölhahn zudrehte und die Spritpreise auf Spitzengipfel kletterten.

Noch schwerer wiegt der Einwand, dass der Mensch trotz der überbordenden technischen Möglichkeiten nicht mehr in der Lage ist, die ursprüngliche Natur, die dem Menschen seit Jahrmillionen Überlebensraum bot, in ihrer Intaktheit zu bewahren. Längst mussten wir uns eingestehen, dass wir mit all unseren Bemühungen, Willenserklärungen und Gegenmaßnahmen doch nur Schadensbegrenzung betreiben. Selbst erzeugte Dschinns wie Treibhausgas, Erderwärmung, Klimaveränderung, Pestizide und Herbizide in Lebensmitteln, Pharmazeutika im Wasser werden die Welt, wie wir sie kennen, systematisch denaturieren und früher oder später für Nachgeborene unbewohnbar machen.

Wer Charles Darwin richtig liest, nimmt mit, dass der Flexible überlebt und nicht etwa das Recht des Stärkeren gilt. Anpassung an die wechselhaften Umstände, Veränderung als Überlebensfaktor sind die Kraftquellen der Zeit. Allerdings muss der Mensch, um sich Veränderung zu erlauben, erst an seine eigene Schmerzgrenze geraten. Überlebenstrieb als Ventil für Innovation. In dieser Haltung erkennt der Mensch, dass er nicht nur nicht mehr Mittelpunkt des Weltalls ist, sondern auch seinen eigenen Planeten respektive seine Lebenswelt nicht mehr bis ins letzte Detail kontrollieren kann. Eine unerhörte Kränkung für das menschliche Bedürfnis nach Überlegenheit durch die Allmacht der Algorithmen. Wenn etwa Sprachassistenten in der Lage sind, für uns zu handeln, wird unsere menschliche Souveränität untergraben.

Die digitale Welt spaltet uns

Einerseits entwickeln wir neue Schübe von Hybris und Grandiosität qua Automation („Alles ist möglich"). Gleichzeitig verfallen wir in Pessimismus („Ich kann das alles nicht mehr kontrollieren"). Ehefrau Irma aus unserer Musterfamilie gibt sich in aller Unschuld diesem narzisstischen Selbstüberhebungsgefühl hin, als sie beruflich aufsteigt und die Dinge sich für sie rasant weiterentwickeln. Provokanter Gedanke: Gibt es vielleicht eine Schnittmenge derjenigen, denen ein Zugang zu Internet und Mobile noch nicht möglich ist oder die die digitale Technik bewusst/ungewollt negieren? Interessant wäre jetzt ein Blick in die Zukunft: Überleben sie dieses Manko vielleicht sogar fröhlicher und unbeschwerter, oder gehen sie in Unwissenheit und Unterversorgung unter?

„Wo aber Gefahr ist, wächst das Rettende auch", gibt uns Friedrich Hölderlin mit auf den Weg. Ist das Internet tatsächlich die Überlebensplattform für künftige Generationen, wie viele meinen? Digitalisierung wird weder alle Probleme der Welt lösen noch ein neuzeitliches Goldenes Kalb darstellen. Wir müssen sie weder anbeten noch verteufeln, sondern das richtige Maß finden. Gleichzeitig aus alten Traditionen lernen, uns aufeinander beziehen, aneinander anpassen, neugierig auf andere zugehen und zum Überleben der Spezies Mensch = Homo sapiens beitragen.

Die Kränkung der nicht ausgelebten Gefühle

Eine interessante Deutung der Kränkung als dem bestimmenden Lebensfaktor, von dem wir insgeheim mehr beeinflusst werden, als wir ahnen, gibt uns der österreichische Psychiater Reinhard Haller. „Wenn wir heute über die kranke Gesellschaft klagen, übersehen wir, dass sie nicht nur kalt, egoistisch und unsolidarisch ist, sondern vor allem gekränkt, wahrscheinlich mehr als in jeder anderen Phase der Geschichte", schreibt er 2017 in seinem Buch „Die Macht der Kränkung" und verweist neben Mythen und Sagen, Weltliteratur und Oper auch auf Kain und Abel und auf die Kränkung als „Ur-Motiv des Urverbrechens". Kränkungen seien „die Ursache von Streit, Konflikt und Krisen, von neurotischen Entwicklungen, Suchtprozessen und depressiven Störungen." Kollektive Gefühle der Kränkung generierten gewaltige soziale Energien, die zu Krieg und generationenübergreifender Feindschaft führen. „Wer lebt, der nicht gekränkt ist oder kränkt?", fragt bereits William Shakespeare in seinem Drama „Timon von Athen".

Kränkungen können entstehen durch Störungen im Austausch und fehlgeleitete Interaktionen oder Dynamiken innerhalb der menschlichen Beziehungen. Der explizite Hinweis „Alles in der Natur ist gelebtes Gefühl" regt Reinhard Haller zu der Schlussfolgerung an, dass bei unterdrückten, nicht ausgelebten Gefühlen die natürliche Lebendigkeit erstarre. Auch die Transaktionsanalyse erkennt eine Kränkung darin, dass die Fähigkeit der Menschen, respektvoll, offen, authentisch, neugierig und ehrlich miteinander umzugehen, spürbar und in bedenklichem Maße nachlasse. Wird diese stetige Kränkungsattitüde aber nicht nur beim Einzelnen evident, sondern als ein signifikantes kollektives Phänomen spürbar, sind Aggression und Gewalt nicht fern.

Aus der historischen Perspektive richten wir den Scheinwerfer nun auf Deutschland, speziell auf die Entwicklungen im 20. Jahrhundert und in der ersten Dekade des dritten Jahrtausends. Welche Schlüsse ziehen wir aus ihnen, und wie sind diese heute noch virulent? Wollen wir wirklich dieselben Fehler begehen wie die Menschen damals?

„German Angst" – sind wir die Angsthasen Europas?

Wir Mitteleuropäer, gerade wir Deutschen, beneiden oft das Lebensgefühl der mediterranen Länder, empfinden die Menschen dort als leichtlebiger, lockerer, genussorientierter und bezeichnen uns d agegen als schwerfällige, wenn auch tiefsinnige Langweiler. Natürlich sind dies grob angelegte Stereotypien mit einem Wahrheitskern. Anfang der 1980er war „Waldsterben" das bestimmende Thema in der aufstrebenden Umweltdiskussion, und seitdem macht die „German Angst" in Europa ein wenig maliziös die Runde. Schaut ganz so aus, als ob wir uns wirklich schnell und gerne fürchten. Auffällig ist, dass in anderen europäischen

Staaten, in Frankreich, Italien, Spanien oder Großbritannien, ein starkes Nationalbewusstsein als Bürgerpflicht angesehen wird, die verbindet und bei Land und Leuten das Gefühl herstellt, „am richtigen Platz zu sein".

Verursacht uns Deutschen auch deswegen die Digitalisierung respektive ihre Auswirkungen und Auswüchse ein mulmiges Gefühl in der Magengrube? Der Wald übrigens gedeiht besser denn je, denn erst das Treibhausgas CO_2 bringt sein knackiges Grün voll zum Leuchten. (Was die Umweltdiskussion nicht für obsolet erklären soll.)

Über die Hintergründe der „German Angst" können wir nur mutmaßen: Sind es die Nachwirkungen der von Melancholie und Sentimentalität geschwängerten deutschen Romantik oder genetisch angelegte negative oder pessimistische Züge im deutschen „Wesen", das Klima gar oder vielleicht die geographische Mittellage in Europa mit ihren zahlreichen angrenzenden Nachbarn? Von allen Seiten historisch bedroht, fielen Feinde ein oder wanderten Völker hindurch, und noch heute erleben wir es als nicht ganz so friedliche Invasion, wenn in den Ferien unsere europäischen Nachbarn in Autokolonnen und Wohnmobilkarawanen das Land durchkreuzen. Vielleicht ist es auch so, dass wir die Nachwirkungen aus zwei Weltkriegen und Kaltem Krieg noch nicht so verdaut haben, dass uns nichts mehr berühren könnte. Traumatisierungen sind zäh und wirken über viele Generationen nach.

Während des Dritten Reichs ertrugen die Deutschen eine Diktatur. Der deutsche Osten wurde nach dem Zusammenbruch der Nazi-Gewaltherrschaft nahtlos in eine zweite, die des DDR-Regimes überführt. Auch das Wilhelminische Zeitalter möchte man als Nachgeborener bereits als eine Periode des Despotismus oder der Autokratie bezeichnen: Autoritätshörigkeit, Untertanendenken, feudales Kastendenken und Zensur hielten das Volk auf Distanz und im Zaum. Noch in den siebziger Jahren des 20. Jahrhunderts waren die Bewohner der sogenannten „Zonenrandgebiete" und latent auch bundesweit in nie versiegender Sorge, dass „die Russen kommen". Die Todesängste und Überlebensnöte der Menschen, die in beiden Weltkriegen in einem schwer vorstellbaren Ausmaß Gräueln und Grauen erlebten, sind in unseren Genen immer noch virulent. Der Einzelfall entscheidet, ob sie sich manifestieren. In einem Gewaltstaat wird jedes Detail von der Willkür der Herrschenden bestimmt. Wir Demokratie gewöhnten Bürger können dies bestenfalls erahnen. Sicher ist: Subtil oder offen ausgeübte Gewalt hinterlässt nicht tilgbare Spuren.

Ist diese offensichtliche Neigung zu nicht stofflich greifbarer Angst auch ein Ausfluss des Perfektionismus und der Kontrollsucht, der Selbstkontrolle, die uns dezidierter als unsere europäischen Nachbarn „auszeichnet"? Angst zu scheitern oder Fehler eingestehen zu müssen, lässt uns zögern, gute, neue Ideen und spektakuläre Vorhaben anzupacken oder wenn, dann halbherzig. Und stellt sich nicht der gewünschte Erfolg ein: „Siehste, konnte ja nicht gut gehen." Provokant gefragt: Ist es für Deutsche befriedigender zu scheitern, als einen Erfolg zu feiern? Bedenken Sie bitte: Hier wird bewusst verallgemeinert.

Gedankensprung: Was hat das denn nun mit traditioneller „Erzählkultur" zu tun?

Kennen Sie vielleicht noch aus Ihrer Kindheit die in Fremdenverkehrs- und Kurorten angesiedelte „Familienpension", die von Vater, Mutter, Oma, Tante betrieben wurde? Die Pensionsgäste verbrachten ihre Abende im zum Salon umfunktionierten Wohnzimmer oder in der Wohnküche der Gastgeber. Gemeinsam berichtete man von seinem Tag, klopfte Skat oder vertrieb sich die Zeit beim „Mensch ärgere dich nicht". Tags darauf stand ein kräftiges Frühstück bereit. Die Pensionswirtin gab Tipps für den Urlaubstag und schmierte Butterbrote als Wanderproviant. Gäste knüpften untereinander Freundschaften, die über den Urlaub hinausreichten, schickten sich noch lange Grüße aus anderen Urlauben oder gratulierten zum Namenstag. Mit der heutigen Hotelkultur verglichen, kannte die Familienpension nicht deren Highclass-Komfort (Entertainment, Kulinarik, Wellness). Die Kultur des Miteinander-Agierens und Voneinander-Lernens allerdings war ungleich höher.

Erzählen ist so alt wie die Menschheit und ein Urtrieb, der uns erst zum Menschen macht.

Das zerstörte Land nach 1945 hätte heilende Geschichten dringend nötig gehabt. Die unverarbeiteten Traumata der Kriegskinder, die Verlustängste und die Erinnerungen an extreme Bedrohungen, die Zerstörungen des Lebensraumes und die Vertreibung aus angestammten Regionen inkarnierten sich in einem übergroßen Sicherheitsbedürfnis und wurden systematisch weitergegeben. Und sie trafen auf wenig Gegenmittel. 1945 brach nicht nur das Dritte Reich zusammen, sondern auch die gewohnte Familientradition auseinander, in der man noch zusammensaß und sich gegenseitig Episoden aus seinem Leben erzählte, Kenntnisse und Erfahrungen weiterreichte.

Diese traditionelle Erzählkultur verlieh Sicherheit und Geborgenheit. Die nach der Erfindung des Buchdrucks rasch erscheinenden ersten Zeitungen, Gute-Nacht-Geschichten, abendliches Vorlesen gepaart mit Hausmusik, die Salon-Kultur in der deutschen Romantik, das Aufkommen von Märchen als gesammelter Volksweisheit, die Diskussion auf den Märkten und in den Kneipen sind logisch miteinander verschränkt. Warum sonst sind Sagen und Mythen quer durch alle Generationen beliebtes Instrument der Wissensaneignung, der Wesensbildung und pädagogischen Didaktik? Rückenstärkende Erfahrung! In agrarwirtschaftlicher Zeit ruhte in den Dezemberraunächten die Arbeit. Man rückte auf der Ofenbank zusammen und tauschte sich aus. So konnte die Seele verarbeiten, was das ablaufende Jahr angehäuft hatte, und sich auf das neue vorbereiten.

1945 setzten Schweigen und Verdrängung dort ein, wo früher ermutigende Geschichten Stabilität geschaffen hatten. Wenn diese starken, über Erzählen, Reden, Vorlesen erzeugten Kraftpotenziale fehlen und durch düstere Andeutungen, latente Trauer und Lähmung ersetzt werden, können Kinder keinen Mut lernen und nicht mit Neugier und Selbstbewusstsein ins Leben gehen. Sie erleiden eine besonders hinterhältige, nämlich diffuse Angst, denn gerade ins Unbewusste verdrängte Emotionen, Erfahrungen und Ängste sind zählebig und beharrlich, denn sie agieren aus dem Dunklen. So wurden die Traumata von Generation zu

Generation genetisch tradiert, zumal auch das latente „kollektive Schuldgefühl der Nachkriegsdeutschen" die Lebenslust der Deutschen lähmte.

Woraus speist sich die deutsche Wesensart?

Weltschmerz hat ein bittere und eine süße Seite – ein Ventil für die übervolle Seele? Melancholie hat keine Schnittstelle mit der Angst, ist aber nah dran am „leiden wollen" um des Leidens willen. Wie nah ist sie der Depression, die heute zu einer der meistverbreiteten Volkskrankheiten gehört? Der Deutsche habe einen Hang zur Melancholie, befand „Werther"-Leser Napoleon Bonaparte, der seinen „Werther" auf Feldzügen stets mit sich führte. Hat sie nicht auch eine klärende, eine schützende Seite?

Ein rundherum glückliches Leben anzustreben, ist nicht eben klug, denn ein ständig rauschhafter Glückszustand ist so unvorstellbar wie der zweimalige Hauptgewinn im Lotto, ein Fußmarsch zum Mond oder die große, einzige Liebe für immer und ewig. Und daher gar nicht wünschenswert. Glück wird vermutlich gnadenlos überschätzt, was eigentlich nur unglücklich machen kann. Was zählt, sind die Gelassenheit, froh und optimistisch seiner Wege zu gehen, die Zeit vergessen zu können mit Menschen und Tätigkeiten, die man liebt. Die Pflichten souverän und mit einer gewissen Hingabe zu erfüllen und seine Leidenschaften zu genießen. Das bedingt nicht zuletzt Vertrauen in sich selbst, die Gabe, verzeihen zu können, und mit Charme und Chuzpe den Mäandern des Lebens zu folgen.

siehe auch:

→ **http://sigridjogruner.blogspot.de/2016/11/aufgespiet-melancholie-ist-wichtig.html**

Die Epoche der deutschen Romantik hat Leiden stilisiert. Das Lebensgefühl war tragisch angehaucht, die deutsche Empfindsamkeit evozierte Tränenfluten. Wurde so Gefühligkeit lebendig gehalten? Heute kommt es peinlich an, in der Öffentlichkeit zu weinen – und selbst Trauerfeiern wirken manchmal seltsam versteinert. Steckt dahinter auch eine Angst vor Gefühlen, die überwältigen und die Selbstkontrolle außer Kraft setzen könnten? Die Werther-Manie – die Lösung „Selbstmord", wenn Leiden unerträglich schien – erfasste ganz Europa. In den Epochen Romantik und Klassik erreichten Dichter und Künstler seltener ein höheres Alter. Von Ausnahmegestalt Goethe mal abgesehen. Über Gefühle schrieb er viel – er selbst zeigte sie kaum, dem Leichenbegängnis seiner Frau Christiane blieb er fern, und seinem Sohn August konnte er kaum emotional begegnen. Um echte Freundschaften zu pflegen, war er wohl zu egozentrisch, Beziehung nur dann, wenn er der Fordernde, Schmachtende, Nehmende sein durfte…?

Hohe Leidensfähigkeit haben die Deutschen in Kriegen, Diktaturen und Feudalherrschaften, Hungersnöten und Pestzeiten bewiesen. Die Kirche propagierte über die Jahrhunderte die Jenseitsgewandtheit. Im Barock war man bereits als Kind tief im Leben stets mit dem Tod verbunden und der Totenschädel Symbol des Jenseitigen und der Sterblichkeit des Menschen. Barockmaler konnten schwerlich auf ihn verzichten. Die sprichwörtliche Höllenangst förderte ein hochentwickeltes Ablasswesen. Der Mensch war per se sündig und erwarb sich mit Münzen ein Stückchen Himmelreich. Die protestantische Religion verschärfte diese Rigidität und Menschenferne um ein weiteres. Dass der Calvinismus die Schweiz zur Brutstätte des Kapitalismus machte gehört zu den Treppenwitzen der Geschichte.

Wie hat sich die Stimmung im Lande verändert?

Das Institut für Demoskopie Allensbach erstellt regelmäßig Untersuchungen zur Lebensqualität in Deutschland. In einer Studie im Herbst 2016 konstatiert es, dass es den Deutschen zu fast keiner Zeit wirtschaftlich besser ging als aktuell. Gleichzeitig sei die Zukunftfurcht so stark wie zu wechselhaften und rezessiven Hoch-Zeiten, zum Beispiel anlässlich der Twin-Tower-Katastrophe 9/11, der Aktienmarktcrashs und Finanzkrisen der ersten Dekade.

Wir erinnern uns: Ende der fünfziger Jahre – in der Zeit des angestrengten Wiederaufbaus eines zerrütteten Lebensgefühls und eines zerstörten Landes –

wurden die Nachkriegsdeutschen von einem großen Optimismus getragen. Endlich ging es aufwärts. – „Wir sind wieder wer!" Das durch den verlorenen Krieg und von Kriegsschuld und Scham schwer angeschlagene Selbstwertgefühl schien sich zu erholen. Das Land arbeitete hart daran, sich seine Würde zurückzuholen. Ähnlich verhielt es sich 20 Jahre später zu Ende der siebziger Jahre. Pessimismus-Phasen beherrschten und lähmten das Land während des Koreakriegs (1950 ff), noch massiver während der Kuba-Krise (1963) und der damit verbundenen atomaren Bedrohung. Auch der Mauerbau 1963 und nachfolgende Debakel wie Ölkrise, Balkankrieg, Aktienmarktcrash, Lehman Brothers, 9/11, die Europa-Krise, die massiv einsetzenden Flüchtlingswellen ab dem Sommer 2015 gerieten zu enormen Stimmungsdämpfern. Als Ausweg bot sich Realitätsflucht an. Wir Deutschen sperren uns offenbar, gravierende gesellschaftliche Veränderungen anzunehmen. Seit vier, fünf Jahren ist Terror in Europa kein Fremdwort mehr – „Charlie Hebdo" und eine Flut an Nachfolge-Aktionen quer durch Europa erzeugten gesellschaftliche Nachbeben. Das bürokratiebetonte Deutschland reagiert und schützt Demokratie und Bürger mit einer erneuten Gesetzesflut, um zumindest ein vordergründiges Gefühl von Sicherheit zu erzeugen. Doch Gefühle lassen sich nicht bürokratisieren, und die Spanne zwischen realer Bedrohung und gefühlter Angst wird immer weiter auseinanderklaffen. Nach anfänglicher Schockstarre in der Folge erlebten Terrors ging das Leben in London, Brüssel, Paris und Barcelona wieder seinen (anscheinend) normalen Gang. Die Menschen machen einfach weiter, denn die Erkenntnis greift Raum, dass man sich vor nichts wirklich schützen kann. In Deutschland sitzen traumatische Erlebnisse vielleicht tiefer oder treffen auf einen ungeschützten Nährboden, reißen nicht vernarbte Wunden auf. Dabei flammt diese Angst nicht nur bei klassischen Terrorakten hoch – beim G20-Treffen in Hamburg 2017 mischte sich die „ganz normale" Demonstration mit bewusster Aggression und blindwütigen Gewaltakten.

Als Folgen dieser Entwicklung vervielfachen sich die Anträge auf einen Waffenschein, neue Industrien der Sicherheitstechnik schießen aus dem Boden, bereits eingesessene Security-Branchen profitieren (Schreckschusspistolen, Pfefferspray), Sicherheitsleute und Videokameras gehören zum akzeptierten Stadtbild, private Wachleute durchstreifen U-Bahn-Schächte und Villenviertel, Bürger-Sheriffs haben ein Auge auf ominöse Stadtteile. Mit 180 Milliarden Euro Jahresumsatz boomt das Versicherungswesen. Sind diese Maßnahmen als rein symbolische und ein wenig hilflose Versuche zu verstehen, mit denen wir uns den Anschein von Schutz geben wollen?

Übrigens: Nach Studie der R+V-Versicherung aus 2016 leben die „ängstlichsten" Deutschen in Hessen, Brandenburg, Mecklenburg-Vorpommern, Sachsen-Anhalt. Am entspanntesten sind die Menschen offenbar in Berlin, Rheinland-Pfalz und im Saarland. Als wichtigste Anhaltspunkte für Angstbereitschaft nennt die Studie Terrorgefahr, Ausländerzuzug, Naturkatastrophen, Kriegsgefahr, politischen Extremismus, Pflegebedürftigkeit im Alter und – nicht zuletzt – die Sorge, ob die Politiker des Landes ihren Aufgaben gewachsen seien. Dabei stellen sich die Gefahrenpunkte nach Bundesland differenziert dar: Terrorgefahr ist zum Beispiel in Hessen deutlich ausgeprägt, die Angst vor einem Krieg mit deutscher Beteiligung in Mecklenburg-Vorpommern.

- → https://www.ruv.de/static-files/ruvde/downloads/presse/aengste-der-deutschen-2016/ruv-aengste-2016-bundeslaender.pdf
- → http://www.zeit.de/gesellschaft/zeitgeschehen/2016-09/allensbach-umfrage-aengste-deutsche-materielle-zufriedenheit
- → http://www.zeit.de/politik/deutschland/2010-03/merkel-allensbach-demoskopie/komplettansicht

Werden heute diffuse und nicht greifbare Ängste von den sozialen Netzwerken und den Medien befeuert?

Wir starren auf Internet und Smartphone und erliegen ihrer Faszination, wollen die digitalen Errungenschaften nicht mehr missen und entwickeln doch gleichzeitig eine Höllenangst. Einmal, weil die zweijährliche Verdoppelung der Informationsfülle uns an den Rand der vorstellbaren Möglichkeiten bringt, zum anderen, weil uns in klaren Momenten das Gefühl überfällt, dass uns die Zügel unseres eigenen Lebens aus der Hand genommen werden. Ständig den Druck zu verspüren, einer Entwicklung hinterherhetzen zu müssen, ist der Schlüssel für Burn-out,

Frustration, Depression, Süchte und Weltflucht, vermutlich auch Aggression und Hass auf das andere, das Fremde. Die sozialen Medien spielen uns eine heile Welt vor, die es in dieser Form niemals geben kann. Ihr Anspruch an uns heißt: Optimiere dich gefälligst selbst! Und diese stetige Selbstoptimierung kann nur zu einem führen: zu Unzufriedenheit mit sich selbst und seinem Leben. Was zwangsläufig einen hohen Verlust an Selbstwertgefühl bewirken muss. Der Druck auf Selbstaufwertung baut sich auf in der sozialen Spiegelung durch andere, in der Wertschätzung und Akzeptanz, die ein nährendes Miteinander herstellt. Der digitale Raum vereint Milliarden von Menschen. Dennoch ist jeder vor allem eines – unsagbar allein und auf sich geworfen.

> Gerade haben wir nach den Ursachen von Angst gefragt, wie sie gerade uns Deutsche bewegen. Und die Frage treibt uns um: Wie weit ist es von der Angst zum Hass?

Vgl. dazu die Ausschreitungen im amerikanischen Charlottesville am 14. August 2017. Eine Demonstration gegen Neonazis eskaliert und endet in einem Hass-Terrorakt mit Toten und Verletzten und einem US-Präsidenten in Erklärungsnot über sein Verhältnis zur rechten Szene.

Die Digitale Revolution – ein Spagat zwischen Himmel und Hölle?

Die Digitalisierung erzeugt überbordende Euphorie („Alles ist möglich") und bedrückenden Zukunftspessimismus zugleich („Was kommt da wohl noch alles auf uns zu?"). Re-inszeniert sich Lebensabkehr in Hate-Attacken, Häme, Shitstorm, digitalem Stalking in den sozialen Medien? Die zu unsozialen Medien werden. Im August 2017 wird in Baden-Baden ein auf einem Dachfirst stehender offenbar verzweifelter Lebensmüder von den Gaffern unten angefeuert und gefilmt. Irritierender und abstoßender geht es kaum. – Weckt die Digitalisierung die in uns genuin vorhandenen niederen Triebe, bröckeln Schamgrenzen leichter, werden

Unmenschlichkeiten schamloser ausgelebt? Die der digitalen Welt innewohnende Anonymität erleichtert es uns, Feindseligkeit und Hass auszuleben. Keine gesunden Qualitäten, die zu einem glücklichen Leben führen würden.

Der folgende Blick auf die Paradigmenwechsel des 20. Jahrhunderts zeigt uns mehr von den Befindlichkeiten früherer Epochen und ihren Konventionen im Umgang miteinander. Vielleicht erleuchtet der vergleichende Überblick die Fragestellung des Buches: „Wie gehen wir im digitalen Zeitalter miteinander um? Zahlen wir einen zu hohen Preis für den digitalen Fortschritt – nämlich den unserer Lebendigkeit und Spontaneität –, oder können wir unser humanistisch geprägtes Menschenbild, unsere Werte und Sinnhaftigkeiten in die weiteren digitalen Epochen retten?"

Kapitel 2
Wohin rettet sich Beziehung qua Noahs Arche im 20. und 21. Jahrhundert?

Kein Zweifel: Paradigmenwechsel und Zeitströmungen haben die Qualität und Gestaltung von Beziehung in den unterschiedlichen Epochen geprägt. Spüren wir diese Zäsuren noch heute?

Als die Arche Noah der Bibel sich auf der sicheren Bergspitze niederließ und darauf wartete, dass die zerstörende Sintflut das Übel der Welt mit sich spülte, verharrten in ihrem Bauch paarweise die unterschiedlichen Spezies. Sie waren Noahs Aufruf gefolgt, denn für sie bedeutete die Arche Zuflucht und Überleben in einer geläuterten Welt. Das Postulat heißt: Beziehung und Miteinander bereitet allen Menschen, die guten Willens sind, eine schützende Höhle. Im Deutschland des 20. Jahrhunderts lassen sich Paradigmen- und Epochenwechsel erkennen, in denen gravierende gesellschaftspolitische Umstürze auch im sozialen Miteinander für kräftige Wirbelstürme sorgten.

- Was haben uns diese essenziellen Paradigmenwechsel heute zu sagen, und welche Spuren haben sie in uns hinterlassen?
- Wie prägt der digitale Paradigmenwechsel das tradierte Beziehungsverhalten und die schöne Tradition von lebendig gelebter Bindung?
- Wie humanistisch kann unser Menschenbild noch sein – in einer Zeit, in der Beziehung, Gemeinschaft und Zusammengehörigkeit Gefahr laufen, durch Unverbindlichkeit und Zufälligkeit ersetzt zu werden?

Um die Zusammenhänge zwischen den Paradigmenwechseln des 20. Jahrhunderts aufzuspüren, gehen wir einen Schritt in die Geschichte zurück und versuchen, uns den einzelnen Zeitabschnitten psychologisch-emotional anzunähern.

1871 bis 1945 – vom ausgehenden 19. in die Mitte des 20. Jahrhunderts

Eine Hoch-Zeit weltgeschichtlich hochbedeutsamer globaler Umbrüche und Paradigmenwechsel: Industrialisierung – erste moderne Emanzipierungsbestreben der Frauen – Krieg 1870/71 – Der Aufschwung der Gründerzeit und des Wilhelminischen Zeitalters – Erster Weltkrieg – Weimarer Republik – Diktatur Drittes Reich – Rassismus – Judenverfolgung – Das Reich, ein Konstrukt, mit atemlosem Tempo gebaut und in einen Weltenbrand hineingetrieben – Zweiter Weltkrieg – Zusammenbruch und Neuaufbau!

Die Moral der Kaiserreiche ist ambivalent, einerseits gelten als vorherrschende Tugenden Zucht und Ordnung, Disziplin, Autorität, Militarismus. Gleichzeitig wachsen auch Selbstverleugnung und Untertanengeist, man gibt die Verantwortung über sich selbst an Obrigkeit und Hoheit ab, das macht das Leben einfacher, aber auch enger und engbrüstiger. Der Adel schafft eine vertikale Struktur von oben nach unten. Nach dem gewonnenen Krieg von 1870/71 ermöglichen die enormen Reparationszahlungen aus Frankreich den Kaufadel (Adelstitel für rührige Männer, die sich mit Waffenbau oder Wirtschaftsspionage um den Krieg verdient gemacht haben) und den Bau der prächtigen Gründerzeitvillen in deutschen Städten, etwa in Berlin und Potsdam oder im Rheinland, wo sich der „Rheinische Kapitalismus" formiert. Zwischen den durch die Autoritätsgläubigkeit gesetzten Grenzen lässt es sich gut leben, überschaubar und nachvollziehbar. Die Angst, dass man diese Schranken bewusst oder ungewollt und unversehens überschreiten könnte, wird geleugnet.

Das Ende des Ersten Weltkriegs am 11. November 1918 ist für die Menschen in Europa der Beginn einer Reise ins Ungewisse. Der Krieg hat die alte Ordnung der Monarchien und Imperien hinweggefegt. Es beginnt ein intensives, leidenschaftliches und oft gewaltsames Ringen um die beste Utopie. Ein „Clash of Futures" befeuert das Klima – Demokratie, Kommunismus und Faschismus konkurrieren um die Vorherrschaft.

Kann man hier Parallelen zur heutigen politischen Lage sehen, in der Europa und die Demokratie erneut in eine Krise zu geraten drohen? Welche Rolle spielt dabei die Digitalisierung, die auf dem Weg ist, unser Leben komplett (überspitzt könnte man auch sagen: in totalitärer Weise) im Klammergriff zu halten? Ängste werden geschürt durch Wahlbeeinflussung von Demokratien durch auswärtige Mächte, durch Regierungsspionage durch auswärtige Geheimdienste, durch Präsidenten, die über das Internet Wahlen gewinnen und später die Wahrheit manipulieren. Fake News lassen uns daran zweifeln, was wahr oder gelogen ist, was Fiktion und Manipulation. Die systematische Gewöhnung an eine Pseudowirklichkeit durch das Netz macht blind für Datenmissbrauch (versus Nutzen der Digitalisierung zum Beispiel in Form von ALEXA Amazon Echo.)

→ https://bit.ly/2qXgLiU

Zwischen den Weltkriegen entstehen demokratische Grundrechte, die wir heute als selbstverständlich ansehen – Wahlrecht, Gewaltenteilung, Recht auf freie Meinungsäußerung. Wie konnte es dennoch zu einem zweiten Weltkrieg kommen? Die Demokratie musste sich erst mit anderen starken Utopien messen in einem Krieg der Ideologien und Utopien. Was damals in den Köpfen stattfand, besitzt im digitalen Zeitalter ein hohes Potenzial, verstörend anders und ungleich zerstörender Tatsache zu werden.

In den zwanziger Jahren des 20. Jahrhunderts erleben die Deutschen Umstürze, unklare Verhältnisse, Krisen, den Zusammenbruch des Finanzsystems, Massenarbeitslosigkeit, unsoziale Verhältnisse, Armut, Trostlosigkeit in den Mietskasernen der erstarkenden Industriestädte, Landflucht und Stadtelend. Die verwirrende Weimarer Republik, die erste parlamentarische Demokratie in Deutschland, hält tapfer stand zwischen 1919 und 1933. Politische Bewegungen wie der Sozialismus, Kommunismus respektive Leninismus/Stalinismus, Konservatismus erstarken, unterschiedlichste Weltanschauungen und unterschiedlichste Menschenbilder formierten sich, das Prinzip der „Unterjochung" in jeweils anderen Bemäntelungen. Die Sehnsucht nach einer Heilsfigur ist körperlich greifbar und inkarniert sich schließlich in Adolf Hitler.

In der Zeit nach dem Ersten Weltkrieg hat der aufkommende Nazismus ein leichtes Spiel mit diesem verwirrten und von Angst gequälten Volk. Durch rigorose Kontrolle, Gehirnwäsche, Manipulation, Anstiftung zu Verrat und Verleumdung kann der Terror- und Gewaltstaat alle Lebensbereiche infiltrieren. Angst ist das erprobte Instrument für Unterdrückung. Das Wort wird zensiert, die freie Meinungsäußerung eingedampft. Die Menschen gewöhnen sich an eine chiffrierte Sprache, im Umgang mit anderen zensieren sie sich selbst aus Angst vor Denunziation. Nur der ganz Mutige und Autonome, der sich auf ein humanistisches Menschenbild stützt, kann sich noch frei fühlen oder der ganz Naive oder der Linientreue. Und vielleicht nicht einmal dieser, denn die gegenseitige Denunziation macht nicht vor Parteigenossen halt. In der Instabilität nach dem Ersten Weltkrieg und dem Tanz auf dem Vulkan der Weimarer Republik mit seiner löcherigen Parteienvielfalt bietet der Terrorstaat einen imaginären Halt, verkörpert in der „Lichtgestalt" Adolf Hitler. Das Dritte Reich gerät zu einer komplexen Situation, in der der Einzelne sein Leben nicht mehr selbst steuert und Massenhypnose einen de-individualisierenden Sog entwickelt.

Welche exemplarischen Bücher aus dieser Zeit werden heute noch gelesen? „Kleiner Mann, was nun?" und „Jeder stirbt für sich allein" (Hans Fallada), „Der Untertan" (Heinrich Mann), „Der Zauberberg" (Thomas Mann), „Im Westen nichts Neues" (Erich Maria Remarque), „Mutter Courage" (Bertolt Brecht), „1984" (George Orwell) und unzählige andere, die mit den Mitteln des Schriftstellers und Denkers den Zeitgeist spiegeln oder vor ihm warnen.

Halt, Moment, haben wir nicht schon vorher erwähnt, dass dies auch der Digitalisierung innewohnt?

Der Sprung in die Neuzeit sei erlaubt: Ist die Technisierung die nächste Diktatur? Werden wir die Massenkontrolle „der gläserne Mensch" erleben? Werden Apparate vermenschlicht? Eine Randnotiz, die man gerne als Kuriosum lesen würde: In Japan sitzt heute das Roboter-Kid zwischen den realen Kindern ganz selbstverständlich am Esstisch. 2004 schlüpfte das virtuelle Küken Tamagochi, ein Elektronikspielzeug, das die Erfüllung menschlicher Bedürfnisse wie Schlafen,

Trinken, Essen, Kuscheln einfordert und bei mangelnder Zuwendung „stirbt", um durch die digitale Technik per Reset-Knopf wiederbelebt zu werden.

1945 bis 1959: die Nachkriegszeit und der Wiederaufbau

Zwar war der Unrechtstaat ausgetauscht worden, aber nicht die Bevölkerung und die Administration, die Behörden, Institutionen der Rechtsprechung oder der Finanzverwaltung – schon gar nicht das im Dritten Reich vorherrschende Menschenbild und die Denkweise mit ihrer Pseudomoral und menschenverachtenden Weltanschauung. So schnell konnte eine ganze Bevölkerung nicht umdenken – zu verkrustet waren die alten Verhaltensmuster und zu groß auch die Kränkung durch Kapitulation und Aufteilung des Landes in Zonen. Dabei sollen diejenigen Deutschen besonders gewürdigt werden, die den Zusammenbruch der Diktatur mit erschöpfter Erleichterung, Dankbarkeit, Freude und Hoffnung begrüßten.

Von außen betrachtet rätselt man noch heute: Wie konnte ein Volk fast einstimmig einer derartig niederträchtigen politisch-wirtschaftlichen Verführung erlegen? Wir Heutigen müssen uns auch fragen: Wie hätte ich reagiert? Wäre ich Mitläufer geworden oder (heimlicher oder offener) Rebell? Als wie mutig hätte ich mich erwiesen angesichts einer fast kompletten staatlichen Überwachung und Vereinheitlichung? Der Zwang zur Unterdrückung kam ebenso schleichend wie die digitale Entwicklung, oder? Ist es passend, diesen Vergleich zu ziehen? In der Gänze sicherlich nicht, zu monströs und desaströs waren die Degeneration und die Vergewaltigung eines ganzen Volkes durch das Nazi-Regime. Allerdings: Das damalige Tempo, mit dem die politisch-sozial-moralische Transformation das Land mit dem Mehltau der Gleichschaltung überzog, kann mit der Lichtgeschwindigkeit der Digitalisierung durchaus mithalten.

Die Widerstandskämpfer des 20. Juli 1944 wurden noch lange nach Kriegsende von großen Teilen der Bevölkerung als Hochverräter diffamiert. Ihre Kinder und Familien, in Sippenhaft auseinandergerissen, erhielten keine oder nur geringe Entschädigungen, während die Witwe des Blutrichters Freisler problemlos die ihm qua Amt zugestandene Rente verzehrte. Familien zerbrachen, wenn ihre Söhne, Väter, Ehemänner und Onkel nach Jahren der Kriegsgefangenschaft und durch das Kampfgeschehen traumatisiert beziehungsunfähig und emotional gestört zurückkehrten. Die ehemaligen, zu Kampfzeiten mit Drogen aufgeputschten Wehrmachtssoldaten lebten in einem Ausnahmezustand auf Entzug. Scham, Verstörung, Schuldgefühle, psychische Defekte und körperliche Versehrtheit entfremdeten sie von ihrem früheren Umfeld. Jetzt galt nur noch der Aufbau ("Guck nach vorne!"), Erlebtes verdrängen und negieren, wie es zu diesem Weltenbrand kommen konnte. (Nicht nur) der Personalnot geschuldet, werden die alten NS-Würdenträger in neue Stellen gehievt, um das Konstrukt Staat, Gerichtbarkeit und Gesellschaft aufrechtzuerhalten.

Die neuen Zustände waren nicht selten die alten. Unerledigt, weil verdrängt. Die Auswirkungen auf das soziale Klima der Nachkriegszeit sind immer noch ein heißes Thema. Eine Gesellschaft formierte sich, die mit Persilschein, Untergrundhandel und Raffgier, schnell erworbenem Wohlstand die Ehrenrettung vor der Geschichte suchte. Was wurde aus den zwischen Bombentrichtern traumatisierten Kindern und Halbwüchsigen, um die sich keine Psychologen und Trauma-Therapeuten kümmerten, denen bestenfalls amerikanische Besatzungssoldaten Kaugummi und Schokolade zuschoben? Die Jugendlichen lernten schnell die Gesetze des Schwarzmarktes und waren nicht selten die Ernährer der um den Vater und Ehemann reduzierten Familie. Was geht in Kindern vor, die derartig um ihre Kindheit und einen Teil der Jugend betrogen werden? Die ihre Traumata und Muster aus Schreckensjahren mit in das Erwachsenensein nehmen und ungewollt an die Nachgeborenen weiterreichen? Die früh lernen, eine Rolle zu übernehmen, deren Hut zu groß und zu unangemessen für sie ist?

Gerade in der zweiten Dekade des 21. Jahrhunderts nehmen sich Journalisten und Autoren mehr und mehr der Frage des kollektiven Schuldgefühls der Deutschen an (als Resonanz der Verbrechen des Dritten Reiches), meint Harald Martenstein im ZEIT-Magazin vom 13. Oktober 2016 in seinem Artikel „Über Schuldgefühle, Scham und deutsche Eigenheiten". Auch Henryk M. Broder spricht vom deutschem „Sündenstolz", den wir durch das Zelebrieren der Schuldgefühle noch in der dritten Generation verspürten, und konstatiert eine Art „Buß-Ersatzreligion", die sich in allen Lebensbereichen wie Mehltau ausbreite.

Könnte Digitalisierung als Ersatzreligion tauglich sein? Dass wir uns unter ihre Gebote stellen?

Als Buße könnte man auch die an Selbstaufgabe grenzende Entschlossenheit verstehen, mit denen sich die Nachkriegsdeutschen jetzt unter das Joch harter Arbeit beugen. Das Leben muss neu verdient werden, und wer Erfolg hat, gönnt sich was – das Wirtschaftswunder manifestiert sich nicht selten in Völlerei und Konsum, äußerlichen Statussymbolen und einer verklemmt-bigotten Zügellosigkeit. Gesellschaftsdamen wie Rosemarie Nitribitt sind dabei die Ikonen der ehrenwerten Kapitäne der neuen Zeit innerhalb einer allgemein geforderten Pseudoprüderie. Nun blühen gesellschaftlich sanktionierte Nischen wie Nachtleben, Prostitution und Exzesse der Verklemmung. Scheinheilige Wohlanständigkeit distanziert sich von der Mondänität der Halbwelt mit ihren verlockenden und sich frei gebenden „Lebedamen", und gleichzeitig giert eine ganze Gesellschaft danach. In den alteingesessenen Firmen übt der Prinzipal seine Autorität qua Befugnis und Befehlsgewalt patriarchalisch aus, in den Familien der männliche Haushaltsvorstand. Führungskultur per ordre de mufti. Gleichzeitig gründen sich im durchmischten Aufbruchklima der neuen Zeit Unternehmen, die noch heute in Familienhand sind.

Eine verschwiemelte Atmosphäre hortet autoritäre Formen in Staat, Erziehung, Institution, Ehe, Familie. Die traditionelle Familienform gilt als die Keimzelle der Gesellschaft, andere Lebensformen fallen unter die Zensur, Kinder (und Frauen) haben keine Rechte. Waren sie auch Besitz? Mittel zum Zweck? Bis 1958 kann in Deutschland ein Ehemann den Job seiner Frau auch ohne ihr Einverständnis kündigen und seine Einwilligung zum Erwerb des Führerscheins verweigern. Erst ab 1977 darf eine Frau ohne Einverständnis des Mannes berufstätig sein. Er verwaltet ihren Lohn, ohne Zustimmung des Ehemannes erhält sie bis 1962 kein eigenes Bankkonto. Erst 1969 gilt die Frau als voll geschäftsfähig. Bayern wartet mit einer besonders frauenfeindlichen Variante auf: Grundschullehrerinnen mussten zölibatär leben und bei einer Heirat den Beruf aufgeben. Sie sollten sich voll und ganz in den Dienst fremder Kinder stellen.

→ https://bit.ly/2HtR2JV

Da verwundert nicht, dass Wohlstandssymbole, Statusmanifestationen und Normen den Nachkriegsbürger legitimieren. Die Adenauer-Ära atmet ein für Frauen (und andere „Randgruppen") regressives Klima. Erst am 3. Mai 1957 verkündet der Bundestag das Gleichberechtigungsgesetz. 1961 muss Bundeskanzler Adenauer die erste Ministerin, Dr. Elisabeth Schwarzhaupt, inthronisieren. Er tut's zähneknirschend und rettet sein angeschlagenes männliches Überlegenheitsgefühl in der Gepflogenheit, von der kompetenten und promovierten Ministerin in Kabinettsitzungen immer von „datt Frä lein Schwarzhaupt" zu sprechen. Noch 1949 sitzen den 61 Mitgliedern des Parlamentarischen Rats, der die Verfassung der jungen Republik schmiedete, gerade mal vier Frauen gegenüber. Erst ab 1962 wird die Frau in der Politik gesellschaftsfähig. Angesichts starker Trümmerfrauen, die tapfer das Elend der in Schutt und Asche gefallenen Innenstädte abräumten, reiner Hohn gegenüber einer ganzen Frauengeneration.

Die deutsche Literatur der Nachkriegszeit reflektiert und resümiert mit der sogenannten „Trümmerliteratur" den Nationalsozialismus und analysiert die Aufbaujahre mit beinahe selbstanklagendem Aufarbeitungsinteresse. Die „Gruppe 47" führt Spitzenliteraten wie Heinrich Böll, Günter Grass, Ilse Aichinger, Paul Celan, Ingeborg Bachmann und Martin Walser unter ein gemeinsames Dach, das der politischen Faschismusaufarbeitung verpflichtet ist. Pflicht-Schullektüre in den Nachkriegsjahrzehnten: „Draußen vor der Tür" (Wolfgang Borchert) und „Der Fänger im Roggen" (J.D. Salinger). Die TV-Verfilmung „Soweit die Füße tragen" (Josef Martin Bauer) zeichnet den Weg eines deutschen Kriegsgefangenen aus russischem

Straflager nach und wird zum frühen Straßenfeger in einer Zeit, in der Fernsehapparate noch rar sind. Nachbarn rückten zusammen und guckten gemeinsam fern.

Literatur, die den Zeitgeist der Nachkriegszeit spiegelt: „Die Blechtrommel" (Günter Grass), „Tinko" (Erwin Strittmatter), „Sansibar oder der letzte Grund" (Alfred Andersch), die politische Lyrik und das epische Parabeltheater von Bertolt Brecht und die Lyrik Hans Magnus Enzensbergers („[...] wer nimmt das Trinkgeld, den Silberling, den Schweigepfennig? Es gibt viel Bestohlene, wenig Diebe; wer applaudiert ihnen denn, wer lechzt denn nach Lüge?" aus: „Verteidigung der Wölfe", 1963).

Was bedeutete in diesem Kontext Beziehung und Miteinander?

Die Nachkriegszeit will klar differenziert zwischen Ost und West betrachtet und beurteilt werden. Wäre es möglich, dass sie noch nicht vorbei ist und heute noch in den Genen der Nachgeborenen nachwirkt?

Die Kriegs- und Nachkriegszeit ging nicht mit der Kapitulation im Jahr 1945 und der Gründung der ersten parlamentarischen Demokratie durch die Bundesrepublik Deutschland 1949 zu Ende. Frühe Angsterfahrungen, Gewaltakte, Traumata, negative familiäre Muster, Verluste und leidvolle Erlebnisse sind nicht nur für die, die damit zu kämpfen haben, eine große Belastung. Heute gilt als erwiesen, dass sie auch auf die folgenden Generationen weiterwirken. Phänomene des ursprünglich Erlittenen können in später Geborenen erneut nachleben. Ihre Symptome sind denen der Eltern und Verwandten nachempfunden und äußern sich in nicht erklärbaren Angstzuständen, Phobien, innerem Ausgebranntsein, ständigem Druck- und Bedrohungsgefühl bis hin zu psychosomatisch bedingten Erkrankungen. Familiengeheimnisse aus längst vergangener Zeit, die sich subkutan weiter gehalten haben, haben jetzt eine gute Chance, aufgedeckt zu werden, Ängste, Beziehungsstörungen, Traumafolgen trüben Existenzen, obwohl sich keine realen Ursachen erkennen lassen, über Generationen vollzogene Inzesthandlungen oder Todesfälle mit schuldhaftem Vorgang beeinflussen oder beschädigen das Leben der Nachgeborenen. Familiäre Vorgänge erscheinen in einem ganz anderen Licht, wenn man in der Jetztzeit die Systeme und Muster längst vergangener Jahrzehnte oder gar Jahrhunderte entdeckt und realisiert, dass sie ihre zerstörerische Wirkung noch heute entfalten.

Dass die „Kollektivschuld" eines ganzen Volkes nach 1945 noch weit bis in das 21. Jahrhundert nachwirken kann, ist umso tragischer, als diese Nachgeborenen geradezu verzweifelt und verbissen versuchten, diese Schuld durch Buße, Reue und Wohlverhalten abzutragen, das Schuldgefühl zu tilgen. Kein Volk in Europa hat mehr Schuld auf sich geladen, aber auch keines jemals sich so tief unter das Gebot der Sühne gebeugt wie das deutsche. (Was wir machen, machen wir offenbar gründlich.) Dass die seit 1995 2.000 Geborenen dafür kaum eine Erklärung finden können, macht dieses Phänomen umso explosiver. Wer kein Bewusstsein dafür entwickelt, ahnt mehr, als er weiß, und das ist eine tickende Zeitbombe.

Unter diesem Aspekt verwundert nicht, dass die Beziehungsfähigkeit seit dem Krieg enormen Wandlungen ausgesetzt war und die Kleinfamilie, die ihre Alten in Pflegestationen ablädt, die familiäre Norm wird. Die Ungebundenheit der Sechziger, der Rückfall in den Siebzigern, der ungebremste Hedonismus der Achtziger, das Anything-goes der Neunziger mündeten seit der Jahrtausendwende in eine im wahrsten Sinne haltlose Gesellschaft, die der schrankenlosen digitalen Revolution keinen Widerstand entgegensetzte. Besser – nicht mehr in der Lage war, zwischen Gut und Böse einer neuen technischen Revolution zu unterscheiden.

1968 – die APO und die sexuelle Revolution

Was bleibt von den Sechzigern? Der erste Raumflug eines Menschen und die erste Mondlandung, der Bau der Berliner Mauer, Studentenbewegung und Kubarise, Kulturrevolution, Vietnamkrieg und Friedensbewegung, die Ermordung der Kennedy-Brüder, Attentat auf Martin Luther King. Selbstfindung, Selbstbestimmung, Lebensfreude, Flower Power, Woodstock, Haschisch und die sanften Rebellen, Kommunen, Uschi Obermaier, Krawalle gegen den Schah und Regression, Prager Frühling und die Elbflut, im Kino: „Easy Rider", „Frühstück bei Tiffany", „Lolita", „Spiel mir das Lied vom Tod", „Bonnie and Clyde", „Das Urteil von Nürnberg", „Nackt unter Wölfen", „Zur Sache, Schätzchen!". Winnetou reitet in die Abendsonne, James Bond jagt ausländische Spione und Geheimdienstler, Oswald Kolle betreibt cineastische Sexual-Aufklärung.

Die Pille liegt auf vielen Nachttischen, und Heintje besingt herzzerreißend seine „Mama!". Die Deutschen starten optimistisch in die neue Dekade. Sie entdecken Freizeitgenuss, Reisen, Ausgehen, Wohlleben. Gönnen sich mal was nach den Entbehrungs- und Aufbaujahrzehnten. Vom „Sommer of Love" in San Francisco schwappt ein neues Lebensgefühl über den Atlantik: Free Love, Rockmusik und Drogen, im „Swinging London" erfindet Mary Quant den Minirock.

Aus deutscher Sicht bedeutsam ist die Gegenbewegung gegen den „alten Muff unter den Talaren", gegen die gesellschaftlichen Verkrustungen der vergangenen Jahrzehnte. Die Alt-Achtundsechziger erscheinen heute als gescheitertes, aber notwendiges Ventil. So irritierend sie auf die traditionellen und reaktionären Kreise wirkten, sei doch die Frage erlaubt: Stellten sie wirklich ein ganz neues Menschen- und Gesellschaftsbild dar? Was geschah damals zwischen den Generationen? Welche Qualität von Beziehungsfähigkeit kannten die Kinder dieser Bewegung? War das Prinzip „jeder mit jedem" nicht eher eine Spiegelung von Beziehungslosigkeit? Alte Bindungsstrukturen wurden aufgegeben – neue nur bedingt eingegangen.

Mit dem Postulat nach freier Liebe und ungebundenem Zusammenleben greifen Kommunen wie die von Rainer Langhans archaische Beziehungsmuster und ein Bedürfnis nach Innerlichkeit auf. Menschen, die in kleinen Horden zusammenlebten, Kinder, die keine eingegrenzte Kleinfamilienstruktur kannten und von allen aufgezogen wurden. Die eigentlichen Eltern verstanden sich nicht als solche, die Vaterschaft war ohne Belang. Die Verantwortung für die Kinder wurde auf die Gruppe abgeschoben. Das hatte Vorteile und Nachteile. Wiederholt hat sich dieses Muster in späteren sozialistischen Systemen, die bereits Einjährige und noch Jüngere unter die staatliche Kontrolle zwangen – unter dem Deckmantel der gesicherten Berufstätigkeit und Emanzipierung der Frau. Eine geschickte Bemäntelung der neuen männlichen Überheblichkeit und eine Verhöhnung der Doppelbelastung der Frau. Der sozialistisch geprägte Mann identifiziert sich mit seiner traditionellen Rolle.

Wie werden Kinder dagegen in konventionellen Familienstrukturen gesehen und gewürdigt? Gerade in ländlichen, agrarwirtschaftlichen Regionen werden dem Kind lange kaum Rechte zugesprochen – ganz im tradierten und nicht hinterfragten Selbstverständnis. Kinder sind keine voll ausgebildeten Individuen oder eigenständigen Persönlichkeiten, kleine Menschen, die Respekt und Zuwendung verdienten. Eher erhalten sie ihre Daseinsberechtigung als besitzvermehrendes Eigentum, das man funktionalisieren und instrumentalisieren kann und darf. Autoritäre Erziehungsformen sind die Regel und bilden einen scharfen Kontrast zu den gleichzeitig aufblühenden Jugendbewegungen wie Flower Power, Woodstock, Hippie-Summer of Love 1967, sexuelle Revolution „make love not war", Happenings und Gegenkulturen in der Kunst. Die Befreiung des Körpers war nicht erst seit der Pille ab 1960 Thema, und der bereits in den Fünfzigern erschienene Kinsey-Report Pflichtlektüre unter Jugendlichen. In den fünfziger Jahren verbotene Buchklassiker wie „Fanny Hill. Geschichte eines Freudenmädchens", das Revival von John Clelands Klassiker aus dem Jahr 1749, Henry Millers aufsehenerregender Roman „Der Wendekreis des Krebses" und D. H. Lawrence' Bürgerschocker „Lady Chatterley's Lover" untergraben die traditionelle Tabuisierung von Obszönität und Pornographie.

Die Verdrängung der Nazi-Verbrechen, die sich seit den fünfziger Jahren zäh hielt, konnte den drängenden Fragen und Demonstrationen der Jugend keinen Widerstand leisten. Es brach etwas auf, was lange verschüttet schien. Was wurde jedoch aus den „Spontis" und ihrem Erbe? Die Außerparlamentarische Opposition (APO) hat sich in Nichts aufgelöst, die Kommunarden wurden bürgerlich. Ihre Anführer sitzen heute als Abgeordnete im Europäischen Parlament oder haben sich in die Reihen der Grünen eingegliedert. Andere retteten sich in eine bürgerliche Existenz als Anwalt.

Vergleichen wir die 15-jährige Lisa aus der Rahmenhandlung mit den Heranwachsenden der Flower-Power-Generation, fällt auf, dass die Pubertät und die Suche nach einer erwachsenen Identität in der digitalisierten Welt offenbar eher innerlich verläuft, wenn überhaupt. Dass Lisa für Problemthemen wie Umweltschutz oder atomares Endlager auf die Straße gehen könnte, kann man sich schwer vorstellen. Wofür begeistern sich diese unpolitisch erscheinenden Jugendlichen außerhalb der digitalen Abschottung? Wohlgemerkt, politisch im Sinne von gesellschaftsbezogen. Dabei fällt auf, dass die junge Generation in Frankreich und Spanien durchaus für „soziale Gerechtigkeit" auf die Straße geht. Deutschland scheint in einer Ruhe erstarrt, die etwas Irritierendes hat. Was die Hippies nach außen trugen, würde Lisa wohl kaum bewegen. Sie lebt ein eher geordnetes Leben ohne große Höhensprünge und fühlt sich in der digitalen Welt zuhause, wobei sie die Offline-Kommunikation nicht gänzlich vernachlässigt. Ein wenig irritiert uns, dass sie sich über ihr Leben und ihre Zukunft wenig Gedanken macht. Das Model-Dasein würde sie reizen, aber sie ist clever genug zu wissen, dass das eine Chimäre sein könnte. Kurz: Sie kokettiert mit ihrem Leben und hält es noch ein wenig hin. Aber: Was nicht ist, kann ja noch werden – seien Sie gespannt auf Szene 3 im dritten Teil.

Die Siebziger – der deutsche Herbst

Was blieb im Gedächtnis haften? Wirren, Umbrüche, Terror, Baader-Meinhof, Straßensperren, Demonstrationen, Polizeikontrollen, politische Morde, Attentat und Geiselnahme während der so heiter begonnenen Olympiade München 1972, soziale Bewegungen wie Anti-Atomkraft, Rudi Dutschke, Benno Ohnesorg, die Grünen formieren sich, Stilikone Twiggy setzt Maßstäbe bei Girls, Maxi-Haarmähnen und Plateauschuhe bei Männern, Hotpants und Schlaghosen, Hippies und Flitzer, Sitzblockaden und Happenings, Ölpreiskrisen, das Ende des Nachkriegsbooms der Wirtschaft, Watergate, Guillaumes Verrat und Brandts Kniefall, Ende des Vietnam-Kriegs, erster G7 Gipfel, die Rote-Armee-Fraktion (RAF) und die erste Fußball-WM in Deutschland.

Start-ups wie Apple und Microsoft gründen sich in Garagen, Spielkonsolen wie Atari 2600 und Science-Fiction-Filme wie „Star Wars" und „Lautlos im Weltraum" werden zu Kassenschlagern, Rainer Maria Fassbinder verfilmt „Angst essen Seele auf" und „Die Ehe der Maria Braun", während Millionen den Schulmädchenreport verinnerlichen und Shows wie „Dalli Dalli" oder „Wünsch dir was" zum Samstagabend-Pflichtprogramm gehören. Sendeformate wie Tatort, Polizeiruf 110, Muppetshow und Sesamstraße wirken lange nach. Neue und nicht selten verstörende Musiktrends wie Funk, New Wave und Hard Rock, Rolling Stones und Sex Pistols rivalisieren mit der weichgespülten Disco- und Schlagerwelle. Die Schere zwischen Terrorgefahr und Radikalisierung, Friedensdemos und autofreiem Sonntag als Reaktion auf die Ölkrise und der Flucht zu unverfänglicher Trivialität erstaunt. Treuherziges Bonanza gesellt sich zu Bruce Lees Knochenbrecher-Kino, Katastrophenstreifen, Science Fiction und heilem Blümchensexfilm.

Heute nehmen wir diese Zeit folgerichtig auch als „bleiern" (nach Margarete von Trotta) wahr, unlebendig und eingefroren. Auf-der-Stelle-Treten statt Fortschritt. Die Terrorakte und Geiselnahmen von Sportlern aus Israel während der „friedlichen" Olympiade 1972 brachte ein Land in den Ausnahmezustand. Die Freude und der Stolz, als friedlicher Gastgeber in der Welt neu anerkannt zu werden, wurden von Entsetzen und Scham überdeckt, albtraumartige Erinnerungen neu geweckt. Die Entführung der „Landshut" und die aus heutiger Sicht dilettantische Rettungsaktion rissen alte Gräben auf. Später führen Straßenkämpfe und die linksextremen Attentate der Roten Armee Fraktion (RAF) zu einem Primat der Inneren Sicherheit und zu Wiederkehr und Einsatz von bewaffneter Staatsgewalt. Bilder von Polizisten, die mit Knüppeln, Tränengas, Wasserwerfern und Waffen gegen ihre revoltierenden Bürger vorgehen, schocken. Sit-ins werden mit Zwang aufgelöst Vorboten der gewaltsamen Auseinandersetzungen in den achtziger Jahren im Kontext Atomendlager Gorleben zeichnen sich ab. Die Grünen ziehen mit Sonnenblumen und Turnschuhen in die Kommunalparlamente ein und tragen zur Polarisierung innerhalb der politischen Gruppierungen bei.

Auch der mediale Einsatz fördert ein Klima der Hoffnungslosigkeit, des Stillstands und der Trostlosigkeit, Veränderung scheint weit entfernt. Sprachlosigkeit zwischen den Gesellschaftsschichten schafft Verödung. Und in den Familien? Verkrustete Strukturen, Fronten, Grabenkämpfe, autoritäre Enge, Seelenqualen und Gewaltexzesse in den eigenen Reihen (so Reinhard Mohr im Rückblick „Eine Hölle namens Familie", SPIEGEL-Online, 27.4.2006) Fälle von Kindesmisshandlungen und Verwahrlosung bis zum Verhungern, langjährige Inzucht und Vergewaltigungen in Familie und Verwandtschaft werden aufgedeckt. Ihr Ausmaß nötigt den Staat, die Einrichtungen für Familienfürsorge und die Jugendämter aufzustocken. Familie wird zu einem missbrauchten Topos, und wenige erinnern sich gerne daran, dass dieser im Dritten Reich als zuverlässigster Anwalt für die Bewahrung des Nazi-Terror-Regimes diente.

In den siebziger Jahren verlassen junge Leute so früh wie möglich ihr Kinderzimmer – anders als die Nesthocker der Neunziger. Freiheit suchen sie, Autonomie, Verwirklichung von eigenen Lebensentwürfen, Abstand vom Wohlstandsmief. Als neues Nest bietet sich die Wohngemeinschaft an, die in der Patchworkfamilie der 2000er-Jahre eine Steigerung findet. Die Ehefrau der Siebziger ist noch gebunden an die Weisungsbefugnis des Ehemanns. Die sozialliberale Koalition schafft im Gleichberechtigungsgesetz zwar die schuldhafte Scheidung ab und führt die Aufgabenteilung von Mann und Frau in Haushalt und Familie ein. Doch wie muss man sich die Kommunikation und Beziehungsfähigkeit in dieser Zeit vorstellen?

Was würde Irma, Online-Marketerin, Brunos Ehefrau und Mutter von drei Kindern, zu dieser Zeitepoche sagen? Ist ihr bewusst, wie viel Kampf auf Seiten der Frauen ihren heutigen, vergleichsweise selbstverständlichen Selbstverwirklichungschancen vorausgegangen ist?

1989 – die politische Wende durch die Einheit

Als jetzt zusammenwächst, was zusammengehört, wird die lang andauernde deutsch-deutsche Kränkung obsolet. Die ganze Welt nimmt an den ersten Trabis Anteil, die unkontrolliert und ungehindert von der Hauptstadt der DDR in den freien Westteil tuckern. Eine schier endlose Kolonne von Noch-DDR-Bürgern, die es selbst nicht fassen können, wie ihnen geschieht, und die am Brandenburger Tor und am Checkpoint Charlie mit Jubel, Blumen, Sekt empfangen werden. Sie wollen sich einfach einmal umschauen, die Luft des Westens schnuppern und rufen den Grenzpolizisten zu: „Wir kommen ja zurück!" Ein Land im Ausnahmezustand zwischen Euphorie und Staunen. Eine neue Ära scheint angebrochen, und nach dem ersten Moment, der zwischen Schreck und Begeisterung hin- und herschwanken ließ, brechen die Dämme angestauter Gefühle. Am Abend des

Mauerfalls befürchten viele Menschen erneute Repressalien durch die Staaten des Warschauer Pakts. Auch in West-Berlin fragt man sich: „Wann kommen die Russen? Das können die doch nicht zulassen? Das kann doch gar nicht gut gehen?" Perspektiven, an die man sich fünf Jahre vorher nicht einmal zu denken traute, schieben sich jetzt in greifbare Nähe. Was hat das mit der Gesellschaft gemacht, mit unserer Beziehungsfähigkeit, unserer Bereitschaft, sich zu verbinden?

Angst war durchaus berechtigt, ein Unbehagen bei den ehemaligen Bürgern der DDR, die nach zwei überlebten Diktaturen nun einen erneuten Einschnitt mit massiven Veränderungen hinnehmen müssen, denn sie bewegen sich auf einem schwankenden Boden – der blutjungen Demokratie im Osten fehlt die Zeit der Bewährung. Täglich stürmen neue Änderungen in der Lebensführung, in großen und kleinen Dingen auf sie ein, das gewohnte Miteinander und die eingefahrenen und hochnotwendigen Vernetzungen und Rettungsseile der alten DDR sind weggebrochen. Zwei Länder vereinen sich, der Kommunismus und der Kalte Krieg sind Geschichte – bedeutet dies auch das Ende der in der Zeit der Trennung beider Staaten entstandenen Entfremdungen, Gräben und Verwerfungen? Das Gefühl „Jetzt wird alles gut!" setzt Euphorie und Höhenflug frei. Das offizielle Feindbild hat ausgedient. Damit kommt nicht jeder klar. Die Fragen „Was ist richtig? Was ist falsch?" machen Staat und Bürgern schwer zu schaffen. Das ehrgeizige und mit großem Druck und Nachdruck an den „Runden Tischen" erarbeitete Programm „Aufbau Ost" mindert die Euphorie der Neubürger rasch.

Zwei politische Systeme, Lebenshaltungen und Gesellschaftsordnungen prallen aufeinander. Zu hohe Erwartungen, zu viele Illusionen, zu viele Vorbehalte werden jetzt zu Stolpersteinen in der noch fragilen Beziehungswelt zwischen Ost und West. Was im Osten an Beziehungsfähigkeit gelobt wird, stellt sich in den Augen der Wessis als schwierig nachvollziehbar dar. Waren die einen in einer freien Gesellschaft zu großer Pluralität und Multikultur bereit, sind es in der anderen identitätsstiftende und eingeübte Verhaltens- und Sichtweisen, die in der Regel aufgezwungen und unfreiwillig erworben wurden. Nicht-Verstehen von ungewohnten Verhaltensmustern führt zu Irritationen, Missverständnissen, Distanzierungen, Diffamierungen. Die gemeinsame Sprache stellt sich als wenig tragfähige Brücke zu Kommunikation, Gespräch und Diskurs dar, unterschiedliche Interpretationen, ungewohnte Begrifflichkeiten und der Zwang zur Chiffrierung im Osten treffen im Westen auf Vorbehalte und Unverständnis bis hin zu Ablehnung.

Die psychologischen, soziologischen Fragen und Anteile der Zusammenführung werden – zumindest öffentlich wahrnehmbar – von staatlicher Seite kaum bedacht. Offenbar setzt man auf das bewährte Prinzip des Sich-Zusammenraufens. Die Kommunikationstechnologie allerdings rüstet auf. Die Büroetagen im Osten werden technologisch. Computer, erste Handys, Faxgeräte etablieren sich. Die Kommunikation zwischen Ost und West hakt technisch noch, kommt aber in Fahrt. Der Ex-DDR-Bürger lernt täglich neu dazu. Doch der alte Westen hat noch nicht realisiert, dass sich das ganze Land verändert hat und er dies tunlichst nachleben sollte. Die „neue Zeit" baut nicht zuletzt auf die erwachende Digitalisierung.

Wie hat sich diese emotionale Gemengelage auf die Gesellschaft ausgewirkt?

Ein latentes Gefühl von Bedrohung und Verunsicherung baut nicht unbedingt an einer glücklichen Gemeinschaft. Eingefahrene Verhaltensmuster laufen jetzt ins Leere. Stabilisierende Gewohnheiten und Maskierungen erweisen sich als unerwünscht und hinderlich. Bald fühlt sich der Osten durch den Westen usurpiert und annektiert, und Marktwirtschaft und Kapitalismus werden zu ähnlichen Hassdogmen wie die gescheiterte Planwirtschaft. Ein erneuter Paradigmenwechsel wirbelt alle Gesellschaftsschichten durcheinander. Bald empfinden viele Neubürger die neu gewonnenen Freiräume und Entwicklungsmöglichkeiten wie Reisefreiheit und persönliche Autonomie, die ja auch eine Handlungsaufforderung darstellt, als neue Zwänge: „Früher war auch nicht alles schlecht."

Nach der „feindlichen Übernahme" bieten alte Strukturen keinen Halt. Für beide Seiten fühlt sich das Andersartige nun als Bedrohung an. Veränderung ist für den Menschen erst einmal ein Schock und ein Schmerz, auch wenn sie zum Guten führt. Eine neue punktuelle Abschottung wahrt die verloren geglaubte Intimität. Die Ex-DDR-Bürger vermissen schmerzlich ihre privaten Nischen, in denen man sich gut einrichten konnte. Beinahe liebevoll-verklärt rufen sie sich obsolet gewordene Werte wie Solidarität, Gemeinschaftsgefühl, Hilfsbereitschaft und Improvisationsgeschick ins Gedächtnis und erliegen der Versuchung des verklärten Blicks, den Menschen gerne auf die Vergangenheit richten. Was übrigens auch für die Bürger der alten Bundesrepublik Deutschland galt.

Annäherung wird auch durch unterschiedliche Sprachgewohnheiten und Begrifflichkeiten erschwert. Menschen gewöhnen sich unter der Gleichmacherei der Diktatur eine chiffrierte Sprechhaltung an, die beinahe einer Fremdsprache gleichkommt. Einmal mehr wird deutlich, dass ungehinderte Sprache und freies, ungezwungenes Reden mehr als viele andere menschliche Konventionen ein lebendiges, nährendes Miteinander und Sich-Verbinden erleichtern oder erschweren können. In dieser „Wendezeit" arbeiten Romane wie „Helden wie wir" (Thomas Brussig), „Was bleibt" (Christa Wolf) oder das gewaltige Familienepos „Der Turm" (Uwe Tellkamp) teils satirisch, teils bitterernst die Jahre der DDR auf. Ab 1995 darf über die Absurditäten, die der DDR-Staat ja auch produzierte, gelacht werden. Es normalisiert sich, was miteinander spricht!

→ http://www.tagesspiegel.de/politik/25-jahre-deutsche-einheit-auch-in-der-literatur-die-motive-der-autoren-wut-und-abrechnung/12461422-3.html

Der 12-jährige Dennis unserer Rahmengeschichte hat die aktuell gängige, ja unter Heranwachsenden obligatorische Jugendsprache voll absorbiert. Seinen Eltern gegenüber hält er sich noch zurück, weil er weiß, dass sie ihn nicht verstehen würden. Sie sind eben doch ganz schön von Gestern!

2015 bis 2017 – unruhige Jahre der Veränderung

Welche Tendenzen kommen durch die Flüchtlingsströme, die ab dem Sommer 2015 das Land erregten, bewegten, berührten oder in Sorge versetzten, in der Gesellschaft ans Tageslicht? Erleben wir einen neuen Schub von Nationalismus und Fremdenfeindlichkeit, eine Abschottung vor und Abwertung des Anderen (Flüchtling und Asylbewerber aus humanitären Gründen, Ausländer oder Zuwanderer aus wirtschaftlichen Gründen), und können uns heute die Elendsbilder aus umkämpften Kriegsgebieten oder von verzweifelten Boots-Menschen auf dem Mittelmeer überhaupt noch emotional ergreifen?

Sich mit fremden Einflüssen und Genen zu mischen ist kein neues Phänomen, die historischen Völkerwanderungen brachten es mit sich. Heute erleben wir in Deutschland eine gesellschaftliche Polarisierung angesichts der aufgenommenen Flüchtenden aus Bürgerkriegsgebieten. Können wir denn nicht auch die Chance sehen, aus fremden Kulturen Nutzen und Inspiration zu ziehen? Rom hat sein Weltreich gefestigt, in dem es Menschen aus der gesamten bekannten Welt anzog und sich die Einflüsse (und Gene) vermischten.

Wichtig zu wissen:
Eine gelungene Willkommenskultur ist im besten Sinne und vorrangig eine Gesprächskultur und keine äußerliche Versorgungskultur mit dem, was für das Überleben notwendig ist. Die Neuankömmlinge hätten uns viel zu sagen, wenn wir uns nur die Mühe machten, mit ihnen zu reden. Trifft man auf junge Geflüchtete, erlebt man es als Deutscher wie einen erfrischenden Regenguss im Frühling, wie diese noch ungezwungen, ungebremst, temperamentvoll und begeisterungsfähig miteinander reden, obwohl auch sie das Handy in der Hand halten. Von diesem Austausch könnten wir Einheimischen uns anstecken lassen. Stattdessen fühlen wir uns vom „Palaver" genervt. Vielleicht, weil uns die Intensität, die Impulsivität und Spontaneität daran erinnern, welche elementaren Ressourcen uns bereits verloren gegangen sind?

Ängste um Erworbenes wie Demokratie und EU, Brexit, Migration, Terror und Krieg sind mitten unter uns. Despoten und Autokraten haben Aufwind, Ultrarechte ein leichtes Spiel. Besorgte Bürger finden sich plötzlich mit Rechtsradikalen und wiedererwachten Nationalisten gleichgestellt. Gedenken und Trauerfeiern können nur die offizielle Wahrnehmung spiegeln. Wie stark brodelt es im Innern der Gesellschaft? In jedem einzelnen von uns? Medien berichten einseitig über ablehnende und feindselige Aktionen gegenüber Neubürgern, während gleichzeitig tausende von Bürgern freiwillig, mit großem Einsatz und anerkennenswerter Hilfsbereitschaft ein Stück weit dazu beitragen, dass Integration gelingen könnte.

Sie agieren aus einem inneren Gefühl, das keine Belohnung braucht, aber Wahrnehmung und Respekt verdient. Intuitiv ist ihnen vielleicht bewusst, dass bei einem gegenseitigen Beeinflussen und Befruchten einer vom anderen viel Wertvolles übernehmen oder nachahmen könnte. Auch die Einwanderer würden sich mit den positiven und sympathischen deutschen Tugenden und Eigenschaften rascher identifizieren können, und so bewegten wir uns alle aufeinander zu. Abschottung ist der falsche Weg. Das ist sicherlich auch eine Erkenntnis, die uns nicht zuletzt die Diktatur des Dritten Reiches lehrte.

Kürzlich machte ein 21-jähriger Syrer in einem TV-Interview eine nachdenkliche Bemerkung. In einem zweijährigen Integrationskurs hatte er nicht nur die deutsche Sprache erlernt, sondern auch eine Menge über die deutsche Nachkriegszeit erfahren. Und weiß jetzt darüber vielleicht mehr als mancher junger „Eingeborener". „Ich bin beeindruckt, wie dieses kaputte Land nach dem Krieg so rasch und erfolgreich wiederaufgebaut wurde. Was für eine unglaubliche Leistung!" Schauen wir doch mehr hin, wenn Neuzuzügler einen Blick auf uns werfen. Nicht alles muss uns gefallen, doch kann es uns zur Reflexion anregen.

Die Willkommenskultur „Wir schaffen das!" hat Deutschland in den Mittelpunkt globalen Interesses gerückt. Wie wirkt sich der hohe Zustrom auf die Kommunikationskultur aus? Zieht sich der besorgte Bürger in seine häusliche Festung zurück und lässt die Jalousien herunter? Das Miteinander, das jetzt stattfindet, wird von Wutbürgern geprägt, die die Massenhypnose bedienen. Die Besorgnis innerhalb der Bevölkerung nimmt die Politik zu wenig wahr und thematisiert sie nicht. Der Bürger fühlt sich nicht gesehen, und die Polarisierung in „besorgten" Bevölkerungsgruppen wirft Gräben auf. Wir schauen nach den USA, Russland, in die Kriegsgebiete – doch wen interessieren die Neuausrichtung unseres Landes und die Zukunft Europas? Oder das real vorhandene Elend im eigenen Land?

Vielleicht kann der Paradigmenwechsel unserer Tage erst viel später verstanden werden, wenn eine neue Generation die Fäden zieht, die nie eine andere Art von Welt als die digitale erlebte? Zündstoff liegt darin, weil wir es noch nicht absehen können, was im Laufe der rapide sich selbst überholenden Digitalisierung noch alles auf uns zukommt.

Was gab's im zweiten Teil?

Wir haben den Versuch unternommen, den Epochen des 20. Jahrhunderts nachzuspüren, die in und für Deutschland starken Nachhall erzeugten. Dabei stellte sich die Frage: „Wie stark haben gesellschaftliche, wirtschaftliche und/oder politische Umbrüche das Lebensgefühl und die Beziehungsfähigkeit der jeweiligen Generation und der nachfolgenden beeinflusst?" Dabei zogen wir auch Querverweise auf grundlegende, aus dem Zeitgeist heraus entstandene Literaturwerke, Kunst- und Kulturströmungen zurate. Es scheint, als ob es ab den neunziger Jahren bis heute schwerfällt und uns die bisher zugrunde gelegten Parameter nicht mehr ausreichen, um diese Zeitströmungen genauer zu benennen.

Wieso fühlt sich das für mich so an?
Könnte es sein, dass die Digitalisierung in all ihren Facetten einen solch enormen Impact auf unser Leben hatte und ganz offensichtlich noch vehementer haben wird, dass die Menschen früher noch übliche Vorgehensweisen, um eine Periode zu verarbeiten, gar nicht mehr oder reduziert in Anspruch nehmen? Reflexion, Erinnern, Analysieren, Miteinander-Sprechen, Diskutieren, Aufschreiben und schlussendlich Aufarbeiten?

.. und was erwartet Sie im dritten Teil?

Hier beleuchten wir die Frage nach der Befindlichkeit unserer heutigen Gesellschaft und welche Phänomene und Verhaltensweisen diese beeinflussen. Sind wir unpolitischer, unempfindlicher, abgeschotteter, funktionalisierter und gleichgültiger geworden – eindimensional im Sinne von Abstumpfung durch Vermassung und Verflachung? Das persönliche Erleben des Individuums im Mikrokosmos des Persönlichen wird innerhalb der Gesellschaft durch die gehäufte Multiplizierung in krasser Weise evidenter.

- Wie stellt sich die heutige Gesellschaft im Zeichen der Digitalisierung – zugegeben subjektiv gesehen – dar?
- Welche Einbußen hat sie bereits erlitten? Welche Veränderungen lassen sich positiv deuten?
- Wie erleben wir das heutige soziale Miteinander?
- Warum drängt sich der Eindruck auf, dass Egoisten und Narzissten auf dem Vormarsch sind?

Zwischenbilanz:
Der Paradigmenwechsel der Nullerjahre

Vielleicht haben Sie im zweiten Teil, der die Paradigmenwechsel des letzten Jahrhunderts zu beleuchten versuchte, diese besondere Dekade vermisst, in der gravierende Veränderungen in die Gesellschaft eingegriffen haben: Die Nullerjahre waren reich an Verwerfungen im negativen und an Neuentwürfen im positivem Sinn. Jahrtausendwende, Währungsunion mit der Euro-Einführung, die Nachwehen der gesamtdeutschen Wende und das Zusammenwachsen beider Staaten, 9/11 und die Twin Towers, die fallenden Körper in der Realtime der laufenden Kameras und der fassungslose Blick auf die Tragweite des Terrors, das kurzzeitige Zusammenrücken der Nationen und Kontinente, Naturkatastrophen und Börsencrashs, Terrorakte in Europa und Kriege und Gräuel in Nahost, Bombenabwurf im Irak, die Zerstörung von Weltkulturerbe, aber auch die inszenierte Bestialität durch verstörende Fake-Videos und Fake-Fotos, die Echtzeit vortäuschten, um die Sensationslust und den Voyeurismus der Rezipienten zu befriedigen – um nur einige zu benennen. Dass Killer-Games seitdem auf eine solch beunruhigende Akzeptanz stoßen, hat sicherlich auch seinen Grund in der emotionalen Abstumpfung, für die derartig abstoßende Szenen verantwortlich sind. Hier wirkt auch keine Distanz durch eine scheinbare geographische Entfernung entgegen, denn im digitalen Kosmos ist nichts mehr fern.

Doch so kaltschnäuzig sind wir Menschen (noch) nicht gestrickt – Echtzeit-Katastrophen schockieren und überfordern uns, wir verweigern uns der Erfahrung, uns auf ihre Schrecken emotional einzulassen. Wir konsumieren mehr, als wir verdauen können. So erstaunt nicht, dass in den Nullerjahren in Literatur und Film aufwändige Blockbuster ein Millionen-Publikum erreichen, die für die begrenzte Zeit des Filmgenusses eine Flucht aus der realen Welt in eine Scheinwelt erlauben. Mit dem beinahe unerklärlichen Phänomen „Harry Potter und seine Freunde" startete die Welt in das neue Jahrtausend. Hier manifestiert sich die Lust an der

Camouflage, die Sehnsucht nach Verzauberung und Poetisierung der Welt (wie sie bereits die deutsche Romantik erträumte) und der Rückzug in die Scheinwelt von Fantasy, Trickfilmen und Superhelden-Streifen, in der es ganz ausdrücklich NICHT darum geht, sich der Realität zu stellen und auf den Mitmenschen zu beziehen.

In der Gesellschaft von Avataren fällt es uns offenbar leichter, die bewusst oder unbewusst spürbaren Veränderungen der digitalen Zeit zu verkraften. Sie sind Vorboten der Gamification, der Ballerspiele, die im Kleinen vergleichbare Weltfluchten erlauben. Eine Art Anti-Arche zu Noahs gigantischem Rettungsboot innerhalb einer Sintflut, die die Welt vom Bösen reinigen sollte. Aber gibt es das Böse als solches? Hat nicht auch jeder Mensch eine Licht- und eine Schattenseite? Benötigen wir nicht das „Böse", um das „Gute" davon zu unterscheiden und eine Skala von Richtwerten aufzustellen, die unserem Handeln Sinn und Wirkung geben?

Gleichzeitig scheinen die traditionelle Literatur und Kultur der ersten Jahrtausenddekade die Waffen zu strecken, sie nehmen sich eher sprach- oder hilflos aus. Exemplarische Werke, wie wir sie in den früheren Epochen ausmachten, fallen nicht ins Auge. Es mag sie geben, aber sie erzeugen nicht die Schlagkraft ihrer Vorgänger.-- Dagegen fällt auf, dass aufsehenerregende und dystopische Werke aus der ersten Hälfte des 20. Jahrhunderts wie Orwells „1984", Aldous Huxleys „Schöne neue Welt" oder Franz Kafkas „Der Prozess", Klassiker des französischen Existenzialismus (etwa „Der Fremde" von Albert Camus) und Filme aus den sechziger Jahren wie „Fahrenheit 451" ein stürmisches Revival erleben. Die Verfilmung nach einem Roman von Ray Bradbury spielt in einer Gesellschaft, in der es als Verbrechen gilt, Bücher zu besitzen, und in der Kampftruppen ausrücken, um ganze Bibliotheken in Asche zu legen. Das lässt hoffen, weil dieser Trend auf ein starkes Bedürfnis hinweist, unbewusst erlebte, beunruhigende Vorgänge und Sichtweisen zu artikulieren.

Filme aus den letzten 15 bis 20 Jahren haben ebenso erfolgreich dazu beigetragen. In Werken wie „Die Tribute von Panem", „The Purge" oder „Total Recall" geht es erneut um die absolute Kontrolle von Staaten, Systemen oder Regierungen über das Denken, Fühlen und Leben der Menschen. Filme aus jüngerer Zeit wie „Aliens",

„Blade Runner", „Fortress", „Gamer", „Final Cut" oder „Tank Girl" verweisen auf ein pessimistisches Zukunftsbild einer künftigen Gesellschaft (Dystopie).

Das Genre der Science-Fiction-Filme bietet eine zukunftspositive Lösung an: Auch wenn sich hier Menschen einer Übermacht an vernichtungslüsternen Außerirdischen, Robotern oder Superhirnen gegenüber sehen, wird diese Untergangsvision im letzten Moment in ein verklärendes Happy End verwandelt. Wodurch? Durch die Macht der Liebe, eines Gefühls, das sich die Avatar-Widersacher weder vorstellen können noch zu empfinden vermögen.

Dritter Teil
Homo Digitalis und die Welt um ihn herum
Wie wirken sich die digitalen Eruptionen auf unsere Gesellschaft aus?

Machen wir doch einen Besuch bei der Familie Backes, bevor wir uns der gesamtgesellschaftlichen Entwicklung zuwenden. Familie wird gerne als Nukleus der jeweiligen Gesellschaft verstanden, der sie abbildet oder zumindest spiegelt. Im Moment ist bei unserer Familie einiges in Bewegung, es gibt kleinere Katastrophenmeldungen aus Dennis' Schule, und der Jüngste hat Schlafstörungen, Irma gewinnt eine Erkenntnis, und Lisa ist stark in Versuchung. Doch „Haushaltsvorstand" Bruno scheint der digitalen Welt mittlerweile Positives abzugewinnen.

Serial Folge 3: „Bruno muss raus aus der Hängematte, und Gattin Irma macht sich locker"

Krachend fällt die Haustür ins Schloss. Bruno wirft seinen Schlüssel auf den Dielentisch. Es klirrt. Er stapft in die Küche und holt sich als Erstes ein Bier. Irma steckt den Kopf herein. „Du, die Anne hat uns zum Wochenende eingeladen. Daniel wird 40!" – Bruno fährt herum: „Da kann ich nicht. Muss zum Seminar." Seiner Stimme ist anzumerken, dass er „not amused" ist. „Schon wieder am Wochenende?" Irma pustet die Backen auf. „Du, wir waren schon lange nicht mehr bei den Freunden". – „Ja, was soll ich denn machen? Digitale Transformation! Als Führungskraft muss ich da hin. Der Organisationsberater hat gesagt, dass ich da lerne, mit Kritik umzugehen und auch bei Mitarbeitern Kritik zu üben. Das ist nämlich gar nicht so leicht!" – „Du scheinst deinen Coach ja sehr ins Herz geschlossen zu haben." Es kommt ganz schön spitz rüber. Irma hat wieder diese kleine Zornesfalte zwischen den Augenbrauen. Früher wäre das für Bruno ein Zeichen gewesen, klein beizugeben. Aber heute … „Nee, sorry, das ist Pflichtprogramm. Und die Gespräche bringen was. Der nimmt mich so, wie ich bin." – „Na, das tue ich wohl nicht?" Öha, jetzt muss Bruno langsam auf der Hut sein.

Doch Sohn Dennis rettet ihn. Diesmal. Der Zwölfjährige ist gar nicht so kess wie sonst. Er schleicht sich heran und hält dem Vater etwas vor die Nase. Das Halbjahreszeugnis. „Kannste das mal unterschreiben?" – Bruno ist versucht zu sagen: Das macht deine Mutter. So wie immer. Aber dieses Mal wird er tätig. Als er liest, wird er abwechselnd rot und blass. „Dennis! Das ist nun wirklich die Höhe. Versetzung gefährdet? Mein Freund, das scheint dir ja gar nichts auszumachen?" – Dennis starrt vor sich hin, und Irma greift sich das Papier. „Mathe mangelhaft, Deutsch ungenügend", murmelt sie. „Dennis arbeitet kaum noch mit. Er wirkt uninteressiert, unausgeschlafen, aggressiv und folgt dem Unterricht mit sichtbarem Desinteresse. Die Vorstellung bei einem Schulpsychologen wird empfohlen." – „Was?" Bruno fährt hoch. „So weit kommt's noch. Der Dennis ist doch nicht verrückt." Irma lächelt nachsichtig. „Aber zu Psychologen gehen keine Irren. Olivier sagt, dass es immer mehr psychisch Kranke gibt." – Olivier! Bruno verdreht die Augen. „Da frag ich mal den Organisationsberater." Irma kontert: „Es wäre wohl besser, wenn der Papa mehr für die Kids da wäre. Mir wird das auch schon mal zu viel! Und du klinkst dich im Moment ganz schön aus." Irma erinnert sich, dass ihr gut gefallen hat, wenn Bruno früher abends und am Wochenende zu Hause war. Obwohl – genau genommen haben sie nicht gerade viel miteinander unternommen. Aber er war eben da! „Als Vater hast du ,ne Verantwortung." Bruno denkt: Will Irma das überhaupt? Bisher gefiel es seiner Frau doch, dass sie im Haus das Sagen hatte. – Irma lässt nicht locker. „Ob wir auch mal zu einem Paartherapeuten sollten? Frischen Wind reinbringen!" Bruno reißt die Augen auf. Dass er auch noch in der Ehe Beratung benötigen soll, wird ihm echt zu heiß. Bevor es noch brenzliger wird, verzieht er sich auf die Terrasse und säubert den Grill. Dennis kommt hinterher. „Du ... ich will doch gar nicht studieren. Lieber was Praktisches. Da brauch ich kein Abitur." – „Junge, du sollst es doch mal besser haben als dein alter Herr. Kann ich dir mal helfen? Wir müssten uns nach ,ner Nachhilfe umschauen." – „Ja, aber wenn ich doch lieber was Praktisches ... Ich werde ja eh Profi-Gamer." Bruno drückt ihm den Gartenschlauch in die Hand. „Hier – das ist was Praktisches, gieß die Rosen. Die haben ,ne Auffrischung nötig."

Genau genommen ist Irma aktuell ziemlich abgelenkt. Keine Ahnung, wie das passieren konnte, aber sie flirtet ausgiebig online mit dem „Chief Officer" des Kosmetik-Vertriebs. Olivier. Er gibt gern den „scharmanten" Franzosen, mais oui, ma chère. Hat ihre Beförderung gepusht und sagt ihr Sachen wie: „So ‚ne schicke, hübsche Frau wie du kann doch alles erreichen, wenn sie nur will!" Was genau das heißen soll, will Irma erst mal gar nicht wissen. Auf jeden Fall erwägt sie eine Faltenunterspritzung, obwohl die kleinen Lachfältchen es gar nicht wert sind. Aber diese kleine Zornesfalte zwischen den Augenbrauen? Ob Botox hilft? Wenn nicht, was dann? Lisa druckst neuerdings auch so herum – ob sie verliebt ist? Soll sie mal mit ihrer Tochter reden? So von Frau zu Frau? Irma verschiebt das erst mal, weil ihr Mobile sich stürmisch meldet. Bonjour, Olivier. Gerade als Lisa den Kopf durch den Türspalt schiebt. Als sie sieht, wie ihre Mutter kichernd wie ein Schulmädchen an ihren Haaren herumzupft, prallt sie zurück. Echt peinlich ist das. Eine Frau in diesem Alter!

Dass Bruno und Dennis sich auf der Terrasse miteinander unterhalten, überrascht Lisa. Macht sie sogar ein bisschen eifersüchtig. Sie stellt sich daneben. Vielleicht kann sie ihren Papa fragen, wie sie sich wegen ihres Internet-Verehrers verhalten soll. Der wird immer penetranter und dreister. Vorab-Aufnahmen will er machen. In seinem Studio, zu Hause. Sie soll Dessous und Badesachen mitbringen. Lisa zögert noch. Jennifer sagt, dass manche Männer sich Fotos von ganz jungen Mädchen erschleichen und dann im Internet zu Geld machen. Kann sie ihm trauen? Oder ist Jennifer nur neidisch, weil es um Model-Aufnahmen geht? Hat sie nicht kürzlich auf Facebook eine hämische Bemerkung über Lisa gepostet? Dabei ist sie doch die beste Freundin – gewesen?

„Du, Papa." Lisa schleicht sich an Bruno heran, der aufhorcht. Dennis kämpft mit dem Gartenschlauch. „Sag mal, was würdest du tun, wenn du ein Angebot bekommst, das du nicht richtig einschätzen kannst? Und wenn es sogar ein bisschen gefährlich klingt?" Bruno fährt herum. Seine Prinzessin? Was redet sie denn da? „Was is'n los?" – „Na, ich frag ja nur so, prophylaktisch." – „Ach? Nun mal raus mit der Sprache." – „Was, wenn ich eine Model-Karriere machen könnte?" – „Kind, um Himmels willen! Lass diese Flausen! Weißt du, was das für ein hartes Leben ist? Da ist nix mit Glamour. Und mit 30 bist du weg vom Fenster oder noch früher. Und überhaupt – was haste denn mit gefährlich gemeint?" – Lisa kommt sich plötzlich blöd vor. Bruno nimmt sie in den Arm. „Du wirst deinen Weg machen, du bist gescheit, bildhübsch und selbstbewusst und ... ähm ..." So viel weiß Bruno gar nicht von seiner Tochter, von ihren Interessen und Sehnsüchten. „Bist du am Ende verliebt?" – „Nöö, obwohl ..." Lisa wird rot und gibt sich einen Ruck. „Martin aus der Nachbarklasse ist ganz süß, hilft mir in Mathe." – „Na siehste. Das ist ein netter Kerl." Bruno denkt: Mann, Lisa wird flügge. Und das fällt ihm schwer anzunehmen. „Du kannst immer zu mir kommen, wenn dich was bedrückt, hörst du? Mach nichts Unüberlegtes." Natürlich klingt da Hilflosigkeit durch. Doch Lisa drückt ihm einen dicken Schmatz auf die Wange und trippelt davon. Auf dem Weg in ihr Zimmer beißt sie in einen Schokoriegel – das ginge ja wohl gar nicht, wenn sie Model wäre. Sie kichert wie ein Teenager, der sie ja auch ist.

Morgens geht bei der Backes Family immer die Post ab: Die Mädels blockieren das Bad, Bruno trommelt an die Tür, Dennis macht Katzenwäsche, und Ben – ja, Ben hat doch tatsächlich schon wieder verschlafen. Irma zieht ihm die Bettdecke weg. „Aufstehen, Sweetheart." Ben murmelt was von: „Ach nee, noch nicht." Irma ist beunruhigt, Ben schläft fast keine Nacht mehr durch, morgens kommt er kaum aus dem Bett. Das ist neu. Lustlos und blass hängt er über seiner Müslischüssel, und selbst Nusscreme kann ihn nicht reizen. Was ist mit dem entspannten Ben los? Bruno schluckt einen Bissen Leberwurstbrot hinunter. „Er ist sensibel, vielleicht machen wir ihn nervös." Irma meint: „Soll ich mal meine Eltern für ein paar Tage einladen? Wir haben doch das ausgebaute Dachzimmer. Ben mag sie so, vielleicht tut es ihm gut." Bruno denkt: Oh je, noch eine Belastung mehr. Aber er nickt ergeben. Sein Irmchen! „Meinetwegen." Irma knufft ihn in die Seite: „Na, ein bisschen mehr freuen könntest du dich ja."

Aber Bruno ist mit dem Kopf bereits im Business. Seit der Digitalisierungsprozess Fahrt aufnimmt, macht er sich Gedanken um seine berufliche Zukunft. „Du, ich hab jetzt ganz andere Dinge, täglich gibt's was Neues! Eigentlich ist es ja interessant, das mit der Digitalisierung, aber da werden Arbeitsplätze, ja ganze Berufe verloren gehen, weil Roboter die Menschen ersetzen." – „Aber doch nicht deiner!" – „Nee, danach sieht's nicht aus, deswegen lerne ich ja jetzt Führungskraft."– „Na, siehste!" Jetzt ist sich das Ehepaar endlich mal einig. Aber dass diese Einigkeit mehr auf der Oberfläche abläuft, spüren beide. Bruno hat leises Magengrummeln, und Irma wirft ihren Computer an.

Verflixt, Bruno würde sich jetzt gern mal aussprechen. So von Mann zu Mann. Aber ob Nachbar Konrad die Sache mit der Führungskraft versteht? Im Betrieb stolpert er gleich über Vorarbeiter Paul. „Du, Bruno", Paul verzieht die Miene zu einem gequältem Grinsen, „die anderen trauen es sich ja nicht so offen zu sagen – aber du hast dich ganz schön verändert. Bist du jetzt keiner mehr von uns?" – „Ach nee, so darfst du es nicht sehen. Das ist nur dieser digitale Kram. Bin doch immer noch der alte Elvis." Aber Bruno hat das Gefühl, dass der Spitzname jetzt nicht mehr passt. Er möchte doch ein guter Teamleiter sein. Doch in manchen Situationen im Arbeitsalltag fällt es ihm schwer, den richtigen Ton zu finden. Wenn er zum Beispiel Vorgaben machen muss, von denen er schon vorher weiß, dass die anderen darüber maulen werden, oder wenn Überstunden anstehen. Die Arbeitssituation der Speditionsfahrer hat sich durch die Umstellung auf Telematik deutlich verbessert, doch sie wollen das einfach nicht einsehen. „Das dauert!", meint Irma. „Vielleicht solltest du mit den Jungs mal wieder ein Feierabendbier trinken?" Na, das muss Bruno erst noch mal checken. „Viel Interesse an meinem Job hat Irma ja nicht!", klagt er abends am Gartenzaun zum Nachbargrundstück. Konrad lacht. „Na und du? Verstehst du was von Schönheitsprodukten?" Bruno grinst: „Bin ja ‚ne Naturschönheit!"

Aber dem Organisationsberater gegenüber ist er ehrlicher: „Ich weiß nicht, ob ich das schaffe." – „Klar, das ist ja alles neu für Sie. Und die Persönlichkeit des Menschen entwickelt sich eben viel langsamer als der technische Fortschritt. Bleiben Sie dran. Sie sind auf einem sehr guten Weg. Führung beginnt im Kleinen. Überfordern Sie sich jetzt nicht mit langfristigen Strategien, sondern konzentrieren Sie Ihre Kraft auf das Tagesgeschäft – und immer nur fünf Prioritäten – nicht mehr!" – „Aber gerade die menschliche Seite ist ein echtes Problem." – „Sie haben jetzt mehr Verantwortung, oder besser: Sie fühlen mehr Verantwortung – und das müssen Sie erst mal in sich selbst integrieren." Emotionale Intelligenz nennt es der Organisationsberater. Da sei ganz wichtig, sich selbst gut wahrzunehmen, die eigenen Gefühle steuern zu können und gleichzeitig im Team positive Gefühle anzustoßen. „Herr Backes, Sie sind doch ein humorvoller, im Grunde sehr gelassener Typ mit gesundem Menschenverstand. Beste Voraussetzungen, um im Team positive Feedbacks zu erzeugen. Es ist im Grunde ganz einfach: Wie wir uns verhalten, bestimmt, was uns andere spiegeln. – Lächeln wir freundlich und ehrlich, kann selbst Kritik gut aufgenommen werden. Geben Sie positive Signale, kann diese Außenwirkung Menschen ungeheuer motivieren. Sie kennen das doch: Lachen entwickelt eine ungeheuer befreiende und ansteckende Dynamik. Und gerade wenn in einem Unternehmen Positionswechsel und gravierende Änderungen anstehen, hat das eine enorme Schlagkraft."

Bruno ist noch skeptisch, so hat er es bisher noch nie gesehen. Dass die Jungs sich mehr kontrolliert und gegängelt durch die neue Technik fühlen, hat doch nicht er zu verantworten, oder? Noch fühlt er sich nicht wirklich in der Lage, die grundlegenden Neuerungen, die allen im Team Anpassung und Flexibilität abfordern, angemessen und zielführend rüberzubringen. Er will doch nicht anecken. Und dann soll er auch noch an die Eigenverantwortung des Einzelnen appellieren. Ein Vorbild sein! Eigentlich ein schöner Gedanke. Dann gibt er sich einen Ruck: „Beim nächsten Meeting will ich mein Team und andere Betriebsgruppen vom Telematik-System überzeugen." Das wäre doch gelacht! Dann fällt ihm ein, dass auch der Chef dabei sein wird, und es wird ihm doch etwas heiß. Doch es sieht ganz so aus, als ob Bruno zunehmend Gefallen an der Chance findet, sich selbst neu aufzustellen. Mittlerweile schiebt er ganz bereitwillig Überstunden, und im Internet surft er mittlerweile wie ein Profi nach Informationen und Daten. Dann und wann biedert sich Tom Uhle an: „Kommst du wirklich klar? Kann ich dir was zeigen?" Doch Bruno ist jetzt Selfmademan und nicht wenig stolz darauf. Der Tom ist manchmal ein Schaumschläger, denkt er, viel heiße Luft, so überlegen ist der gar nicht. Die wichtigste Person für Tom ist Tom. Das ist ganz schön traurig.

Irmas Eltern kommen zu Besuch, mit Geschenken und guter Laune: ein Modellauto für Ben, ein Kaschmirpulli für Lisa, ein „Winnetou"-Sammelband für Dennis, für die Eltern einen Hotelgutschein – Wellness-Weekend! Dennis fragt leicht irritiert, ob es Winnetou auch als Internetgame gäbe, die anderen lachen ihn aus. Schon am ersten Abend machen die Gäste sich Sorgen: „Sagt mal, ist bei euch auch alles in Ordnung?" – „Ja klar, was meint ihr denn damit?" – „Na, dass Dennis in seinem Zimmer isst und dieses Geballere, das von oben kommt. Und du, Irma, ständig das Handy neben dem Teller und da starrst du drauf. Und das Essen zu fotografieren – das wäre in unserer Zeit keinem eingefallen." Ben kräht: „Mama stellt die Fotos doch auf Facebook ein!" Großpapa verschluckt sich, und Irma wehrt ab: „Das macht man heute einfach so. Damit es auch die Freunde sehen!" Opa Fritz entfährt: „Wozu denn das?" Oma Therese tätschelt seine Hand. „Sind halt andere Zeiten." Dann geht es weiter: „Lisa ist so dünn, isst sie auch genug? Und Ben – so blass ..." Irma beschwichtigt die Großeltern, doch Bruno sagt später zu Irma: „Sie haben gar nicht so unrecht. Es hat sich was eingeschlichen. Wir sind nicht mehr die alten." Muss er sich Vorwürfe machen? Irma kontert in ihrer unkomplizierten Art: „Man muss schon mit der Zeit gehen. In meinem Job krieg ich nichts umsonst. Das gibt sich schon wieder."

In den nächsten Tagen stellt sich heraus, dass die ältere Generation besser mit den Befindlichkeiten in der Familie Backes klar kommt als erwartet. Opa Fritz lässt sich von Dennis ins Online-Schach einweisen, und der Zwölfjährige findet den alten Herrn ganz knorke, schon wegen seiner Lederjacke. „Halbstark, wa?", grinst der Bengel. „Opi, willste mal ‚ne Internet-Schulung von mir?" Dass der Opa begeistert zustimmt, wirft Dennis fast um. „Na, mit 74 ist man doch keine Mumie?" Großmutter Therese fragt Lisa über die Online-Partnerportale aus und erzählt: „Wie ich deinen Großvater zu meiner Zeit kennenlernte. Da gab's ja so was nicht. Na, ja, so ein paar Ehegesuche in den Zeitschriften oder Ehevermittlungsinstitute. Aber das hätten wir ja nie ... Den Opa hab ich beim Tanztee kennengelernt. Blutjung, Mutter war dabei und Tante Rosi. Liebe auf den ersten Blick war es bei mir nicht. Aber ein toller Tänzer und sehr ritterlich, brachte mir Rosen, mal ‚ne Flasche Sekt und Pralinen für meine Mutter, wir sahen uns gefühlvolle Filme an, und im Kino hat er zum ersten Mal meine Hand gehalten. Er war tüchtig als Heizungsbauer, hatte was gespart, grundsolide. Meine Mutter hat er zuerst herumgekriegt, sie war ganz auf seiner Seite, und dann hat's auch bei mir gefunkt. 45 Jahre – wir haben es nie bereut." Eine Ewigkeit! Lisa findet das cool, groovy und auch – na ja, romantisch. Soll sie die Großmama ins Vertrauen ziehen und über ihren Internet-Romeo sprechen? Dann merkt sie, dass diese Sache für sie längst gestorben ist.

Ben liebt seine Großeltern, weil sie Sachen machen, die Bruno und Irma lange nicht mehr in den Sinn gekommen sind. Zoobesuch steht ganz oben auf der Liste – Bens Augen strahlen endlich wieder, als er mit den beiden zurückkommt. „Da waren Schlangen. Flusspferde. Zebras. Elefanten ... Und ich hab den Affen Nüsse gegeben." Und abends spielen die Kids tatsächlich ganz altmodisch am Esstisch Monopoly, weil Opa Fritz darauf besteht, aber ungern verliert. Selbst Dennis verzichtet mal auf seine nervtötenden Killer-Games. Noch im Garten hört man das Gepolter von Opa Fritz und Lisas Kichern, wenn sie ihm auf der Schlossallee eine überzogene Miete abknöpft. Omi serviert Marshmallows in heißer Schokolade, und Ben rückt näher. „Kommt ihr jetzt öfters?" Sie gibt ihm einen dicken Schmatz auf die Wange. Bruno freut sich, dass er mit Gulasch, Krautrouladen und Gaisburger Marsch verwöhnt wird, weil die Omi den Kochlöffel schwingt. Und er immer ein kühles Pils im Eisschrank vorfindet oder auch zwei.

Irma ist insgeheim begeistert, dass sie für einige Tage viel mehr Luft für ihren Online-Marketing-Job hat. Sie powert Umsatz, doch Olivier geht neuerdings auf Distanz. Vielleicht weil Irma ihm zu verstehen gab, dass mehr als Flirt nicht ist. Außerdem: „Der kennt ja eigentlich nur sich selbst", simst sie ihrer Freundin Anne. „Kürzlich bei der Betriebsfeier an der Bar hat er nur über sich gequatscht, sich ständig im Spiegel angestaunt und die Haare geglättet und wurde richtig zickig, als ich mal ‚ne eigene Meinung hatte. ‚ne ganz andere Seite kam zum Vorschein. Ach nee. Von dem lass ich mich nicht mehr einseifen. Der hat mich benutzt, je größer mein Umsatz, desto mehr Provision für ihn." Ein bisschen weh tut's schon. Irma ist einem oberflächlichen und gierigen Egoisten auf den Leim gegangen – beinahe. Aber Irma wäre nicht Irma, wenn sie jetzt Trübsal blasen würde. Das Wichtigste ist doch die Familie! Neue Töne! Als Irma merkt, wie gut die Kinder mit den Großeltern können, reagiert sie ... nun, ein bisschen zickig. „Die brauchen mich wohl gar nicht mehr." – Bruno schießt zurück: „Eifersüchtig, mein Schatz?" Schließlich sind es doch IHRE Kids. Wann haben sie und Bruno eigentlich das letzte Mal ein Gesellschaftsspiel aus dem Schrank geholt?

Für heute lassen wir die Familie Backes in dieser lebendigen und auch nachdenklich machenden Familienatmosphäre zurück. Schauen wir mal, welche Rückschlüsse unsere Protagonisten Bruno und Irma aus den Erfahrungen des Großeltern-Besuchs und der externen Anforderungen ziehen.

25 Jahre, die die Welt veränderten oder die neue Unverbindlichkeit des Seins

Die Digitale Revolution hat sich längst in Business, Gesellschaft, Wirtschaft und im Privatbereich eingenistet. Auch die Medienberichterstattung verlagert sich zunehmend auf die digitalen Kanäle. Die Macht der Print-Medien bröckelt und somit auch die Art und Qualität von Informationsbeschaffung. Geleichzeitig sind auch Gegentrends zu verzeichnen, Print hat wieder die Nase vorn, während der Konsum von E-Books stagniert, Publikumszeitschriften gründen sich neu oder unternehmen ein grundlegendes Facelifting, vieles ist in Bewegung geraten. Mittlerweile müssen wir davon ausgehen, dass viele Nachrichten uns bereits gefiltert, kanalisiert, vorgekaut erreichen. Auch im privaten Bereich haben sich neue Konventionen und Gewohnheiten etabliert. Unsere Konsumbedürfnisse befriedigen wir vorrangig in Online-Shops, selbst Alltagslebensmittel lassen wir uns ins Haus liefern. Nachschlagewerke haben ausgedient, Informationen beschaffen wir uns online. Wir bewerten, vergleichen, checken Angebote, selbst Partnersuche hat Online-Katalog-Charakter, ohne Vorauswahl und Anprobe (aber mit Retouren-Gutschein!). Wir telefonieren weniger und chatten mehr, die Damen der Spracherkennungssoftware Siri und Alexa sind bei uns eingezogen. Das Bildtelefon hat sich zwar nicht durchgesetzt, aber online Skypen ist eine Alternative. Reisen läuft online ab, von der Buchung bis zum Sprachen-Büffeln und Online-Reiseführern oder cleveren Apps, die uns durch die schönsten Wochen des Jahres dirigieren. Wir lassen uns online coachen und gehen neue Beziehungsformen im Netz ein. Gibt es bald auch die Online-Eheschließung und konsequenterweise auch -Scheidung? Denkbar wäre es.

Die Unverbindlichkeit des Seins fällt uns spätestens dann auf, wenn wir einen neuen Partner an unserer Seite vorfinden, den die Partnerbörse für uns ausgewählt hat. Schließlich gab es ein Bündel an Übereinstimmungen – na dann, was soll da noch schiefgehen? Ist das klassische Familienbild bald obsolet? Unverbindlichere Beziehungsformen bestechen durch ihre komfortable Beliebigkeit. Hat das neue Jahrtausend eine komplett veränderte Kultur des Sich-Beziehens und Miteinander-Verbindens eingeläutet? Oder: Hat das digitale Jahrtausend uns von uns selbst entfernt, ohne dass wir es bemerkt haben?

Kapitel 1
Die „vermessene" Gesellschaft

Ein prüfender Blick auf die Befindlichkeiten der digitalisierten Gesellschaft in der zweiten Dekade des dritten Jahrtausends verzeichnet Befindlichkeitsschübe, die aufrütteln oder verstören können.

Zwischen gestörter, gefährdeter, vereinzelter und freudloser Gesellschaft ziehen sich nur sehr schmale Grate der Annäherung und Selbsterkenntnis.

In Teil 2 haben wir uns mit der „German Angst" befasst, doch geht es heute nicht verstärkt um ganz andere Ängste, die wir aus eigener Kraft nicht mehr deckeln können? Die diffus, nicht greifbar sind und uns heimtückisch aus dem Hinterhalt überfallen? Wie fühlt sich unsere Gesellschaft heute an? Welche Veränderungen sollten uns Sorge bereiten? Welche bremsen uns aus oder werfen uns in der Entwicklung gar zurück, anstatt unser genuines Bedürfnis nach Weiterentwicklung zu bedienen? Viele sprechen von einer „versteinerten Gesellschaft", die bei aller äußeren Geschäftigkeit in innerer Lethargie verharrt. Wenn dem so wäre, was wäre der Grund? Ist es die Fassungslosigkeit, die sich einschleicht, wenn wir spüren, dass wir im digitalen Zeitalter unser mühsam kontrolliertes Leben nicht mehr autonom und souverän bestimmen könnten?

Der freie Wille, unsere Individualität als Grundlage für Liberalismus, die Eigenständigkeit unserer Handlungen werden von modernen Philosophen angezweifelt. Sie stützen sich dabei auf Erkenntnisse der Neuro- und Biowissenschaften, die die biochemischen Mechanismen des Gehirns für die Entstehung von Entscheidungen ursächlich sehen. Auch Denker in China, Indien und Griechenland misstrauen bereits vor 2.000 Jahren der Existenz eines freien Willens. Yuval Noah Harari meint dazu in „Homo Deus" (erschienen 2017 bei C. H. Beck): „Der Liberalismus wird nicht verschwinden, nur weil Wissenschaftler zum Schluss gekommen sind, dass es freie Individuen nicht gibt." (S. 411) Gefährdet sieht er ihn durch die zunehmende Existenz von Technologien, nützlichen Apparaten, Instrumenten und Strukturen, die den freien Willen von menschlichen Individuen ad absurdum führen. Und gelangt zu der Frage: „Können Demokratie, der freie Markt und die Menschenrechte diese Flut überleben?"

Harari sieht den Homo sapiens im Datenhagel taumeln, weil dieser sich seit seiner Menschwerdung in Afrika* nicht so rasant und komplex weiterentwickelt habe, dass er die Datenströme des 21. Jahrhunderts mit links verkraften könnte. Folgerichtig spricht er auch vom „Dataismus" oder der „Datenreligion", die menschliche Erfahrungen nur im Hinblick auf ihre Datenverarbeitungsfähigkeit betrachte. „Wenn wir einen Algorithmus entwickeln, der die gleiche Funktion besser erfüllt, werden menschliche Erfahrungen ihren Wert verlieren." (Homo Deus, S. 525)

Lesetipp zur „Menschwerdung":
→ **http://www.zeit.de/wissen/geschichte/2018-02/neandertaler-homo-sapiens-anthropologie-kunst-hoehlenmalerei-spanien-evolution**

Wollen wir das?

> **Doch ich halte dagegen:**
> Auch wenn Roboter heute bereits Emotionen äußern können, fehlen ihnen doch wesentliche Merkmale, die den Menschen in seinem humanistischen Menschenbild erst ausmachen: Bewusstsein, Wahrnehmungsfähigkeit, Empathie, Vorstellungskraft, visionäres Denken und die Fähigkeit zu authentischen Gefühlen. Können Roboter wie der Mensch (in der Regel) zwischen Gut und Böse unterscheiden? Moralische Beweggründe sind ihnen fremd.

Der Dataismus hat uns längst erfasst, soweit wir am digitalen Geschehen teilnehmen. Dass Bots auf Twitter und in den sozialen Medien bei politischen Amtsinhabern und Machtträgern für Likes und Kommentare sorgen, ist ein Auswuchs, der der Demokratie zu schaffen macht (siehe dazu im Epilog die beigefügten Links).

So verstandenes „Influencer Marketing und diese Meinungsmanipulation" nennt der Fachjournalist Jens Pacholsky im Online-Fachmagazin t3n.de „betrügerisch". 50 Prozent der Twitter-Follower des amtierenden US-Präsidenten seien hilfreiche Bots, was aber unter „kleine Fische" abgehakt wird. Boost-Tools im Zusammenhang mit Likes, Online-Kommentaren und Shares sind längst sanktioniert und haben eine Klassengesellschaft etabliert – sichtbar werden nur Accounts, die beliebt sind und die qua Umfang der Reaktionen dies auch beweisen. Wer auf normalem Wege, zum Beispiel durch eine strategische, mit gezieltem Content Marketing erzeugte Positionierung Reichweite erzielt, kann bei seiner Zielgruppe punkten. Einsatz und Aufwand allerdings sind hoch. Mit skalierbaren Postings, ob Fake oder wahr, auf die eine gezielte und massive Interaktion folgt, werde unverhohlen Meinung gemacht, denn „Resonanz ist Relevanz in den sozialen Netzwerken" – „populistischer Meinungsmache" sei also Tür und Tor geöffnet. Wann wird dies endlich offen Betrug genannt? Ist es vor diesem Hintergrund nicht durchaus berechtigt, sich um eine derart „gestörte Gesellschaft" zu sorgen?

Die gestörte Gesellschaft
Bevorzugen wir heute Secondhand-Gefühle, sentimentale Gefühligkeit und manipulative Instrumentalisierung statt Empathie, Eigeninitiative und Eigenverantwortung im menschlichen Miteinander?

Zwei Jahrzehnte Internetgeschichte können zwei Millionen Jahre Menschheitsgeschichte nicht ersetzen. Der Mensch beruht noch immer auf seinen archaischen, in den Genen gespeicherten Mustern. So fix ist Evolution nicht, dass sie dieses Paradigma innerhalb von 20 bis 25 Jahren löschen könnte. In uns schlummert immer noch der Steinzeitmensch, der in einer überschaubaren Horde von bis zu 150 Personen eine starke, bedingungslose Zugehörigkeit erlebte. Und das war auch gut so, denn es sicherte sein Überleben und seine Fortpflanzung. Wir beneiden noch heute indigene Völker, die wir irrigerweise mit der Bezeichnung „primitiv" abwerten, um ihre Instinkthaftigkeit. Sie leben, eng in der Sippe verwurzelt, nach den Phänomenen der Natur und integrieren in gegenseitiger gesunder Abhängigkeit alle Generationen (vom Kind bis zum Greis) ebenbürtig, gleichwertig und gleichberechtigt. In dieser entwaffnenden, überströmenden Herzlichkeit, die einen Widerschein von heiler Welt in sich trägt, genießt der Einzelne innerhalb einer Gemeinschaft eine Freiheit, die von der Vereinzelungstendenz in unserer modernen Gesellschaft Lichtjahre entfernt ist.

Die versteckte Abwertung oder offene Diskriminierung von älteren Menschen, die sich in westlichen, sogenannten hochentwickelten Zivilisationen breitmacht (spürbar in der Arbeitswelt, in sinkendem Respekt, in der negativen Einschätzung ihrer Fähigkeiten), wird nur noch getoppt von der marketingtechnischen Ausbeutung der Zielgruppe „Senioren" als zahlungs- und konsumkräftige Verbraucher. Wobei gerne übersehen wird, dass es in der deutschen Gesellschaft Altersarmut in einem einer westlichen, wohlhabenden Zivilisation unwürdigen Ausmaß gibt.

Dabei soll die junge Generation in ihrem Erkenntnisdrang nicht unterschätzt werden. Den Anzeichen nach könnte sie politischer und gesellschaftsbezogener sein als gemeinhin angenommen. In Großbritannien stürmte sie nach der Brexit-Entscheidung auf die Straße (zugegeben reichlich spät) und klagte die politischen Einheizer der Falschinformation und vorsätzlichen Täuschung an. Internetgiganten, das ist längst bekannt, mischten dabei ebenso tüchtig mit. Die Jungen trieb Zukunftssorge um, und das Gefühl, hintergangen worden zu sein, quälte sie. Nach der Wahl von US-Präsident Donald Trump liefen Protestwellen durch ganz Europa. Auch den rechtspopulistischen Speakern trauen junge Leute in europäischen Demokratien nicht. Ein Phänomen, das in Deutschland noch Auftrieb benötigt. Eine Vertreterin der Generation U-30, Rebecca Martin, schreibt in der ZEIT vom 4. Februar 2017:
„Es gibt Indizien, dass die Vertreter der Generation unter 30, die jetzt Karriere macht, sehr viel bewusster über das moderne Leben nachdenken als es von außen scheinen mag. Die politischer sind als wir meinen. Politisch im Sinne von kritisch hinsehen, sich einmischen, Haltung und Mut zeigen. Auch Empörung über das was sie nicht verstehen und im Grunde auch nicht ändern können [...] Kurzum: Wir verdrängen, wir explodieren vor Entrüstung, wir rufen uns zu, dass es Zeit wird zu kämpfen, und ein paar Tage später widmen wir uns doch wieder unserem Netflix-Account. Warum ist das so? Wovor haben wir eigentlich Angst?"

→ http://www.zeit.de/kultur/2017-02/politisches-engagement-weltpolitik-ereignisse-verantwortung-10nach8/komplettansicht

Wird der in seinem Beziehungsbedürfnis gestörte Mensch selbst zum Störfall?

Zu einem Risikofaktor, der die Betriebsfähigkeit des digitalen Kosmos einschränkt? Bietet er durch seine ureigenen, angestammten emotionalen und sozialen Bedürfnisse zu viele Reibungsflächen, die seine (digitale) Funktionalität einschränken? Auf unterschiedlichen Ebenen zeigt sich, dass wir grundsätzlich gestört sind. So gehört zu den Zeitströmungen, dass Wähler halbseidenen Parteien zulaufen, die mit Worthülsen, verdrehten Tatsachen und Angstmache unverhohlen manipulieren. Die Abwertung und Ausgrenzung zur wohlfeilen Taktik machen und deutschen Nationalstolz thematisieren, indem sie eine Vorrangstellung der Deutschen evozieren (ähnlich US-Präsident Trump, der seine Nation zu „God's own country" erklärt) – Hybris, Größenwahn oder Kalkül? Nationalstolz ist dann berechtigt und legitim, wenn gleichzeitig andere Nationen respektiert und als gleichwertig angesehen werden.

Die Pseudowirklichkeit auf Facebook

Die auf Facebook sich darstellende Pseudowirklichkeit entspricht dem Wunsch, die Welt so zu zeigen, wie man sie gerne hätte. Das ist eine Utopie, die sich rächen muss. Zu liken ist per se eine absolute Ohnmachtserklärung, das „Gefällt mir!" Tiefpunkt der menschlichen Kommunikation, weil es bar jeden emotionalen Gehalts, jeden Erkenntnisgewinns, jeder negativen Erschütterung oder jeden positiven Nachhalls ist. Eine Geste, die nichts aussagt, genau genommen eine Ohrfeige ins Gesicht eines reflektierenden Menschen. Postings, die hundertfach geliked, aber null kommentiert wurden, sind ein Armutszeugnis. Wie einfach ist es doch, ein Häkchen zu setzen, aber auch wie bedeutungslos. Ist dies der Sehnsucht zu verdanken, eine Bringschuld zu erzielen, einen gar nicht so geheimen Deal? Wer geliked wird, sollte auch tunlichst gegen-liken. Leistung gegen Gegenleistung ohne innere Substanz. Eine Reduktion des menschlichen Ausdrucks auf ein Häkchen. „Ohne die Gegenwart des Anderen verkommt die Kommunikation zu einem beschleunigten Austausch von Informationen. Sie stellt keine Beziehung, sondern nur Verbindung her. [...] Zuhören bedeutet etwas ganz anderes. Ohne Nachbarschaft, ohne Zuhören bildet sich keine Gemeinschaft. Gemeinschaft ist Zuhörerschaft".

Lesetipp:
Han, Byung-Chul: Die Austreibung des Anderen. Gesellschaft, Wahrnehmung und Kommunikation heute. S. Fischer Taschenbuch Wissenschaft, 2016. S. 98 ff

Wann platzt die Facebook-Blase?

Warum haben wir zunehmend den Eindruck, dass die Manipulation über Facebook immer dreister und offensichtlicher wird? Droht die eigentliche Gefahr für den Liberalismus im mehr oder weniger subtil vorgenommen Angriff auf den freien Willen? Wir haben uns so daran gewöhnt, von Google- und Facebook-Werbung verfolgt zu werden, dass wir die totalitäre Tendenz nicht mehr wahrnehmen. Verfolgt uns der Internet-Riese in unserer Online-Aktivität, ist diese Gehirnwäsche einer Straftat wie Stalking vergleichbar. Unser Konsum-, Recherche- und Kommunikationsverhalten steht im Fokus der Aufmerksamkeit von gefräßigen Algorithmen.

Die unverblümt geäußerte Forderung nach einem schwer einschätzbaren Mehr, Weiter, Höher erzeugt massiven Druck und das Mangelgefühl des Ungenügens. Facebook behält sich vor, Accounts unsichtbar oder sichtbar zu machen, je nachdem, wie willfährig man seine Kommandos befolgt. Facebook maßt sich an, den Einzelnen in manipulativer Art und direkter Ansprache zum Besuch der Plattform zu nötigen – und dies mit gar nicht so subtil versteckten Botschaften („Du hast 30 Nachrichten verpasst! Auf Facebook war viel los!") So wecken digitale Monster Nicht-Genügen, Defizit, Mangel. Totalitarismus pur! Die fatale Rolle, mit der Facebook-Daten im Vorfeld (wohl auch während) des letzten amerikanischen Wahlkampfes mithalfen, die Fäden zu ziehen, spricht für sich. Weitere Machenschaften im weltpolitischen Umfeld (Stichwort: Brexit) werden vermutet, und vieles könnte noch aufgedeckt werden (siehe „Epilog"). Welche Sprengkraft darin steckt, möchte man sich gar nicht ausmalen, vom Aufstieg der Autokraten bis zu atomaren Weltkriegen reichen die Ängste.

Auch andere soziale Netzwerke manipulieren schamgebremst. Wenn LinkedIn mich dazu auffordert, meinen gesamten Adressenbestand in den Account einzubringen, um diese zu LinkedIn-Mitgliedern und Partnern zu machen, ist dies massive, ungefilterte Belästigung zum eigenen Nutzen. Wenn willfährige, automatisierte Roboterprozesse Kontakt herstellen, wird der Begriff des eigentlichen Wortsinns entleert. Die perfide als Mitglieder-Service getarnte und perfekt organisierte Nötigung ist dreist und skrupellos, darüber hinaus vermehrt sie sich ständig selbst. Wenn wir noch glauben sollten, in diesem Kontext Souveränität zu wahren, erliegen wir einer gewollten Täuschung. Wir desavouieren uns selbst.

In den sozialen Medien senden wir in ein dunkles Universum ohne direktes Gegenüber. Manche Stimmen behaupten, die sozialen Medien seien der Gesprächskultur zuträglich – LOL! Pustekuchen! Au contraire! Statt um Gespräch geht es um Reflexe, Affekte und ungesteuerte Reaktionen, die keine öffentliche Meinung herstellen und keinen öffentlichen Raum bespielen wollen. Jeder pustet in eine Internetatmosphäre, was er vielleicht besser für sich behalten sollte. Geschützte Areale wie geschlossene Fachgruppen, die tatsächlich der Sache wegen gebildet wurden und in denen Meinung, Kommentar, Diskussion stattfinden, bleiben leider die Ausnahme.

→ http://www.spiegel.de/panorama/leute/saengerin-pink-hat-die-nase-voll-von-social-media-a-1196832.html

Beispiel: Shitstorms – Woraus beziehen sie ihre Daseinsberechtigung? Sich anonym abreagieren, Wut ablassen, Häme streuen, bösartige Gelüste befriedigen? Die Lust am Niedermachen im Schutz eines Pseudonyms oder Nicknamen? Wenn bereits ein „normales" Posting es nicht schafft, eine „Beziehung" herzustellen, wie könnte ein Shitstorm einen ernsthaften Beitrag zu einer öffentlichen Diskussion leisten, wie wir es vom analogen Diskurs im öffentlichen Raum her kennen?

Die Monetarisierung von Beziehung

Eine seit Jahren immer inflationärer auftretende Form von Wissensvermittlung offenbart digital ihren Vorzug und gleichzeitig ihre Tücke. Fachbezogene Webinare, E-Learning und Unterweisung über audiovisuelle Medien, digitales Chatten und Diskutieren sind hilfreiche Tools des modernen Know-how-Transfers und der Business-Kommunikation. Sie übernehmen Funktionen, wie sie früher reale Seminare, Workshops, Gesprächsrunden, Vorträge und Meetings, Runde Tische innehatten. Kommerzielle Webinare allerdings (oder Gesprächsrunden), die unter Vortäuschung eines tagesaktuellen Preises für ein vorher geschnürtes Paket den Aspekt des Monetären in den Vordergrund stellen (und nicht mehr den qualitativen Austausch), grenzen an Täuschung, wenn nicht Betrug. Ihre Veranstalter machen andere, die sie vorher in einem anonymen, automatisierten Verfahren als Neukontakt im Massennetz eingefangen haben, zu reinen Objekten der Gewinnmaximierung. In einer digitalen Welt haben moralische und ethische Grundsätze wenig Stand, denn der einzelne Mensch ist weder persönlich zugegen noch greifbar. Das macht den Aggressor so sicher. Das Netz als eine Art Nichtangriffspakt zur Herstellung eines scheinbaren Friedens? Auch Online-Dating-Portale weiden die Nutzer, die ihnen ohne zu zögern vertrauliche Daten und Hintergründe ausliefern, nach ihrer optimalen Verwertbarkeit aus. Das, was man hier „Beziehungsanbahnung" nennt, legt die Basis für eine kommerzielle Nutzung. Geschützte Privatheit sieht anders aus.

Fazit: Die neuen Medien lassen Skrupel schrumpfen, menschliches Miteinander verfällt.

Gleichzeitig gilt eine neue Maßeinheit: Der eigene Selbstwert bemisst sich an der Anzahl der Kontakte, Fans, virtuellen Freunde, Likes, Icons, Emoticons, weniger an zwischenmenschlicher Qualität und Substanz. Je mehr XING-Kontakte ich (mit Hilfe von Automatisierungen) ernte, desto besser kann ich mein Online-

Business verfolgen. (Beispiel: Affiliate Partner, Solopreneure, die ein einmal konzipiertes Produkt in massenhafter Verteilung den unterschiedlichsten Anwendern mit Hilfe von schablonisierten, nicht einlösbaren Zukunftserwartungen aufschwatzen, ohne fallentsprechende Anpassung oder Individualisierung.) Über die Einladung eines Online-Marketers, in seinem „kostenfreien" Webinar (das als Werbetool für ein hochpreisiges Produkt verwendet wird) zu lernen, wie ich in kürzester Zeit monatlich bis zu 1.000 Neukunden gewinne, kann ich nur milde lächeln. Einen in einem sensiblen Beratungssegment tätigen Dienstleister, der meint, 1.000 Kunden monatlich verantwortungsbewusst betreuen zu können, sollte man bei seiner Berufsvereinigung melden.

Auf schwindende Anständigkeit weist auch die anschwellende Flut von Online-Betrug-Mails, Spam und Phishing-Mails, Lotterie-Auszahlungsversprechen oder digitalen Schein-Erbfällen hin. Kontenknacker, Virenverbreiter, Hacker und Anwender von Drohgebärden und übergriffigen Einschüchterungsversuchen („Wenn Sie dies nicht lesen, werden Sie übermorgen tot sein"), versuchen ihre unlauteren Interessen durchzusetzen. Dagegen gehen der analoge Telefonbetrug und Enkeltrick als harmloses Spielchen durch. Virtuelle Aufmerksamkeit „auf Teufel komm raus". Die Gier nach dem eigenen Vorteil verschlechtert den Umgangsstil, mindert Respekt und Moral: Die virtuelle Welt macht frösteln.

Die gefährdete Gesellschaft

Gefährdung machen wir meist an konkreten Features fest wie Atomkrieg, Aufrüstung, Wirtschaftskrisen, Arbeitsplatzverlust, Flugzeugabsturz, politische Krisen, Geldentwertung, Krankheit, Unfälle und Todesfälle in der Familie, Verluste, materielle Schäden wie Einbruch, Verkehrsunfall, Diebstahl, Insolvenz oder sozialer Abstieg. Dafür sind wir Deutschen schließlich Versicherungsweltmeister geworden. Wie gefährdet ist das Innere unserer Gesellschaft?

Der Verlust des Zeit- und Körpergefühls

Unser innerer Rhythmus steuert uns, damit wir uns sicher und geborgen fühlen. In der Privatheit finden wir die Kraft, auch nach außen zu wirken. Doch sind wir nicht bereits Personen des öffentlichen Lebens geworden? Was bedeutet uns noch Privatzeit, Zeit für sich, in der man sich bewusst der Außenwelt entzieht? Handypausen, E-Mail-Breaks, analoge Auszeiten? Früher ging man zu Bett, wenn Dunkelheit einsetzte. Man begab sich zu Tisch, wenn die Zwölf-Uhr-Glocken läuteten. Die Erfindung der tragbaren Uhr setzte eine Revolution in Gang, die Glühbirne sorgte für Erleuchtung und für eine gefährliche Lichtverschmutzung unseres Planeten. Im Netz ist es fortwährend hell. Die weltweite Community schläft nie. Was macht das mit dem inneren Rhythmus, in dem der Mensch seit seiner Menschwerdung Orientierung und Sinn fand?

Vögel und Pflanzen hatten dieses innere Wissen, Menschen auch. Die Pflanzenwelt scheint den Klimawandel schwer zu verkraften, Blumen öffnen und schließen ihre Blütenkelche nicht mehr im gewohnten Zwölf-Stunden-Takt. In einem kalten Sommer fliehen Zugvögel früher als bisher in den Süden, Kastanienbäume entwickeln in einem warmen September ein zweites Mal frisches Blattgrün und Blütendolden. Und der Mensch? Sagt ihm sein innerer Kompass noch, wann er aktiv sein soll und wann es Zeit für Ruhe ist? Am Beispiel des Biorhythmus von Fruchtfliegen wurde das „Innere-Uhr-Gen" entdeckt. Die aktuelle Nobelpreisvergabe an die Forscher Jeffrey Hall, Michael Rosbash und Michael Young geht noch einen Schritt weiter. Sie spürten ein bestimmtes Protein auf, das nachts angehäuft und am Tag allmählich wieder abgebaut wird. Ein Prozess, der unsere innere Uhr ticken lässt. Aber kommt das noch gegen die Lichtverschmutzung im Internet an? Im digitalen Sinne sind wir immer hellwach.

→ http://www.dw.com/de/nobelpreis-f%C3%BCr-medizin-so-funktioniert-unsere-innere-uhr/a-40781052

Unser Zeitgefühl, das Eingebunden-Sein in einen gesellschaftlichen Kontext, als Individuum mit einer starken Identität in einer haptisch be-greifbaren Welt verankert sein – diese tradierten Säulen der Sicherheit sind gefährdet oder bereits außer Kraft. Der 24/7-Kosmos demontiert unsere Erdung, die kalendarische Ordnung, den Tag-Nacht-Wechsel. Unbehagen, Druck, Ungenügen können sich zu Des-Orientierung auswachsen. Auch die Entkörperlichung im Internet of Things verstärkt den Eindruck eines luftleeren Raums. Bin ich noch Körper, oder ist das bereits mein digitaler Astralleib? So ähnlich müssen sich die ersten Astronauten gefühlt haben. Der digitale Bewusstseinsverlust fördert De-Individuation und Selbst-Entwertung. Bin ich gut genug, habe ich genug Energie und Chuzpe, um mich mit der schönen neuen Zeit optimal zu verbinden? Leitbild ist nicht mehr die beste Welt aller Welten, sondern die perfekte, bis zur Absurdität optimierte Welt. Alle Chancen ergreifen, keine Herausforderung auslassen, heißt das Motto.

Macht oder Ohnmacht der Masse

Masse ist ein amorphes Phänomen. Als Teilnehmer einer Demonstration oder Kundgebung, im Fußballstadion oder bei einem Rockkonzert hat Masse eine überhöhende, stärkende und verbindende Wirkung und in Folge Massenreaktionen. Spätestens seit den Erkenntnissen von Gustave le Bon, dem französischen Sozialpsychologen und Begründer der Massenpsychologie, wissen wir, dass Individuen inmitten einer Masse sich anders verhalten als die Einzelperson. Modernes Online-Marketing greift diese Erkenntnisse auf.

→ http://sigridjogruner.blogspot.de/2016/10/aufgespiest-content-marketing-und-der.html

Auch wenn es den Einzelnen gefühlt stärker macht, das Phänomen der Masse beweist seine Ohnmacht darin, dass der Einzelne unweigerlich Verantwortung und Selbstbestimmung abgibt und sich unter einen Massenwillen beugt. Die Masse agiert für ihn. Gegen Massenentscheidungen kann der Einzelne kaum etwas bewirken. Abweichler werden als Abtrünnige, Verräter, Leugner ausgegrenzt und schlimmstenfalls beseitigt. Der Totalitarismus bediente sich zu allen Zeiten erfolgreich des Mediums Masse über das Handwerkszeug Lüge. Die Mitglieder einer Masse stürzen sich wie Lemminge in Rudeln von der Klippe, in der Meinung, dass alles gut sei, weil ja alle so handeln. – Der denkende Mensch, der abwägt und sich selbst treu bleibt, gerät in einen Zwiespalt, weil er sich an den Rand der (Massen-)Gesellschaft gedrängt sieht. Mut und Willenskraft sind gefragt. Doch wie aufbringen, wenn der Mann neben mir sich konträr verhält?

Wo macht Masse Sinn?

Ganz sicherlich bei einheitlichen, austauschbaren Produkten. Doch hätte der Mensch die lange Menschheitsentwicklung von fünf bis acht Millionen Jahren nicht durchlaufen müssen, wenn es ausgereicht hätte, ein Gleicher unter Milliarden zu sein. Sein Anderssein in Charakter, Naturell, Persönlichkeit, Duktus, Aussehen und Verhalten, Empfinden und Fühlen unterscheidet ihn von seinem Nächsten und stellt die faszinierende Pluralität der Gesellschaft her. Die digitale Automatisierung der Kommunikation führt dagegen in die Vermassung, Entfremdung, Objektivierung und Ent-Personalisierung. Der ganzheitliche Mensch bleibt in seinen originären Eigenschaften außen vor. Der Kontakt verkommt zu einem vereinheitlichenden und austauschbaren Produkt in einem Meer aus Beliebigkeit. Die unglaubliche Vielfalt der Spezies Mensch mutiert zu einem objektivierten Massenprodukt.

Fake for Fake's sake

Auch die klassischen Medien haben sich im Aufwind der Digitalisierung wandeln müssen. Der öffentliche Auftrag „Information und Meinungsbildung" war ein verpflichtendes Monopol. Heute verwischen die vielfältigen Informationsmöglichkeiten des digitalen Universums die früher scharf konturierten Profile selbst wichtiger und unabhängiger Medien. Selbst davon überzeugt, dass sie viel von ihrer früheren Durchschlagskraft eingebüßt haben, übertreffen sie einander mit gefilterten und kanalisierten Informationen, die einem klaren Auftrag folgen: Erregung von aufgeregter Aufmerksamkeit statt klarer Informationsvermittlung.

Dass sich dadurch Sprache und Medienpersonal verflachen, verwundert nicht. Wenn Rezipienten spüren, dass Rendite und Marktanteile für den Informanten mehr zählen als klassische Informationsvermittlung und Meinungsbildung, verweigern diese folgerichtig Identifikation und Bindung. Die „moralische Anstalt", die Schiller für das Theater postulierte, hatte Bürger-Aufklärung zu leisten – lange standen die klassischen, durch eine klare Grundhaltung und Profilierung voneinander unterscheidbaren Medien in dieser Tradition. Ein Kampf um Marktanteile erübrigte sich beinahe, denn Zielgruppenpositionierung und Marktanteile waren klar in Claims aufgeteilt. Auch wenn die klassischen Medien wieder an Boden gewinnen, ist zweifelhaft, ob sie jemals wieder eine vergleichbare Akzeptanz wie ihre virtuellen Mitbewerber erzielen. Ohnehin erscheinen heute die für sie typischen Wesensmerkmale und Qualitätskriterien zugunsten einer zeitgemäßen Popularisierung aufgeweicht.

Alternative Fakten werden irgendwann auch bei kritischen Denkern als korrekte Faktenlage unter Abgrenzung von Fiktionalität wahrgenommen, je öfter man mit diesen auf unterschiedlichen Kanälen konfrontiert wird. Sich einschleichende und Unbehagen verursachende, kognitive Dissonanz lässt Zweifel an der eigenen Wahrnehmungsfähigkeit und der Urteilsfähigkeit aufkommen. Je öfter man auf Lügen-News trifft, desto mehr gerät das eigene Bewertungssystem in Schieflage. Die Digitalisierung unterstützt dieses Verhalten, indem es einen Ausschnitt der Welt zeigt und die Anonymisierung vorantreibt. Pseudo-, Halb- und Scheinwissen sind sehr erfolgreich, wenn originäre Bildung ersetzt werden soll. Zunehmender Frust unter denkenden Menschen erschwert den Umgang miteinander.

Seit Trumps Beraterin Kellyanne Conway den Begriff der „Alternativen Fakten" geboren hat, erlebt George Orwells Buchklassiker „1984" ein Revival. Er kreierte den „Big Brother" und das „Neusprech", wonach „Unwissenheit Stärke, Freiheit Sklaverei" ist. Längst hat die digitale Gegenwart den Roman eingeholt, der große Bruder tarnt sich heute als Videokamera, Hacker haben unsere Informationen und Daten voll im Griff. Big Data bringt den gläsernen Menschen hervor. Ein totales Regime braucht zwingend die totale Überwachung, das war die Aussage Orwells. https://www.tagesschau.de/ausland/orwell-101.html – Der Überwachungsstaat von „Big Brother" hat ein Prinzip ganz besonders verinnerlicht: „Will man herrschen, muss man den Realitätssinn verrücken."

Fake News bedrohen die Demokratie. Dazu schreibt Fachjournalist Klaus Wilhelm in der Ausgabe „Wir Gutgläubigen" von Psychologie heute, 4/17, S. 34-37: „Wiederhole eine Lüge nur oft genug und sie wird Realität." Gerade die Deutschen haben dies im Dritten Reich millionenfach am eigenen Leib erfahren. Die Infiltrierung der hetzerischen Parteipropaganda in bösartiger und verführender Absicht zeitigte Massenwirkung. Social-Bot-Tweets werden gleich oft geteilt wie die realer Menschen. Der Unterschied ist nicht erkennbar. Fairerweise sollte man berücksichtigen, dass Fake News auch aus Unachtsamkeit und Fahrlässigkeit in die Welt gesetzt und massenweise kolportiert werden. Die verwischenden Grenzen innerhalb der digitalen Hemisphäre, die ungenaue Sicht auf die Dinge, eine Neigung zu unkorrekter, nachlässiger und unprofessioneller Wiedergabe und Weiterreichung von nicht verifizierter Information und Tatsache verschärfen die Situation hin zum Ungesetzlichen.

Ist Lüge heute erfolgreicher als Wahrheit?

Facebook hat den Fake News mehr oder weniger halbherzig den Kampf angesagt. Seit US-Präsident Donald Trump regiert, sorgen sich bewusst lebende Menschen um die Unversehrtheit der Demokratie. Doch schauen wir genauer hin: Was ist der Unterschied zwischen Übertreibung, Verschwörungstheorie und Lügen-Nachricht? Am Stammtisch wurde immer schwadroniert, verleumdet und überzogen, um der Wirkung willen wurden Verschwörungstheorien gebastelt und Weltuntergangsszenarien auf Bierdeckel gezeichnet. Das war legitim, ja geradezu erwünscht, in gewissem Sinne charmant und ungefährlich, weil keiner der Debattierenden am nächsten Tag hinging und Barrikaden aufschichtete. Fake News erreichen allerdings eine ungleich größere Reichweite, wenn sie geteilt, ge-shared, ge-twittert und vielfältig kolportiert werden. Stammtischlügen im lokalen Raum entsaften sich rasch selbst, außer wenn es um Intrigen und Verleumdungen geht. Das Netz dagegen vergisst nichts, subtile Lügen-News durchschauen wir nicht so leicht.

Sind Lügen ein Wirtschaftsfaktor?

Der Journalist Axel Hacke sieht im Magazin der Süddeutschen in der Werbung der sechziger und siebziger Jahre noch vergleichsweise milde Übertreibungen, ohne wirklich schädlich zu sein. Der Automobilindustrie von heute bescheinigt er aber eine beinahe bewundernswerte Fertigkeit, mittels Lügen den Absatz hochzuschrauben, ohne dass dieser einbrach, als die getürkten Karten aufgedeckt wurden. Die Verbraucher rieben sich die Augen – zogen aber keine Konsequenzen. Der digitalisierte Mensch scheint in der inszenierten, erfolgreichen und letztlich ohne negative Folgen bleibenden Lüge eine Stärke zu entdecken wie in der Entdeckung der Glühbirne. So nimmt er Unberechenbarkeit als Chuzpe und infamen Betrug für Kühnheit.

Warum schleicht sich gerade der Begriff „Schurkenstaaten" hier ein?

„Rogue States" bezeichnet Regierungen, die zur Erreichung ihrer aggressiven Ziele in ihren Ländern die Menschenrechte mit Füßen treten und schwer kalkulierende und stets kokelnde Gefahrenherde für die internationale Staatengemeinschaft darstellen. Natürlich soll der ehemaligen Bush-Administration, die diesen Begriff für Staaten prägte, die den Terrorismus unterstützen und Massenvernichtungswaffen anstreben, nicht das Wort geredet werden. Es wurde als propagandistisch angesehen und oft genug parodiert. Den Begriff „outlaw states" führt der amerikanische Philosoph John Rawls in „Das Recht der Völker" (1999) ein. Dort plädiert er für Handelssanktionen, Abstrafungen durch den Ausschluss aus internationalen Vereinigungen und Abbruch von diplomatischen Beziehungen. Die Liste der Outlaw States verzeichnet unter anderen Iran, Sudan, Syrien, Südjemen, Libyen, Kuba. – Von der Gemeinschaft ausgeschlossen zu werden, gilt als Abstrafung. Auch der Einzelne fürchtet sich davor, von schützenden Vereinigungen oder Beziehungen ausgeschlossen zu werden. Kann man dies nicht auch im Gegensinne anwenden? Ganz der digitalen Welt versperren kann und will sich kaum jemand mehr. Aber wie weit sollte man sich einlassen auf digitale Erscheinungsformen, die durchaus einem „Schurkenstaat" zu Gesicht stehen können? China verschärft den Zugang zum Internet, um laut eigener Angabe die User sicherer zu machen, gleichzeitig werden im eigenen Land NGOs, die Schwachstellen des staatlichen Systems aufdecken, vehement ausgebremst.

Junge Leute aus dem mazedonischen Veles – einem unentdeckten Ort, dem der wirtschaftliche Niedergang schwer zu schaffen macht – nutzten den Produktcharakter von Lüge. Auf Websites wie „WorldPoliticus.com" oder „DonaldTrumpNews.co" erzählen sie haarsträubende Lügenstorys rund um hochstehende Persönlichkeiten. Der Einsatz von Facebook spülte ihnen über AdSense-Anzeigen eine hübsche Geldsumme in die Kassen, Tendenz steigend.

→ http://www.handelsblatt.com/unternehmen/it-medien/facebook-gegen-fake-news-das-geschaeft-mit-den-luegen/20253852.html

Die Gefährdung unserer Kinder und die künftiger Generationen

Bereits 2012 erkennt der Psychoanalytiker und Gehirnforscher Manfred Spitzer in seinem provokant verfassten Sachbuch „Digitale Demenz. Wie wir unsere Kinder um den Verstand bringen" ein hohes Gefahrenpotenzial für die Jugendlichen, die im digitalen Zeitalter erwachsen werden. Der Vielzahl an elektronischen Tools und Devices wie Mobile, Organizer, iPad, Navi, Computer-Software, E-Rechner und Notebook, die uns von geistiger Arbeit befreien, testiert er eine nur scheinbare Erleichterung. Wer beherrsche heute noch Kopfrechnen, es sei denn, er säße in einem realen Tante-Emma-Laden an der Ladenkasse? Fertigkeiten verlieren sich bei Nichtgebrauch oder reduzieren sich auf ein Minimum. Auch geistige Fähigkeiten müssen wir – wie Muskeln – kontinuierlich trainieren, damit diese nicht ermüden. Wer nicht gefordert wird, braucht rasch Förderung. Spitzer kannte zum

Zeitpunkt der Bucherstellung weder Alexa noch Siri und dass der Kühlschrank ihm eine Meldung schicken kann, wenn Lebensmittel in seinem kühlen Inneren fehlen, war ihm noch nicht bekannt. Dennoch sind seine Erkenntnisse besorgniserregend, weil sie keine äußeren, sondern zutiefst innermenschliche Gefahren benennen: Übermäßige, ja „toxische" Internetnutzung sieht er als Suchtgefahr mit potenziellem Schaden für Körper, Geist und Seele. Sein Gefahrenszenario sollte aufrütteln: Gedächtnisschwund, absterbende Nervenzellen durch Nichtgebrauch, verminderte Lernfähigkeit bei Kindern und Heranwachsenden, Lesestörungen, Aufmerksamkeitsdefizite, erhöhtes Aufkommen von Ängsten bei gleichzeitiger emotionaler Abstumpfung, Schlafstörungen, Depression und Aggression, ja selbst Gewaltbereitschaft und soziale Ausgrenzung. Was er digitale Demenz nennt, wird für ihn bereits im Kindesalter angelegt. Dass toxische Internetnutzung auch die Wahrnehmungs- und Aufmerksamkeitsleistung von Erwachsenen schwächen, zumindest beeinflussen kann, beweist die ansteigende Zahl von ADS-Erkrankungen im Erwachsenenalter.

Lesetipp:
Manfred Spitzer: Digitale Demenz. Wie wir uns und unsere Kinder um den Verstand bringen. Knaur E-Book. 2012

In unserer Familie Backes haben sich einige dieser Veränderungen bereits eingeschlichen: Ben setzen Schlafstörungen zu, der zunehmend schulschwache Dennis neigt zu Aggressionsausbrüchen, weil ihn seine Killerspiele auch in der Nacht vor dem Bildschirm festzurren, und die Eltern sind ratlos. Allerdings gibt es auch positive Zeichen der Veränderung durch Reflexion: Im Kontakt mit ihrem „Antreiber" Olivier verzeichnet Irma einen Zuwachs an Erkenntnis, und Bruno entdeckt im bisher bewunderten IT-Experten Tom viel „heiße Luft". Offenbar setzt ein Befriedungsprozess ein, nachdem sich ein Bewusstsein bildete: „Da müssen wir etwas unternehmen!"

Die freudlose Gesellschaft

Mal 'ne ganz andere Frage: Welchen Stellenwert haben für Sie heute noch Lebensfreude und Lebensgenuss? Erleben wir Gefühle und Beziehungen als Bereicherung? Stehen wir vor einem emotionalen Klimawandel, oder sind wir bereits mittendrin? Können wir uns noch kindlich freuen und herzlich lachen? Konsequenterweise kann eine gestörte und gefährdete Gesellschaft keine freudige Gesellschaft sein, oder?

Was bedeuten uns noch erlebte und spontan realisierte Sehnsüchte? Ist es peinlich, wenn wir offen Gefühle äußern? Ohne verallgemeinern zu wollen: Frauen reden offener über Gefühle als Männer und sind beziehungsorientierter, nehmen sich aber bereitwilliger zurück und treten freiwillig-unfreiwillig in die zweite Reihe. Auch in Haltung, Körperausdruck, Mimik, Gestik, Sprache werden sie anders wahrgenommen als Männer. Machen Frauen sich mit Durchsetzungsfähigkeit, gesunder Aggressivität, offensivem Vorpreschen vernehmlich sicht- und hörbar, werden sie gerne als unweiblich diffamiert. Hat das immer noch damit zu tun, dass frau sich in der Geschichte meist in der genetisch tradierten Rolle der Angepassten befand, deren Platz im Haus war? Dass sich nur wenige Frauen auf der Führungsebene von Großunternehmen wiederfinden – außer bei Familienunternehmen, die sich innerhalb der Generationen oder vom Ehemann auf die Ehefrau vererben – ist bedenklich. Wie wollen dagegen Männer gespiegelt werden? Was bedeuten ihnen Gefühligkeit und Emotionalität?

Publikumsmedien, die als reine „Fluchtmedien" das Leben schöner machen sollen, wo Menschen sich in eine stilisierte Welt hineinträumen können, bedienen unser Bedürfnis nach Emotionalität, Idealisierung und Verklärung in einer Zeit des technischen Primats. Werbe-Scheinwelten, Reality-TV-Show, pseudoemotionale TV-Formate und Doku-Soaps entwerfen eine Gegenwelt oder Scheinwelt, herzig, aber unglaubwürdig, weil unverhohlen manipuliert und als Werbefläche missbraucht. Digitalisierung macht es leichter zu verdrängen. Der abgeschottete Mensch wird in der künstlichen Distanz nicht mehr als wahrhaftig empfunden.

Früher beklagte man die massenhafte Betroffenheit bei negativen Ereignissen, heute gibt es das massenhafte Nicht-Betroffenheits-Syndrom, das vom digitalen Overflow genährt wird. Eine E-Mail ist eindimensional, Selfies sind indiskret, indezent, peinlich, ohne Anstand, ein Indiz für gefallene Niveaugrenzen. Schamgefühle? Warum denn?

Erinnern wir uns, was uns als Kinder begeistern konnte? Murmeln, Steine, Muscheln, Federn, Blätter, Eicheln, Kastanien, Wurzeln, Bauklötze – natürliches Spielzeug zum Staunen und Vergnügen. Mit Gesellschaftsspielen erlernten wir gemeinsames Agieren. Soziale Fähigkeiten trainierten wir im Spiel wie Radfahren und Schwimmen. Digital aufwachsende Kinder werden früh in einen Perfektionierungsmodus gepresst. Dort wird ihnen rasch klar, dass sie sich bis zum Äußersten anstrengen müssen, um in der digitalen Leistungsgesellschaft nicht nur mitzuhalten, sondern die Nase vorn zu haben. Dass Kinder ein Recht auf Förderung haben, bedeutet nicht, dass man sie über-fördern muss, um so sein nervöses Elterngewissen zu beruhigen. Kinder, die heute mit geringen Sprechfertigkeiten eingeschult werden, doch gekonnt mit dem Smartphone umzugehen wissen, sind keine Seltenheit. Sechsjährige, die bereits Geige oder Saxophon spielen, reiten, Schach spielen, ein IPod bedienen und eine Fremdsprache sprechen, könnten Produkte elterlicher Vermeidungshaltung sein. Beschäftigungstherapie, die sie der Verpflichtung enthebt, ihre Kids zu kraftvollen und lustbezogenen, selbstbewussten, sozial fühlenden Erwachsenen anzuleiten. Anleitung benötigt vor allem eines: Vorbilder, die vorleben.

Wann haben Sie zum letzten Mal so richtig aus vollem Herzen gelacht? An den Schulbushaltestellen kann man kleinwüchsige Pseudoerwachsene beobachten, die schlecht gelaunt und mit verschlossener Miene ihres Weges traben. Sie gleichen früh auf Hochleistung getrimmten, sich selbst kontrollierenden Trapezkünstlern, die Angst vor einem Fehltritt haben. Aber wie kann Neues entstehen, wenn wir keine Fehler machen, aus denen wir lernen könnten? Im Süden, wo die Sonne Gefühle schneller hervorlockt, wirkt die lärmige, lebensfrohe Atmosphäre auf uns oft befremdlich. Lachsalven oder Gefühlsausbrüche in der Öffentlichkeit? Eingedampfte Gefühlsäußerungen sind Freude verhindernd. Trauer und Schmerz sind unverrückbar mit dem Leben verbunden wie Lust und Liebe. Bei Staatsakten oder Gedenkveranstaltungen irritiert die massenweise Versteinerung. Was ist hier los? Ist das Massenzwang? Heuchelei oder Konformität?

Exkurs:
Paris. In der zauberhaften Pfarrkirche St. Louis en Ile. Allerheiligen. Mozarts Agnus Dei verklingt. Das gerade noch andächtig lauschende Publikum tauscht sich sofort lebhaft mit den Banknachbarn aus, applaudiert begeistert, lacht, freut sich über den erlebten Genuss. Kinder schwirren durch die Reihen, geschwätziger Lärm kommt auf. Auf dem Nachhauseweg werden viele ein ofenfrisches Baguette, eine würzige Salami oder einen gut gereiften Camembert ins Einkaufsnetz legen, um den spirituellen Genuss mit dem kulinarisch-menschlichen zu verbinden. Das Leben ist schön.

Kleinkinder leben die angeborene Spontaneität noch voll aus und werden vom Erwachsenen als egoistisch empfunden. Im Karneval zeigt sich diese Ambivalenz in Reinkultur. Ähnliche Pole – Melancholie und Ausgelassenheit – weisen auch von der Borderline-Störung Betroffene auf, die mit unkalkulierbaren, extremen Gefühlsschwankungen leben müssen. Karneval liefert das Ventil für zeitweiliges Dampfablassen, bevor mit dem großen Fasten „alles vorbei" ist. Müssten wir zwischen den digitalen Übersättigungsphasen nicht öfters mal digital fasten?

Die vereinzelte Gesellschaft

In der Geistesgeschichte ist das Individuum unterschiedlich konnotiert. Die Moderne misst ihm im historischen Wandel eine hohe Bedeutung zu. In der digitalen Welt wurde das Individuum janusköpfig: Jeder möchte sich als Individuum und Individualist geben, gleichzeitig untergräbt der digitale Vereinheitlichungsprozess dieses Bedürfnis. Das Individuum zeichnet sich durch eine persönliche Geisteshaltung und eigenständige Meinungen und Entscheidungen aus. Dagegen pflegt der Kollektivismus eine Konformität von Meinung und Haltung im Einklang mit der überwiegenden Einstellung der Gesellschaft. Ein für die bundesdeutsche Nation typischer Wesenszug ist das „kollektive Schuldgefühl", das der Nachkriegsgeneration wie ein Brandzeichen aufgedrückt wurde und noch heute virulent ist. Die Abweichung von der Norm wird entweder bewundert (wie bei Künstlern oder ausgeprägt kreativen, weitsichtigen und querdenkenden Menschen mit Mut zu prägnanter Meinung, Haltung und Zivilcourage) oder als Zeichen von Eigensinnigkeit, Unangepasstheit und Normabweichung abgestraft.

Warum ist unsere Bereitschaft gesunken, in Beziehungen zu investieren, für die wir auch Verantwortung übernehmen?
Ehe scheint ein Auslaufmodell zu sein, zumindest keine Garantie mehr für lebenslanges Glück –Menschen wenden sich aus den unterschiedlichsten Gründen von ihr ab. Jede zweite Ehe hierzulande wird geschieden, das Scheidungsrecht sorgt für unterschiedlich verteilte finanzielle und materielle Folgelasten, die durchaus abschrecken können. Beziehung und Lebenspartnerschaft benötigen heute nicht mehr zwingend den gemeinsamen Haushalt. Singles sind nach Jahrzehnten der sozialen Schräglage gesellschaftlich akzeptiert.

Wenn wir Beziehung weiter fassen, treten wir als Individuen auch mit der Gesellschaft, mit dem Staat, mit der Nation in Beziehung. Staatsmänner alter Prägung wie Helmut Schmidt hatten den Menschen viel zu sagen, sie stellten Informationen und Fakten in den Vordergrund, verhielten sich anständig und nach ethischen Richtlinien, auch wenn sie (notwendigerweise) Machtmenschen waren. Waren sie integer, nutzten sie ihr Machtpotenzial nicht für persönliche Vorteile, sondern für das Wachsen und Gedeihen des Staatskörpers. Sie fragten sich (ähnlich wie John F. Kennedy): „Was kann ich als Einzelner für den Staat tun?" Sich vom Sozialstaat in Notfällen unterstützen zu lassen, ist gesellschaftlich sanktioniert. Idealerweise mündet es in eine gemeinschaftsorientierte Haltung: „Was kann ich an die Gesellschaft zurückgeben?" Digitalisierung allerdings verstärkt die Neigung zu überbordender Ich-Bezogenheit. Wer empfindet sich innerhalb einer vereinzelnden Selfie-Kultur noch als ein Teil eines Ganzen? Brauchen wir eine neue Wertigkeit von Beziehung vs. Digitalisierung?

Ohne Netz und doppelten Boden kann der Einzelne nicht überleben

Dieses Netz ist geknüpft aus staatlicher Fürsorge, enger Verbindung mit dem Mitmenschen und Übernahme von Verantwortung für sich und andere. Dabei agieren wir nie für uns allein, sondern in systemischen Zusammenhängen, auf der geistigen, psychischen und körperlichen Ebene. Unser Handeln ist die Antwort auf vorgegebene Situationen und Konstellationen. Ein System reagiert wie ein Mobile auf jede Veränderung selbst des kleinsten Teils und fordert Balance ein. Dabei prägen frühe Glaubenssätze und Verhaltensmuster unbewusst unser Verhalten und machen gesellschaftliches Agieren oft problematisch. Sie lassen sich auflösen, wenn sie obsolet geworden sind. Ein reflektierender Mensch kann – auch mit Unterstützung - neue, stimmigere und beglückende Verhaltensmuster entwickeln, die unser System bereitwillig annimmt.

Neue Formen des Zusammenlebens oder die Unverbindlichkeit des Zusammenseins

Doch erinnern wir uns: Das Überleben der Menschheit war möglich, weil die Menschen sich aufeinander bezogen haben und aus dem Potenzial des Miteinanders Lebenskraft schöpften. Nicht nur in prähistorischen Zeiten hätte ein Alleinlebender keine Chance gehabt. Als die ältere Moderne den Junggesellen vorfand und später den Single er-fand, war seine Stellung schwach. Als Randfigur in Literatur und Kunst lebte der schrullige Junggeselle eher gesellschaftsfern. Die unverheiratete Jungfer war als Kinderfrau oder Gesellschafterin mehr dienend tätig, oder sie fand als die ewige Tante gnädige Aufnahme bei Verwandten. Im Brauchtum ländlicher Regionen bildeten sich in sogenannten Junggesellenvereinen wunderliche Gebräuche aus. Bis der Single in den letzten 20 Jahren gesellschaftsfähig werden durfte, wurde ihm immer noch Eigennutz und Egozentrismus unterstellt.

In der digitalen Zeit verbreiten sich Anhänger von Beziehungs-Mischformen in einem Modus, mit dem verglichen sich das Single-Dasein gesellschaftskonform ausnimmt. Hat die Digitalisierung auf tradierte Lebensformen Einfluss genommen, vor allem auf die jahrhundertelang Sicherheit gebende Konvention von Ehe und Familie? Das

Monopol, Paarbeziehungen zu legitimieren und Sexualität zu sanktionieren, haben beide bereits verloren. Die freie Liebe der siebziger Jahre hieß „offene Beziehung" – so viel Sex wie möglich, egal, mit wem. Auch in der digitalen Zeit ist die Ehe nicht mehr die „Hüterin fester Familien- und Beziehungsstrukturen".

Als Mingle in unverbindliche Beziehungsmuster treten oder gleich tindern?
„Sind wir nun zusammen oder nicht?" – „Nö!" – „Aber wir haben doch tollen Sex?" – „Na und?" Mingles - eine Mischform aus Mixed und Single – sind im Vormarsch. In einer Pseudobeziehung oder Als-ob-Partnerschaft treffen sich Mann und Frau in den möglichen Paarungen, flirten sich an, haben Sex, leben ihr eigenes Leben weiter, treffen sich wieder, erleben etwas miteinander, gehen wieder in ihr eigenes Leben zurück und so weiter. Klarheit sieht anders aus.

Viele Mingles können die Frage, ob sie nun eine Beziehung führen, nur schwer beantworten. „Kann sein, eher nicht." Die große Freiheit und die gewaltige Auswahl zwischen Online-Dating-Diensten und Social-Media-Netzwerken, die Angst vor zu großer Nähe in einer ohnehin hochkomplexen, oft undurchdringbar scheinenden Welt, Bequemlichkeit und die Scheu, sich Chancen zu vergeben, die Angst, einer Beziehung gar nicht gewachsen zu sein – all das macht ein Mingle-Dasein offenbar attraktiver als die Verbindlichkeit einer Beziehung, in der beide wachsen und sich entwickeln können. Der Reichtum aus gelebter Intimität und Nähe gilt weniger als die Chancenfreiheit und die Verlockungen von Selbstverwirklichung und Selbstperfektionierung. Wenn es im schwarzen Loch des Internets doch noch jemand Besseren gibt – warum soll ich mich jetzt binden? Erfahren wird man dies nie.

Dabei wünschen sich immer noch 56 Prozent der jungen Leute unter 24 Jahren eine feste Partnerschaft. Diese Sehnsucht brennt genauso wie der Drang nach Freiheit und die Angst vor Komplikationen. Sich zu jemandem bekennen, ist immer ein Ausschlussverfahren. Spießt man im Restaurant ein Stück Steak auf die Gabel, kann man nicht gleichzeitig von fremden Tellern am Nachbartisch Austern schlürfen, das wird in der Praxis nicht gern gesehen. Die digitale Welt fördert die Unentschlossenheit, in eine Beziehung zu investieren, weil sie den Usern vorgaukelt, dass alles möglich sei, man müsse es nur wollen. Also – hieße das nicht, vor der Zeit „das Handtuch zu werfen"?

Bedenkenswert ist, dass Vermeidungsverhalten wie Verzögern, Hinhalten, Entscheidungen und Dinge unausgesprochen lassen früher oder später das ganze Dasein mit einer diffusen, quälenden Unsicherheit und Ungewissheit überzieht. Und das ist nicht leicht auszuhalten. Das Gefühl, jederzeit ersetzbarer Lückenbüßer zu sein, solange der andere nichts „Besseres" gefunden hat, ist demütigend. Ungewissheit in der emotionalen Lebenssituation verkompliziert die ohnehin schon als komplex empfundene Lebensführung.

Evolutionsbiologen wenden ein, dass der Mensch möglicherweise nicht monogam veranlagt sei. Unsere Steinzeitvorfahren kannten keine festen Beziehungen, Ehe oder Familie – jeder mit jedem, das war das Höhlenmotto. Allerdings waren Steinzeitrotten und deren Probleme überschaubar: Die Männer gingen jagen, die Frauen sammeln, gemeinsam wurde das Wild zerlegt und verzehrt, die Kinder wurden von der ganzen Horde aufgezogen, und alles war – irgendwie – gut!

Stürmt der Wind aber aus Nordost – wo ist dann die Stütze, die ein fester Partner sein kann? Und was ist mit der Liebe? Mit Geborgenheit, Innigkeit, gegenseitigem Respekt und Verständnis, Potenzialen, die sich nur durch Bindung einstellen? Orwells „Big Brother" ließ zunächst den Begriff „Liebe" und danach „Gefühl" komplett ausmerzen. Natürlich sind auch Ehen und Lebensgemeinschaften kein Hort für intakte Beziehungen ohne Fehlerquellen und Hindernisläufe. Gerade Ehe und Familie sind oft „Schlachtfelder" oder zumindest Orte des erschwerten Miteinanders, denen Mingles sich nicht aussetzen müssen. Doch könnten sie sich täuschen. Sie machen es sich vermeintlich leichter. Pseudobeziehungen, die ohne Tiefgang vor sich hinplätschern, sind eine latente Quelle von Angst und Unsicherheit. Wer kann schon selbst sagen, wie viel ihm eine Beziehung wert ist oder nicht? Gerade unter jungen Leuten ist es weit verbreitet, per Ortungs-App den aktuellen Aufenthaltsort des Partners zu tracken. Das spricht nicht für absolutes Vertrauen.

Tindern – mit dem Feuer spielen und zündeln

Für viele Ungebundene ist Tindern die unverbindlichste Art, das Liebesleben an einem digitalen Herd zu befeuern, ohne eine Bindung einzugehen. Man staunt! Ist das tatsächlich das Kommerzmonster Facebook, das die Gefühle seiner User in Wallung bringen will? Auf Mausklick Erotik? Über zwei Millionen Deutsche – Männer und Frauen zwischen 18 und 35 – tindern, insgesamt sollen 20 Prozent der User bereits einen Tinderkontakt persönlich getroffen haben und 60 Prozent die App täglich verwenden. Eine Menge Tinder-Zeit, die hier vergeht oder vergeudet wird? Aber okay, ein Tool, das Menschen zusammenführt, ist zunächst zu begrüßen. Irritierend ist allerdings, dass Tindern auf Facebook installiert ist und Facebook von der Anmeldung bis zur Vermittlung die Standards fest im Griff hat. Zum Beispiel sucht der Gigant und nicht der User die Profilfotos aus. Er durchforstet deren Facebook-Accounts nach Interessen, Vorlieben, Leidenschaften. Eine manipulative Maßnahme, die ins wirtschaftliche Konzept passt? Oder reine Fürsorge? Tinder will so die größtmögliche Gemeinsamkeit zwischen potenziellen Interessenten herstellen. Wie rührend! Seit April 2015 fordert Tinder die Mitglieder auf, religiöse oder politische Einstellungen offenzulegen und alle bisherigen und aktuellen Arbeitgeber zu benennen. Auch vorhandene Sicherheitslücken sollten nicht ignoriert werden: Vernachlässigt der User seine Privatsphäre-Einstellungen auf dem Facebook-Account, kann seine Identität von außen aufgedeckt werden. Tinder-Datensätze sind gegen äußere Zugriffe ungeschützt. Restriktionen, die hellhörig machen sollten.

Ganz klar: Unsere Gesellschaft ist im Umbruch, und zwar in einem bisher nicht gekannten Ausmaß und Tempo. Dies erhebt die Frage nach ihrer inneren Befindlichkeit und psychischen Belastbarkeit. Wie robust ist unser gesellschaftliches Miteinander im Zeichen der Digitalisierung?

LAT – Living-apart-together

Wer sich dafür entschieden hat, ist vom Wert einer festen Beziehung überzeugt, will oder kann aber nicht einen gemeinsamen Haushalt führen. Getrennt leben hat Vorteile und ist oft unumgänglich bei beruflich bedingter Fernbeziehung oder anderen Verpflichtungen, die eine räumliche Trennung notwendig machen. Doch der komplexe Hintergrund findet auch eine Erklärung in der komplizierten Lebenssituation, in der gerade jüngere Zielgruppen und Großstädter aktuell sind. Eine feste und auch glückliche Beziehung ist heute noch kein hinreichender Grund, eine vorhandene günstige oder attraktive Wohnung (zumal in einer beliebten Trendgroßstadt, in einem angesagten Quartier) aufzugeben. Wohnungssuche in Berlin, Hamburg, München, Köln, Frankfurt, Leipzig kann sich wie ein schweißtreibendes Casting anfühlen. Der beste Selbstdarsteller gewinnt, besonders wenn er Beamter ist (die meisten Vermieter bevorzugen sie).

Als LAT kann man seine Lebensführung individueller gestalten. Wer einem ausgeprägten, fordernden Berufsleben standhalten muss, wünscht sich zum Feierabend oft einen gemütlichen Abend vor dem Breitwandfernseher in Freizeitkleidung, die Fernbedienung und die Chipstüte in Griffweite. Ohne weitere Komplikationen und Konflikte. Während den Partner Lust überfällt, um die Häuser zu ziehen. In einer LAT-Beziehung bleibt die Sehnsucht frisch. Aber auch das Risiko, dass die Fernbeziehung einen Knacks bekommt, weil die gemeinsam verbrachte Zeit die gegenseitigen Bedürfnisse nach Geborgenheit und Sicherheit nicht decken kann oder die unterschiedlichen Lebensweisen zu Differenzen führen. Die LAT-Beziehung ist vom Grundsatz her eng und langfristig angelegt – beide haben den Wunsch, zusammenzubleiben: ein Paar, eine Liebe, zwei Wohnungen, zwei (äußere) Lebensentwürfe.

Kapitel 2
Hauptsache Ego – der digitale Maskenball

Was ist mit der „Krone der Schöpfung" im allgemeinen digitalen Rausch und Daten-Schneegestöber geschehen?

Wie stark ist heute das Internet mit seinen Neuschöpfungen „Neu-Denk" und „Neu-Sprech" in Politik und Gesellschaft, in Kunst und Kultur, die Pop-Kultur und die Wahrnehmung des Menschen eingedrungen?

Versuch eines Psychogramms der Gesellschaft im frühen 21. Jahrhundert

Sie meinen, dass sei etwas vermessen, bereits im 18. Jahr des noch jungen, quasi post-pubertären Jahrhunderts von einer Seelenlage zu sprechen, die man ohne nötige Distanz als Heutiger gar nicht richtig einschätzen kann? Wer sich im Auge des Taifuns befindet, hat in der Regel wenig Augenmaß. Die Luftmassen wirbeln rasend schnell mit bis zu 300 Stundenkilometern um ihn herum, während die windstille Zone im Zentrum eine fast geruhsame Geschwindigkeit entwickelt. Eine scheinbare Ruhe, die einlullen könnte.

Dass George Orwells Werk „1984" in diesen Jahren zum absoluten Amazon-Bestseller wurde verwundert kaum. Wenn der absolute Totalitarismus im Staate Ozeanien die Sprache von Begriffen wie Liebe – und letztlich auch das Empfinden von Liebe – säubert, dürfen wir das mit der Manipulation der sozialen Medien heute vergleichen? Darf man den Vergleich zwischen Donald Trump und Big Brother ziehen? Beide wenden sich täglich mehrmals mit gleichschaltenden Fernsehübertragungen (Big Brother) oder im Falle des US-Präsidenten mit Twitter-Nachrichten direkt an ihre Nationen. Amerikanisten wie Michael Hochgeschwender, Professor für Amerikanistik am Amerika-Institut der Ludwig-Maximilians-Universität in München, wehren hier ab und verweisen darauf, dass der Trump-

Effekt größtenteils in den typisch amerikanischen Verhältnissen und Befindlichkeiten begründet sei. „Die (US-)Verfassung ist im Stresstest" und es gebe „einen neuen Fundamentalismus, der aber nicht mehr primär religiös ausgerichtet ist".

→ http://www.sueddeutsche.de/kultur/professor-fuer-amerikanistik-wie-robust-ist-die-amerikanische-demokratie-1.3363012.

> *Provokante Frage:*
> Wenn Demonstrationen sich gegen Trump und den von ihm verkörperten Machtanspruch des Finanzkapitals richten, haben sie da nicht weit mehr sein Sprachrohr Twitter im Visier – als Exempel für das überbordende Monopol des Internets?

Die digitale Gesellschaft respektive die Netzwelt hat einige wunderliche, wie dem Märchenbuch oder der Mythologie entsprungene Gestalten hervorgebracht: Trolle, Robots, Avatare, Memes, Webbugs, Flamer, Rager, Groomer, Hater. Sind sie weitläufig verwandt mit Elfen, Zwergen und Berggeistern, mit Fabelwesen und Fantasy-Filmfiguren? Oder wie konnte es zu diesen Geschöpfen, um nicht zu sagen Missbildungen kommen? Sehen wir uns da selbst im Vexierspiegel des digitalen Gruselkabinetts?

Kleiner Einblick in die Welt der virtuellen und viralen Mitgeschöpfe und Internetphänomene

Vorgestellt werden nur einige davon exemplarisch. Dabei geht es teils um technische Verhaltensweisen, teils um Auffälligkeiten in den Handlungen und Beweggründen von Internetusern, die betrügerischen oder diffamierenden Charakter haben.

Ein Troll für alle Fälle
Troll, Trold oder Tröll (im Nordgermanischen bezeichnet es einen übernatürlichen Unhold oder Riesen, der sich unbeholfen und Unheil versprühend vorwärtsbewegt) kennen wir aus der Sagenwelt. Das schwedische Verb Trolleri = Zauberei lässt sich mit gaukeln, betrügen, etwas vortäuschen übersetzen. Psychologie

heute sieht in der Ausgabe vom Juni 2016 im Trolling unterschiedliche Befindlichkeiten oder Charakterstörungen in einem vereint. Narzissmus (überstiegene Selbstbezogenheit), Machiavellismus (manipulatives Verhalten), Psychopathie (Rücksichtslosigkeit) und Sadismus (Lust, Mitmenschen oder Mitgeschöpfe zu quälen) ergeben eine höchst explosive Mischung. Mit eindeutigen Verweisen auf Gefühlskälte, Rachsucht und manipulative Neigung, Aufmerksamkeitsgier, Lust am Konflikt aus Frustration, Langeweile und fehlender Beachtung.

→ http://journals.sagepub.com/doi/abs/10.1177/0165551510365390

Online-Trolle bewegen sich am Rand von Sadismus und Psychopathie. Troll klingt drollig, ist aber bösartig und infam. Man muss nicht prominent sein, um Hassmails zu erhalten. Internetnutzer, die gehässige, demütigende Kommentare in Blogs oder Foren posten, lassen Diskussionen eskalieren und können schweren Schaden anrichten. Ihre Hinterlassenschaften sind Auswüchse ihrer Selbsterleichterungsmechanismen. Trolle lieben die Destruktion, jede sinnvolle Diskussion soll im Keim ersticken. Ihre Persönlichkeitsstruktur ist zweifelhaft. In der nordischen Sagenwelt wurden Trolle entweder als hässliche Riesen, Dämonen oder Zwerge gesehen, streitlustig, höchst schlagfertig und missgünstig eingestellt, deren Ehrgeiz dahin ging, das soziale Miteinander zu stören. Nervig, antisozial, zwiespältig, schlau und grottenfrech. Wenn digitale Trolle Foren knacken, Diskussionen unterbinden, Häme, Hader und Zwietracht säen, kann man ihnen scharf entgegentreten oder dem Hinweis folgen, Trolle besser nicht zu füttern. Denn je mehr Nahrung, desto hungriger werden sie. Trollfaces werden gebändigt durch Ignorieren oder Verniedlichen.

„Die digitale Kommunikationsrevolution führt vor allem zur Erosion des öffentlichen Raumes, in den früher Informationen hinausgetragen und in dem Informationen auch erworben wurden. Heute werden Informationen im privaten Raum produziert und ins Private kommuniziert. Diese Veränderung des Informationsflusses hat Konsequenzen in vielen Lebensbereichen, auch im Politischen. Die Shitstorms ergießen sich in die Leere des öffentlichen Raumes."

Han, Byung-Chul: „Im Schwarm",

→ http://www.faz.net/aktuell/politik/staat-und-recht/gastbeirag-im-schwarm-11912458.html

Cyberstalker sind Straftäter

Ähnlich wie Cybermobbing fahren Cyberstalker digitale Angriffe auf die seelische Unversehrtheit, den Leumund und Ruf, das Gleichgewicht und die Gesundheit von Mitmenschen, heimtückisch und hämisch. Ihre schwer zu erkennende Bandbreite macht sie so gefährlich. Das kann mit harmlos wirkender Hänselei beginnen, sich zu Verleumdung, Streuung von Gerüchten und falschen Anschuldigungen steigern, zu einschüchternden Falschnachrichten über Menschen und realen Drohungen (Vandalismus) aufheizen und mit dem Identitätsverlust der Betroffenen eine Klimax erleben. Nicht selten gehen Cyberstalking und Echtzeit-Mobbing Hand in Hand und arten in realer Personenverfolgung, Auflauern, Belästigung aus.

Flamer nerven

Eng verwandt mit dem Mobbing, kann Flaming in Foren, Gruppen, beim Gaming mit „Herumheulen" übersetzt werden. Flamer hacken auf anderen herum und werden nicht müde, durch provokante Fragen oder Kommentare die Gruppenkultur zu stören. Raging ist der Austausch von aus der Wut geborenen Beleidigungen, Flaming kann aus einer sachlichen Diskussion einen flammenden, kontroversen Schlagabtausch machen. Unterbinden die Grupppenmoderatern diese Unsitte nicht, breitet es sich wie ein Buschfeuer aus. Die Lust an Streit und Provokation findet im Internet eine ungehemmte Spielwiese. In eigenen Newsrooms wie news:de.alt.flame und speziellen Foren – sogenannten Flame-Threats – darf sich der Flame War ungehindert austoben.

Lurker sind anderen suspekt

Sie lauern im Hinterhalt der sozialen Medien. Im öffentlichen Raum geben sie kaum einen Laut von sich oder bleiben verdeckt. Sie kommunizieren nicht selten mit den einzelnen Forumsteilnehmern individuell. Passive Teilnehmer von Newsgroups, Foren oder Mailinglisten, die sich nicht beteiligen, aber alles lesen und erfahren können, machen aktive Teilnehmer nervös. Man wittert einen Hinterhalt und fühlt sich auf unbehagliche Weise ausgespäht. Auf wissenschaftlichen oder sehr fachbezogenen Mailinglisten lässt sich das noch nachvollziehen – aber was steckt hinter Lurking auf „normalen" Mailinglisten? Negative Persönlichkeitsstrukturen und Hemmungen sind eine eher harmlose Erklärung. Nicht selten können Menschen durchaus komplexe Gedankengänge entwickeln, scheuen sich aber, sie preiszugeben, aus Angst vor Kritik oder Häme. Menschen, die in frühen, restriktiv wirkenden Verhaltensmustern gefangen sind, werden ausgebremst.

Groomer sind eine Gefahr für Kinder und Halbwüchsige

Noch vor einigen Jahren verstand man darunter einen ausgebildeten Hundefriseur. Im Online-Verständnis handelt es sich um Erwachsene mit pädophilen Neigungen, die digital bei Kindern und Halbwüchsigen Vertrauen aufbauen. Sie schmeicheln, loben, machen Komplimente. Wie früher der „böse Onkel" an der Straßenecke nicht nur eine Tüte Bonbons bei sich, sondern auch Böses im Schilde führte, tarnt heute der Online-Groomer mit einem scheinbar guten Anliegen seine schändliche oder schändende Absicht. Manipulation versetzt ihn in einen Machtrausch, seine Ziele reichen von kinderpornografischen Fotoaufnahmen zur kommerziellen Nutzung bis zum emotionalen und sexuellen Missbrauch. Auch wenn Personen unter 14 Jahren geschützt werden, ist die strafrechtliche Verfolgung europaweit unterschiedlich. Die Stellung des Täters zum Opfer (Familienmitglied oder Verwandter, Bekannter, Lehrer, Trainer, Betreuer) spielt bei der Bewertung, ob es sich um eine Straftat handelt, eine entscheidende Rolle.

Self-Tracker können auch des Guten zu viel tun

Sie überlassen sich ihren elektronischen Sensoren, die in der Nacht über ihre Körperwerte wachen. Körperfettwaage, Schrittzähler, Blutdruck- und Pulsmesser, Kalorienzähler, Leistungsmesser bis zur Ermittlung von Blutwerten mittels Smartphone-Wearable sind ihre Begleiter über den ganzen Tag und nicht selten in der Nacht. Gesundheits-Apps boomen. Leben wir so gesünder und bewusster?

Studien der Universität Oldenburg und des Forschungsinstituts OFFIS fanden heraus, dass der Self-Tracker unter der Wirkung seines Optimierungsprogramms anfangs einen starken Anschub erlebt, bis sich rasch der berühmte Abnutzungs- und Gewohnheitseffekt einstellt. Aber das könnte sich bald ändern – musste der Anwender bisher die gemessenen Werte selbst auswerten, werden die unterschiedlichen Devices bald miteinander vernetzt sein und eine tiefergehende Diagnostik möglich machen. Korreliert etwa eine Gewichtszunahme mit einem erhöhten Blutdruck oder verändern sich Blutwerte dramatisch, schlägt das System Alarm. Akustische Signale werden die Betroffenen auffordern, Gegenmaßnahmen zu ergreifen, etwa kleine Übungen in den Alltag einzubauen. Corinna Schaefer vom Ärztlichen Zentrum für Qualität in der Medizin in Berlin warnt vor zu großer Technikhörigkeit. „Auch Bewegung, gesunde Ernährung und guter Schlaf können nicht alle Krankheiten ausschließen. Nicht jede Veränderung bei Werten oder Zuständen ist bereits ein Warnsignal." Ohnehin übereifrige Self-Tracker könnten eher verunsichert als motiviert werden.

Meme – Mimesis-Nachahmungen
Eine wahre Ausgeburt des Internets findet sich in der Kunst der Nachahmung, Menschen lieben es, in die Haut eines anderen zu schlüpfen. Eine Meme – diese Wortschöpfung prägte Richard Dawkin in seinem Buch „Das egoistische Gen" aus dem Jahr 1976 – ist eine Art kulturelle Erbinformation oder Kulturtradition. Meme bezieht sich auf einen Begriff oder Slogan, einen Trend, eine Melodie, Darstellungsform oder Begebenheit, ein Zitat, Phänomene, die noch lange nach der Entstehung in anderen Darstellungsformen nachgeahmt werden. Auch Flashmobs (wenn viele Menschen sich öffentlich treffen und eine spontane Performance durchführen) und die Ice-Bucket-Challenge (bei der sich Menschen für einen guten Zweck mit einem Eimer eiskalten Wassers übergießen) gehören zu Memes, soweit sie sich im Internet abspielen.

Remakes, Revivals, Remixe – Nachahmung liegt im menschlichen Genmaterial. Das Internet bietet einen Megafundus, aus dem man schöpfen kann, um eine bekannte Vorlage (Foto, Video, Podcast, Text) mit einem eigenen Text zu unterlegen (zum Beispiel auf www.makememe.org). Auch die Werbewirtschaft und – wen wollte es wundern – die Politik haben dieses Tool längst für sich reklamiert. Die vorantiken griechischen Philosophen verglichen die Mimesis mit der Debattenmethodik, vom Besonderen zum Allgemeinen zu führen (Induktionsmethode). Platon warnt jedoch vor der Flucht in eine Scheinwelt, die wichtiger und attraktiver werden könnte als das reale Sein. Das geschah vor knapp 2.500 Jahren! Oh

Platon, wenn du wüsstest! Dessen ungeachtet erzeugen Online-Memes Reichweiten, von denen Printmedien auch in ihrer Hoch-Zeiten nur träumen konnten.

→ **http://www.sueddeutsche.de/digital/netzwelt-meme-fuer-millionen-1.2782994**

Online-Exhibitionismus treibt üppige Blüten
Was halten Sie von digitalen Erscheinungen wie Pharming, Happy Slapping, Clickjacking, Chatroulette, Skimming, Phishing, von Webbugs, Foodporn, Catcontent? Besonders skurrile Formen manifestieren sich im Owling, Planking, Picture Crashing, in Flashmobs und Lolcat, Camera Tossing, Unboxing. Was treibt Menschen um, sich in skurrilen, kauzigen Posen und burlesken Verhaltensweisen zum Zweck der globalen Verbreitung filmen zu lassen? Da bekommt der Trenchcoat-Exhibitionist früherer Prägung noch etwas Naiv-Menschliches. Was noch das Ritzen war, könnte heute in einer möglichst aufsehenerregenden und/oder sinnentleerten Beschäftigung vor Millionen Menschen zum Ergebnis führen, sich endlich selbst zu spüren Der Unterschied: Ritzen war anonym und nur an eventuellen Wunden oder Narben zu erkennen, die auch mal verheilten. Dagegen sind die geschilderten Phänomene im digitalen Universum untilgbar.

Vergleiche
→ **http://www.berliner-zeitung.de/digital/--15111848**

Im visuellen Überangebot des Cyberspace werden wir zu Voyeuren der anderen und zu Exhibitionisten unserer selbst. Immer im Zwang, der Meute etwas darzubieten, um Aufmerksamkeit zu erregen, hecheln wir uns selbst hinterher. Der vielfach prämierte Kinofilm aus dem Jahr 1998 „Die Truman Show" greift zu Überstilisierung und kafkaesker Anmutung und zeichnet den amerikanischen Albtraum in der Figur des jungen Truman Burbank nach. Von Kindheit an wird er selbst zu einem medialen Produkt, einer Ware gemacht. 24 Stunden täglich ist sein ganzes alltägliches Leben Inhalt einer Fernsehshow und wird von einer geifernden TV-Gemeinde konsumiert, ohne dass Truman dies bewusst wird. Als er den Betrug wittert und aufdecken will, soll er mit allen Mitteln daran gehindert werden. Doch Truman befreit sich und geht hinaus ins reale Leben.

Halbwüchsige mausern sich zu Internet-Stars

Auf Instagram wurden sie groß – internetweit gefeierte Jungstars wie die 14-jährigen Zwillinge Lisa und Lena. Zehn Millionen Fans haben sie bereits gesammelt, und es werden täglich mehr. Ihr Geschäftsmodell ist simpel: semiprofessionell erstellte Kurzvideos, in denen sie sich mit eigener Choreographie zu Popsongs bewegen und dabei vorgeben, synchron zu singen. Nur Fußballstars toppen sie auf der Instagram-Hitliste. Ihr Starruhm beruht auf ihrer allgegenwärtigen Internet-Präsenz. Was früher Applaus war, nennt sich heute Liken und Abonnieren. Die kreischenden Fans werden nicht von Sicherheitspolizisten an der Bande festgehalten. Jungstars wie Lisa und Lena sind erfolgreich, weil sie tatsächlich Spaß daran haben, sich selbst darzustellen. So wirken sie menschlich-emotional und glaubwürdig.

Professor Michael Häfner vom Lehrstuhl Kommunikationspsychologie an der Universität der Künste in Berlin erklärt: „Auch wenn vielen bewusst zu sein scheint, dass die ‚ästhetisierten Bilder', etwa bei Instagram, nicht notwendigerweise die Realität widerspiegeln, kommt es doch zur unterschwelligen Beeinflussung." Man versuche den vorgelebten Lebensstil nachzuahmen. Verwerflich sei das nicht, meint Michel Clement, Professor für Marketing und Medien an der Universität Hamburg. „Ich sehe es als eine gesamtgesellschaftliche Aufgabe, kritisches Denken zu lernen und leben", sagt er. „Alles, was die Social-Media-Stars vorleben, ist also erst einmal in Ordnung, solange es mit kritischer Distanz betrachtet wird." Na ja.

Youtube-Stars direkt von der Straße

Als der King der Google-Videos gilt der Schwede Felix Kjellberg. Mit 24 ist sein Game-Channel beliebter als Rihanna. Sein enormer Erfolg – 31 Millionen regelmäßige Zuschauer – spülte allein 2013 Werbeeinnahmen von mehr als vier Millionen Dollar in sein Portemonnaie. Im deutschen Youtube-All regiert King Gronkh. Seine „Let's Play"-Videos treffen den Nerv von Millionen Zuschauern. Weltweit führt PewDiePie die YouTube-Charts an, und in Deutschland erteilt Bianca Heinicke in „Bibis Beauty Palace" gut 4,4 Millionen Zusehern Nachhilfeunterricht in Sachen Schönheit. Da kann Irma noch etwas lernen!

Ich mach Selfies, also bin ich!
Zum selbstbestätigenden Effekt von Selfies war bereits im früheren Kapitel zu lesen – die Sucht, sich immer wieder neu abzubilden, um sich neu zu spüren und bestätigt zu sehen durch andere, kann verstören und zerstören. Dass Selfies zu einer Kunstgattung werden können, beweisen moderne Künstler wie Cindy Sherman. Sie ist eine der wenigen Ausnahmen, die die Instagram-Bühne für Kunstexperimente nutzen.

Hype oder schräger Humor? Unsinn und Verblödung? Selfies als Rollenspiele
Cindy Sherman ist immer für eine Online-Provokation gut. Die frühe Anwenderin von Selfies hat Selbstporträts dramatisch stark überhöht. Ein privater Instagram-Account zeigt eine Serie theatralisch inszenierter, wild arrangierter Selbstporträts, die das Medium zum Kunstobjekt machen. Man kann sich über sie wundern, sie bewundern oder ihre Werke als irrsinnigen Ulk beschmunzeln – sie bleiben vor allem Unikate, die verwirren, verstören, verblüffen, aber auch faszinieren. Wenn Cindy Sherman in einer Szene als Patientin im Krankenhausbett liegt, von lebenserhaltenden Maschinen und Schläuchen umzingelt, ist die Täuschung vollkommen: Fake oder Realität? Grenzen zwischen Realität und Inszenierung verwischen. Will die Instagram-Künstlerin der Gesellschaft darin einen Spiegel vorhalten, indem die Selbstbezogenheit und Selbstverliebtheit der Internetgeneration ad absurdum geführt wird? Neben den üblichen selbstverliebten, aufmerksamkeitsheischenden und nicht selten persönlichkeitsgestörten Ich-Darstellern wirkt sie noch vergleichsweise „normal". Übrigens scheint sich mittlerweile fast jeder Selfie-Produzent auch für einen Profi zu halten. Die Nivellierung zwischen Dilettant, Amateur und Profi innerhalb der digitalen Gleichmachung ist angekommen. Hauptsache Spiegelung!

https://sofrischsogut.com/2017/08/10/cindy-sherman-selfies/

Selbstdarsteller, Egomane und Blender an die Front!
Die digitalen Narzissten – sie können alles außer Mitgefühl

Wo liegt die Grauzone zwischen einem gesunden Egoismus, Egomanie und egozentrischer Grandiosität, einem übersteigerten Selbstwertempfinden und Überlegenheitsgefühl, das keinen Widerspruch duldet und die Mitmenschen erniedrigt?

Wenn wir im ersten Teil die Veränderungen in der Gesellschaft unter dem Aspekt des Verlusts betrachtet haben, müssen wir jetzt ein Gegen-Phänomen benennen: Haben heute die Narzissten das Sagen? Oder eine Mischung aus Grandiosität, Ich-Zentriertheit, Psychopathologie, Eigennutz, Schizophrenie, Selbstdarstellung und Neurose? Wenn ja, warum ist das so? Ist Selbstoptimierung eine Menschenpflicht geworden, und welche Rolle spielt noch der Mensch hinter der Ich-Maske?

Ein gesunder Egoismus hat mit dem Respekt vor dem Leben und vor sich selbst zu tun – und nichts mit Egomanie. Für sich betrachtet ist er ein Zeichen von Eigenverantwortung, denn so lasten wir den anderen nicht die Pflicht auf, für unser Glück zuständig zu sein. In die Praxis umgesetzte Nächstenliebe und Rücksichtnahme. Beste Voraussetzungen für Beziehung und Miteinander. Egoismus wird übrigens – und dazu finden Sie mehr im Vierten Teil – neben Liebesfähigkeit, Freundschaft und Familie, Souveränität und Integrität, Charme, Hingabe, Vertrauen und Bereitschaft zur Melancholie zu den wichtigsten Garanten eines sinnvollen Lebens gezählt.

Zum Nachlesen:

Narzissmus ist im digitalen Zeitalter zum Klischee-Begriff verkommen und wird dadurch in riskanter Weise verniedlicht. Narzissten und Borderliner vermehren sich rapide, hört man aus Fachkreisen.
→ https://www.narzissmus.net/narzistische-und-borderline-personlichkeitsstorung-zwei-verwandte-bilder/

Eine „Narziphobie" meint Meredith Haaf in einem Artikel der Süddeutschen Zeitung vom 20.12.2016 zu erkennen. Rücksichtsloses oder gefühlskaltes Verhalten wird allzu rasch mit narziphobischen Begriffen geahndet.
→ http://www.sueddeutsche.de/kultur/kommunikation-im-digitalen-zeitalter-auf-gehts-in-die-narzisphaere-1.3301500

Die amerikanische Psychologin Jean Twenge testiert in ihrer Studie, in der sie mit dem sogenannten „Narcisstic Personality Inventory" (NPI) den Narzissmuswert einer ganzen Generation ermittelt, „Überheblichkeit und Anspruchsdenken". Ihren Erkenntnissen nach haben sich die Narzissmuswerte seit den Achtzigern ähnlich stark erhöht wie das durchschnittliche Körpergewicht eines US-Amerikaners. Bereits 1979 nannte der amerikanische Historiker Christopher Lasch seine Zeit das „Zeitalter des Narzissmus." Hat das Smartphone eine ganze Generation zerstört?
→ https://www.theatlantic.com/magazine/archive/2017/09/has-the-smartphone-destroyed-a-generation/534198/

Der deutsche Psychologe Professor Udo Rauchfleisch warnt in seiner Publikation „Narzissten sind auch nur Menschen" (Patmos 2017) vor einem inflationären Konsum des Begriffes narzisstisch, der banalisieren und nivellieren und der ihm immanenten Brisanz nicht Rechnung tragen würde. Heute steht der Ausruf „Du Narzisst!" im Alltagsgebrauch der Emo-Sprache auf gleicher Stufe wie „Du Opfer!".
→ https://www.jpc.de/jpcng/books/detail/-/art/udo-rauchfleisch-narzissten-sind-auch-nur-menschen/hnum/6986788

Offenbar gibt es neben den pathologischen, extremen und „normalen" Narzissten heute immer häufiger den digitalen Narzissten, ein Phänomen, das die rapide Digitalisierung erst möglich machte. Die Gier nach Großartigkeit entspringt nicht zuletzt dem quälenden Gefühl, in der Masse unterzugehen und/oder seiner Individualität beraubt zu werden. Auffallen um jeden Preis in einem Becken von Tausenden toller Hechte – das erfordert schon Einsatz. Nur durch Selbstüberhöhung und rücksichtslose Selbstdarstellung lässt sich hier etwas erreichen. „Narzissmus als publizistische Totschlagdiagnose unserer Zeit" (so Meredith Haaf, s.o.). Digitale Selbstverliebtheit und Selbstzentriertheit sind der Bauch, aus dem Narzissmus kriecht.

Die digitalen Narzissten entbehren jeglichen Charmes, den der mythologische Narziss noch besaß

Der Spiegel des mythologischen Narziß lag in der Wasseroberfläche des Baches, in die er sich verliebte; heute ergötzen sich Selfie-Hersteller an ihren Bildnissen und versichern sich dadurch ihrer Existenz. Gefühlt dreht sich alles um das eigene Ich. Die sozialen Medien sind die Spielwiesen der neuen Narzissten. Das eigene Verhältnis zu seinem Selbstbild innerhalb der digitalen Kommunikation gehört zu einer der wichtigsten Herausforderungen der Zeit. Allerdings ist Narzisst heute ein vielfach missbrauchter Begriff, dessen Verwendung oft nicht unterscheidet zwischen pathologischen Narzissten und den Gebrauchsnarzissten. Wie so oft kommt es auf die Schärfe der Ausprägung an. Das quälende Bedürfnis nach übermäßiger Bewunderung und der gleichzeitige Mangel an Mitgefühl sind nicht angeboren, zum Narzissten wird man gemacht, sei es durch übermäßige Vergötterung in der Kindheit oder ganz im Gegenteil durch übermäßige Instrumentalisierung als Ausgleich zu fehlendem Selbstwert der Bezugspersonen.

Im klinischen Sinne als zu diagnostizierende Persönlichkeitsstörung werden 0,5 bis 2,5 Prozent der Gesamtbevölkerung gesehen, weitere fünf Prozent gelten als extreme, allerdings noch nicht pathologische Narzissten, die aber ihrer Umwelt viel zumuten, der Rest wird als in einem mehr oder weniger normalen, gewünschten Sinne narzisstisch angesehen. Ausreißer gibt es nach oben und unten.

Ein bisschen Narziss steckt in jedem von uns, und das ist auch gut so. Unser Selbstwertgefühl ist schützenswert, und „eine kleine Portion Selbstüberhöhung", sagt Ursula Huber in Psychologie heute, 10/2017, S. 21, „schadet nicht. [...] Denn nur so lassen sich unsere Selbstzweifel begrenzen."

Zwischen Größenwahn und Rachelust
Wie gibt sich eine narzisstische Persönlichkeit zu erkennen?

- Die Meinung eines Narzissten von sich selbst und seiner eigenen großartigen Bedeutung sprengt alle Grenzen.
- Der Narzisst wird von Machtfantasien und der Erwartung eines grenzenlosen Erfolgs bestimmt.
- Seine „Einzigartigkeit" entspringt einer extrem egozentrischen Einstellung und dem Mangel an Einfühlungsfähigkeit in die Seelenlage anderer Menschen.
- Sein Bedürfnis nach Bewunderung korreliert mit seiner Auffassung, dass die ganze Welt in seiner Schuld stünde (Schuld bedeutet in diesem Fall Aufmerksamkeit, Huldigung, Dankbarkeit, Unterordnung, Hingabe, Verehrung)
- Seine fehlende Empathie wird gespeist vom Neid auf alles Bewundernswerte, das er an sich selbst qualvoll und schmerzlich vermisst.
- Die Überheblichkeit gegenüber jeglicher Umwelt in Haltung, Vorgehen und Verhalten ist seine Art sich zu schützen.
- Ein Spiegelbild anstelle eines Selbstbildes muss Selbstwert ersetzen.
- Er ist unfähig zu echten tiefergehenden Beziehungen und koppelt sich an andere an, um ihnen ihr Leben auszusaugen, da er selbst jede Substanz vermissen lässt. Wie ein Vampir ernährt er sich von anderen, wie ein Roboter imitiert er das Leben der anderen.
- Er lebt Schein-Beziehungen in einer „perversen Sphäre" von destruktiver Bosheit und Gemeinheit. Das Leiden der anderen ist sein Vergnügen. Unterjochen, gängeln und drangsalieren bereiten ihm einen sadistischen Genuss.

Die französische Psychotherapeutin Marie-France Hirigoyen äußert sich so in „Die Masken der Niedertracht. Seelische Gewalt im Alltag und wie man sich dagegen wehrt", München 1999 (S. 154-155): „Ein Narziss, im Sinne des Narziß des Ovid (siehe ‚Metamorphosen. Buch der Mythen und Verwandlungen'. Frankfurt a. Main 1992) ist jemand, der glaubt sich selbst zu finden, indem er sich im Spiegel betrachtet. Sein Leben lang sucht er sein Spiegelbild im Blick des Anderen. (...) Ein Narziss ist eine leere Schale, die kein Eigenleben hat, er ist ein Pseudo, der zu täuschen sucht, um seine Leere zu tarnen."

Lesetipp:
Han, Byung-Chul:
– Gastartikel „DIE WELT"
  → https://www.welt.de/kultur/article150479233/Narzissmus-ist-der-Grund-fuer-Selfies-und-Terror.html
– „Die Austreibung des anderen. Gesellschaft, Wahrnehmung und Kommunikation heute." Verlag S.Fischer, 2016.

Das ganze Leben respektive das Berufsleben – ein immerwährendes Casting?

Im Internetzeitalter kann sich jeder selbst zum Star stilisieren. 1999 machte das Konzept „Popstars" eines Neuseeländers Furore und diesen zum Millionär. Es legte die Basis für unzählige Kopien und Lizenzverkäufe in 40 Ländern. Vorsingen für das kleine Stück Glamour – das führen uns die TV-Casting-Shows vor Augen. Hier zeigt sich, wer „authentisch" ist und wer nicht. Was man auch immer darunter verstehen mochte. Beim TV-Casting geht es von Anfang an ums Ganze, denn keiner hat die Chance eines zweiten Eindrucks. Keine Vorauswahl siebt aus, was ganz unsäglich daherkommt, und keiner bewahrt die Teenager vor Peinlichkeit, Blamage und Schlimmerem. Einer Umfrage der Medienwissenschaftlerin Maya Götz zufolge (Internationales Zentralinstitut für Jugend- und bildungsfernsehen beim Bayerischen Rundfunk) gehen 73 Prozent der befragten neun- bis 16-Jährigen davon aus, dass diese Casting-Sendungen für sie der Schlüssel sind, wie man sich im Leben verhalten soll, um erfolgreich zu sein. „Von Null auf Superstar" – das ist der neue (Alb-)Traum der Halbwüchsigen. Das wäre jetzt nicht so besorgniserregend, hätte sich das Casting-Konzept nicht mittlerweile auch in der Wirtschaft etabliert. Ob die Deutsche Bahn Lokführer-Azubis sucht, die Documenta Kassel Aushilfsgarderobieren, Airlines Flugbegleiter oder der Wirtschaftsverband der Jungunternehmer unter dem Label „Germany's Next Bundeskanzlerin" Nachwuchstalente für die Politik – Hauptsache: Selbstperformance.

Alles Selbstperformance, oder was?

Dazu äußert sich Professor Uwe Kanning vom Lehrstuhl Wirtschaftspsychologie an der Universität Osnabrück in der ZEIT vom 20. Juli 2017 sehr kritisch: „Bei Castingshows sehen wir ja, dass man nicht unbedingt etwas können muss, um weiterzukommen. Wenn Menschen denken, sie müssten sich nicht mehr weiterentwickeln, und offensives Auftreten ausreicht, ist das verheerend." Selbstdarstellung für einen Sachbearbeiter oder Maschinenbediener, Paketboten oder Lokomotivführer? Ohne diese Berufe diskriminieren zu wollen – ihre wahren Fertigkeiten liegen nicht in der Persönlichkeit sprich Personality, auch wenn ein sympathisches Verhalten immer Pluspunkte bringt. Aber was ist mit den alten objektiven Kriterien passiert, mit denen der Personalchef früher die guten von den schlechten Erbsen trennte? Schulnoten, Examensabschlüsse, Qualifizierungen, Intelligenzquotient (sowohl fachlich, intellektuell, emotional und sozial), strukturierte Interviews und fachlich begleitete Assessment Centers? Ehrenamt oder soziale Motivation? – Unternehmen, Versicherungen und Banken setzen bei der Rekrutierung mittlerweile auf gezieltes Storytelling und lassen Melania, Lauro, Özden oder Larissa aus dem persönlichen Nähkästchen plaudern respektive vortanzen. Die Auswahl durch Castings reflektiert ein grundlegend verändertes Leistungsverständnis. Im besten Fall kann es tatsächlich auf selbstbewusste Bewerber treffen, im Worst Case auf bedauernswerte Geschöpfe, die ihre eigene Meinung und Identität an der Garderobe abgeben.

Bewerben wir uns ständig um das Recht, in der Gesellschaft geachtet und geduldet zu sein? Strebte man in analogen Zeiten als junger, reflektierender Mensch danach, sich selbst zu erkennen und aus der Kenntnis seiner Fähigkeiten,

Talente und Neigungen, Sehnsüchte und Lüste sein Leben aufzubauen, sind es jetzt die selbstdarstellerischen Leistungen im Internet, die uns zu „Persönlichkeiten" machen? Ja, was ist denn eigentlich Persönlichkeit? Und wie nötig ist diese für ein passendes, ein erfolgreiches Leben?

Junge Leute sind heute immer noch leistungsorientiert, aber nicht mehr um der Leistung willen, sondern um ein gutes Leben zu führen. Der frühere Leistungskatalog, den zu befolgen es sich lohnte, weil Karriere winkte, scheint unattraktiv. Unternehmen und Arbeitgeber erleben Bewerber, die ein ausgeprägtes Bedürfnis nach einer gesunden Work-Life-Balance äußern, die fragen: „Was kannst du für mich tun, damit ich bei dir arbeite?", und nicht: „Was muss ich tun, damit du mich anstellst?" Jungen Bewerbern wird eine gewisse Bedeutung zuerkannt, auch wenn sie noch am Anfang ihres Berufslebens stehen. Ihr Bedürfnis, als einzigartig erkannt zu werden, wird tunlichst befriedigt.

Exkurs:
Was hat der Hedonismus der Achtziger mit dem heutigen zu tun?

Sehr wenig, vermutlich. Die achtziger Jahre haben diejenigen, die sie erlebt haben, als Periode der unbekümmert ausgelebten Lebensfreude und Konsumlaune in Erinnerung. Man schmückte sich, gönnte sich etwas, hatte Spaß und hegte eine heute naiv erscheinende, fast grenzenlose Zuversicht in die Zukunft. Dass sich an dieser Lebensbasis etwas Gravierendes ändern könnte, erwarteten wenige. Vorübergehende Angstschübe, wie sie die Katastrophe von Tschernobyl, Afghanistan und der Golfkrieg mit sich führten, konnten die Idylle nicht wirklich stören. Ungeniert lebte das Individuum seine Bedürfnisse aus und begriff Hedonismus als Genuss. Die Nachkriegsjahrzehnte waren überstanden, und das kollektive Schuldgefühl trat (vorübergehend) in den Hintergrund.

Der heutige Hedonismus hat damit nichts mehr gemein. Er entspringt einer ethischen und emotionalen Verwahrlosung, die durch digitale Aktivität wettgemacht werden muss. Nach 9/11 rief der Journalist Peter Scholl-Latour das „Ende der Spaßgesellschaft" aus, und der Begriff Spaß wurde nur noch im abwertenden

Sinne verwendet. Der sich jetzt ausprägende digitale Hedonismus entspricht einer Fluchtbewegung und Vermeidungshaltung angesichts der großen Fragen der Zeit, den Zukunftssorgen und der brennenden Aktualitäten. Die Angst vor morgen wird geschürt von der überwältigenden Wucht der Ereignisse, Umwälzungen und Verwerfungen, im sozialen, gesellschaftlichen, wirtschaftlichen und politischen Kontext, weltweit und in nächster Nähe. Die Kontinente sind zusammengerückt, und massive Umwälzungen wirken sich global aus. Das schön gefügte Gebäude des eigenen Mikrokosmos und des großen Ganzen scheint schwer erschüttert.

Die Komplexität des Lebens im digitalen Zeitalter, die ständige digitale Überforderung und der manipulative Vorstoß der Internetriesen machen unser Lebensumfeld immer undurchschaubarer. Die Anforderungen an den Einzelnen wachsen rasant, und die digitale Welt ersetzt im Leben der Nutzer das, was man einmal Lebensfreude respektive emotionales Erleben nannte. Das Gefühl, der Wucht der komplexen Wirklichkeit nicht mehr gewachsen zu sein, lähmt. Heute hinterlässt hedonistisch geprägtes Vermeidungshalten durch Konsum nur noch einen schalen Nachgeschmack und ist vom genussbetonten, nachhaltigen und glücklich machenden Hedonismus der achtziger Jahre Lichtjahre entfernt. Unsere Zeit macht offenbar unglücklich, zumindest unzufrieden, mürrisch, lustlos, lethargisch, und dagegen hilft auch Konsum nicht.

Wie konnte es passieren, dass sich unsere Vorstellungen von Lebensfreude, vom guten Leben und einem erfolgreichen, ganzheitlichen und menschlichen Dasein so radikal geändert haben? Was verstehen wir heute unter einem „für mich richtigen" Leben? Und wie war das früher? Dazu mehr im vierten Teil.

Was erfuhren wir im dritten Teil?

Teil 3 hatte den Anspruch, tiefer in die Katakomben und Schluchten der Gesellschaft hinabzusteigen. Was wir fanden, konnte uns nicht glücklich machen, aber bewusster. Als freudlos, gestört, gefährdet, vereinzelt haben wir die Gesellschaft befunden. Wir haben drollig-gruselige neue Mitbewohner des digitalen Planeten kennengelernt, den Charakteristika eines Narzissten nachgespürt und die hedonistischen achtziger Jahre mit dem heutigen Vermeidungsverhalten über Konsum verglichen. Ohne erhobenen Zeigefinger oder Verurteilung, sondern aus einer beobachtenden und achtsamen Perspektive. Diese Haltung entspricht der Prämisse des Buches: Kein Schwarzsehen, keine Philippika gegenüber beobachteten Auswüchsen, kein besserwisserisches „Na, sagte ich das nicht schon immer?", sondern ein – manchmal provokanter – Versuch aufzurütteln.

Wie können wir gemeinsam Entwicklungen entgegenwirken, die uns und künftigen Generationen auf keinen Fall guttun werden? Hat sich unser Blick bereits so getrübt, dass wir bestimmte gesellschaftliche Strömungen als ärgerlich und lästig empfinden, sie aber flugs verdrängen? Jeder einzelne von uns hat es mit seinem Verhalten in der Hand, eine gegenläufige Tendenz als Alternative zum ungetrübten digitalen Konsum zu leben. Je mehr wir sind, desto stärker.

Und was erwartet Sie im vierten Teil?

Die Fragen aller Frage: Woher komme ich? Wo will ich hin? Wie finde ich Sinn in dem, was ich tue, und wie gestalte ich mein Leben als Geschenk (das man schätzen sollte) und als Verpflichtung (der man sich bewusst sein sollte)? Gibt es dabei Lebensregeln, und wenn ja, warum sind diese allem Anschein nach schwer zu befolgen?

Bekenntnis des Autors:
Je intensiver ich mich mit diesen Themen beschäftige, desto mehr veränderte sich meine Wahrnehmungsfähigkeit und Differenziertheit gegenüber der digitalen Welt. Man sieht, was man kennt – und ich erlebe immer öfter Unbehagen angesichts von Phänomenen, die ich bisher noch als belanglos weggesteckt habe. Meine bisherige Abhängigkeit von sozialen Medien bricht in gleichem Maße ein, wie ich einen bewussteren Umgang pflege, der auf Genügsamkeit und zeitweilige Abstinenz baut.

Vierter Teil
Homo Digitalis und sein Menschsein

Hat das humanistische Menschenbild seine Berechtigung verloren oder Was macht eigentlich ein geglücktes, ein passendes Leben aus?

In unserer Familie Backes stehen echte Veränderungen an, als ob ein mittlerer Taifun durch das Reihenhaus am Stadtrand gezogen wäre. Allerdings einer der heilsamen Art. Wir erinnern uns, dass Bruno aus seinem Phlegma gerüttelt und wie der Heros aus den alten Mythen auf eine Heldenreise in eine unbekannte digitale Welt geschickt wird. Dort erlebt er Anlässe zu Veränderungen und trifft Menschen, Maschinen und Mentoren, die ihn bei seiner ureigenen Transformation unterstützen oder erst mal abbremsen. Nach einer schmerzlichen Läuterung wird Bruno aufgefordert, sich mutig in neue Scharmützel zu stürzen und schlussendlich zunächst über sich selbst zu siegen. Und so kommt es, dass er der anfangs ungeliebten Digitalisierung gute Seiten abgewinnt. Etwa wenn er erkennt, dass er über sich hinauswachsen konnte, weil er sich den Anforderungen der neuen Zeit stellte. Auch in der Familie brechen verkrustete Gewohnheiten auf und neue gewinnen an Fahrt. Von Liebe ist die Rede, von Lebensfreude und der Lust am haptischen Erlebnis, die digital-gewöhnten Kinder wenden sich wieder ins soziale Außen. Kurz, alles im Umbruch, aber nicht „im Dutt".

Serial Folge 4: „Familie Backes geht aus und aus sich heraus und macht analoge Erfahrungen"

Bruno dämmert allmählich, was in seiner Familie (nicht zuletzt durch die Auswüchse der Digitalisierung) schiefläuft und wo er gegensteuern muss. In dieser Krisensituation stabilisiert sich der innere Zusammenhalt, gewohnte Habits brechen auf. Die Kids haben wieder Spaß an sozialen und realen Begegnungen,

Bruno und Irma finden zu einem neuen Wir-Gefühl: „Wir beide sind doch ein tolles Team!"

Nachbar Konrad und Bruno sind seit Langem mal wieder unterwegs zu einem Auswärtsfußballspiel, was früher ihr gemeinsames Ritual war. „Du weißt ja, die Workshops am Wochenende", erklärt Bruno. „Das geht jetzt vor." – „Ja schon, aber was zählt wirklich im Leben?", meint Konrad nachdenklich. „Ich hab meine Frau früh verloren, meine beiden Kinder waren noch Halbwüchsige. Da musste ich die Mutter ersetzen. War nicht einfach. Dachte zuerst, das schaff ich nicht. Aber nachdenken war nicht – ich wuchs hinein, eine großartige Erfahrung." Bruno horcht auf. „Und heute schauen die beiden öfters mal bei mir rein, freiwillig, und wir unternehmen was gemeinsam. Darauf kommt es doch an, das Zusammensein. Gibt mir ein Gefühl von Geborgenheit." Bruno schnauft aufgewühlt. „Bei uns kriselt es gerade. Nicht dramatisch, ich weiß nicht genau, wie sich das eingeschlichen hat. Wir haben einfach nicht aufgepasst, jeder machte seins." – „Es ist nie zu spät! Kümmere dich. Später würdest du es bereuen, wenn du den Kontakt zu deinen Kindern verloren hast. Und Irma?" – „Irma ist halt ehrgeizig, da will ich mithalten." – „Aber das tust du doch. Ihr seid doch nicht im Wettbewerb miteinander. Ihr seid ein Team!"

Das hat gesessen. Vom Spiel zurück sprüht Bruno vor guter Laune, nicht nur weil seine Mannschaft gewonnen hat. Im Garten trifft er auf Ben. „Sag mal, Großer, ich hätte richtig Lust, die Eisenbahn im Keller aufzubauen." – Ben strahlt ihn an. „Echt jetzt, Papa?" – „Na klar." Im Hobbyraum ist es kühl, und Bruno schickt Ben nach oben, um sich einen Pullover zu holen. In der Zwischenzeit sichtet er schon mal die Modellbahn. Seltsam, denkt er, das war mir doch mal wichtig. „Du, Ben, ein paar kleine Teile fehlen. Ist aber nicht schlimm, wir fangen einfach an." Ben plappert mit hochrotem Kopf: „Also, in der Schule, der große Jens, der mich immer so foppt – dem hab ich's gestern gezeigt." – „Wie das?" Bruno macht große Augen. „Na ja, ich hab ihm ein Bein gestellt, so wie er es immer mit uns Kleineren macht." – „Und?" – „Der? Der ist gestolpert und hat sich den Kopf an der Tür gestoßen." Bruno unterdrückt ein Grinsen. „Mann, Ben, das ist aber nicht nett." – „Er war es ja auch nicht zu uns", kräht Ben. – „Und, wie hat der reagiert?" – „Alle haben gelacht und er ist abgezogen." Bruno freut sich.

Oben fragt er Dennis, ob er im Internet nach Ersatzteilen für die Modellbahn recherchieren kann. Dennis macht sich sofort ans Werk. Schließlich ist seine Fachkenntnis gefragt. Lisa zieht einen Flunsch: „Papa, das kann ich doch auch." Er legt den Arm um sie: „Schatz, beim nächsten Mal frage ich dich. Übrigens – kannst du mir nächstens mal ein paar Funktionen auf dem Smartphone erklären? Da blick ich einfach nicht durch." – „Na klar, alter Herr!" Er gibt ihr einen sanften Klaps aufs Hinterteil und freut sich, als sie kichernd davonjagt. „Wohin?", fragt er etwas strenger, als er wollte. „Ins Kino, mit Martin." – „Wer is'n das? Doch nicht etwa der aus dem Internet ..." – „Nööö, er ist eine Klasse über mir. Ganz nett. Nix Ernstes." Dann dreht sie sich noch mal um: „Und außerdem bin ich aufgeklärt!" Bruno grinst hinter ihr her. Nix Ernstes, sagt sie, und ist erst knapp 16. Seine kleine Lisa wird zur Frau.

Auch Dennis ist dabei, sich zu verdrücken. „Wohin?", fragt Bruno auch ihn. „Hausaufgaben?" – „Die Nadja aus der Parallelklasse will mit mir Mathe machen." – „Ach?" – „Die is'n Ass. Und ...", Dennis schielt seinen Vater an, „ich weiß, ich hab erst in dreieinhalb Monaten Geburtstag, aber dann ist schon Herbst. Könntest du ... äh ... könnte ich mein Geschenk schon früher haben?" – „Was?" – Dennis wünscht sich ein Skateboard (aha?), weil Nadja ihn gefragt hat, ob er da mal mitmacht. Er fühlt sich geschmeichelt, aber ein bisschen nervös ist er auch: „Du, wie geht man eigentlich mit Mädchen um?" Das bringt Bruno zwar auch in Verlegenheit, aber er freut sich, dass Dennis ihn um Rat bittet. „Aber hast du denn Zeit?", meint Bruno. „Bei deinen Noten." – „Manno, dieser Schulstress, sieben Stunden lang in muffigen Klassenzimmern – das ist so doof. Immer nur Frontalunterricht und alle 45 Minuten ein anderer Lehrer, Hausaufgaben ohne Ende ...", murrt Dennis. – „Spielst du deswegen so viele Gewalt-Games?" Bruno zieht die Augenbrauen hoch. Dennis zuckt mit den Achseln. „Ist doch eh alles egal." – „Nee, sag das nicht! Später bereust du's." Bruno nimmt sich vor, mit der Klassenlehrerin zu sprechen. Vielleicht wäre ein Schulwechsel für Dennis gar nicht so falsch. Muss er denn unbedingt Abi machen? Aber wenn das in Mathe besser wird ... „Okay, das vorgezogene Geburtstagsgeschenk bespreche ich mit deiner Mama." Bruno seufzt. So einfach ist Vater-Sein auch wieder nicht. „Sag mal, Dennis", er erwischt ihn noch an der Kapuze, „wollen wir mal die

Fahrräder putzen? Die verrosten ja noch im Keller – für ‚ne kleine Tour zum Heubachsee? So wie früher? Für ein ungestörtes Mann-zu-Mann-Gespräch?" Bruno ist ein bisschen unbehaglich zumute, doch Dennis schlägt in sein angebotenes High-Five ein.

Tags darauf führt Lisa ein Gespräch mit ihrer Mutter – von Frau zu Frau. Lisa berichtet aus der Schule: „Eigentlich werden wir in der Schule heute schon auf das Arbeitsleben eingestimmt – viel Druck, viel zu viel Arbeit, man kommt kaum mal zum Nachdenken." Irma ist erstaunt: „Aber bisher fiel dir das Lernen doch leicht." – „Ja, stimmt schon, aber meine Freunde sagen es auch: Wir sind Jugendliche und müssen jetzt schon funktionieren wie malochende Erwachsene. Wir büffeln Sachen, die wir im Leben nicht mehr brauchen." – Irma: „Du, ich wär eigentlich froh, wenn ich das Abitur hätte. Wäre damals gerne Lehrerin geworden." – Lisa platzt heraus: „Lehrerin? Dann schau dir mal meine an. Alt und miesepetrig schauen die aus, weil sie den täglichen Schultrott hassen. Die meisten machen auf Routine." – „Aussehen ist heute schon wichtig, Lisa, attraktive Menschen sollen es beruflich leichter haben", meint Irma und wird ein bisschen rot. „Aber – trau nicht immer dem schönen Schein. Da zählen noch andere Werte. Sogar mehr. Ich hab mich in deinen Vater verliebt, weil er wie ein großer Teddybär war, der brummte, wenn man ihm auf den Bauch drückte. Er war humorvoll, fürsorglich, zärtlich" – ja, da wird ihre Stimme ganz weich und Lisa guckt verlegen zur Seite – „er nahm die Dinge einfach so in die Hand und erledigte sie ohne viel Aufhebens. Das hat mir gutgetan, ich war damals noch sehr unselbstständig." – Lisa: „Woran merkt man eigentlich, dass man sich verliebt hat?" – Irma lächelt: „Herzrasen, Ohrensausen, Schwindelgefühle, Höhenflüge, keinen Appetit, schlaflose Nächte – und das alles auf einmal. – Aber warum fragst du?" – „Und Sex?", fragt Lisa mit etwas brüchiger Stimme. – „Sag mal, hast du etwa …" – „Nein, nein, damit warte ich, bis ich wirklich verliebt bin", meint die knapp 16-Jährige. „Meine Freundinnen sehen das zwar anders …" Ihre Mutter legt ihren Arm um sie und zieht sie fest an sich. „Das ist eine sehr kluge Einstellung, meine Süße! Sag mir aber Bescheid, wenn …" – „Klar, bin doch aufgeklärt." Hat Lisa das nicht kürzlich schon zu ihrem Vater gesagt? Leider piept das Smartphone, Irma überlegt zwei Sekunden, dann drückt sie den Anruf weg. Für die Schwiegermutter hat sie jetzt keinen Nerv. „Hör mal, Süße, ich hab da

‚ne Idee – wollen wir beide mal wieder gemeinsam shoppen? In der Parfümerie des Kaufhauses gibt's in dieser Woche kostenlose Schminktipps."

Eigentlich ist Irma gar nicht so gut drauf. In ihrem Vertrieb hat der Wind gedreht. Olivier, der sie bisher protegiert hat, ist für sie nicht mehr zu sprechen. Dafür ist die aufgebrezelte Anne jetzt das beste Pferd im Stall. Kürzlich gab es ein wichtiges Meeting. Produktneuheiten wurden vorgestellt, neue Vergütungspläne und interne Vorgaben, aber Irma war nicht eingeladen. Erfuhr erst durch Zufall davon. Als sie Olivier ansprach, meinte er mit zusammengekniffenen Augen: „Ich hatte nicht den Eindruck, dass es dich interessieren würde." Aha – so lief das jetzt. Ohne Informationen saß Irma auf dem Trockenen, und urplötzlich fiel ihr auf, dass sie auf seine Spielchen nicht mehr die geringste Lust mehr. Sie war enttäuscht, nein wütend. „Ich hab mich so eingesetzt, und der schiebt mich kalt lächelnd auf das Abstellgleis – meine tollen Umsätze, von denen er enorm profitiert, zählen nicht." Dass er mehr als Geschäftserfolg von ihr wollte, erzählt sie Bruno besser nicht. Sie schämt sich ohnehin, dass sie Oliviers aufgesetzten Charme nicht gleich durchschaut hat. „So ein falscher Fünfziger!"

Am Abend sitzt das Ehepaar Backes tatsächlich mal vor einem dunklen Fernseher. Bruno zieht seine Frau an sich. „Hör mal, mach doch mal ‚ne berufliche Pause. Zum Nachdenken." – Ihr Kampfgeist erwacht. „Das hab ich doch nicht nötig!" Bruno erkennt in ihren blitzenden Augen seine quicklebendige, blutjunge Irma aus den ersten Tagen ihrer taufrischen Liebe wieder. „Es gibt ja noch anderes. Da fällt mir ein: Frau Manning, die aus der Drogerie – sie fragte, ob ich bei ihr im Verkauf einspringe." – „Nichts überstürzen, Irmchen." – Seine Frau ist nicht zu stoppen. „Vielleicht nur ein, zwei Tage in der Woche, dann hab ich genügend Zeit für die Kids, wäre in Reichweite, und später kann man sehen. Meine Stammkunden aus dem Internet, die bleiben mir ja treu." Bruno räuspert sich vernehmlich, da wird sie weicher: „Nee, du hast recht, ich brauch mal ‚ne kleine Auszeit. Kann uns allen guttun. Das andere läuft mir nicht weg." Bruno drückt ihr einen Kuss auf die Wange. „Du – wir beide – wir sind doch ein eingespieltes Team!" Da blitzt er auf – der alte Zauber. Noch können beide nicht wirklich damit umgehen, aber es ist immerhin ein Anfang!

Sonntag beim späten Frühstück. Ben kräht: „Das war toll mit Omi und Opa im Zoo! Wann kommen die denn wieder?" Und Lisa meint: „Dass Opi noch so fit ist ... Hat Spaß gemacht, mal gemeinsam zu spielen." Bruno erzählt gerade, dass Kollege Tom einen teuren Rafting-Urlaub auf Wildwasser plane, mit allem Pipapo, Bungee-Springen und Abenteuer all inclusive! Den Grand Canyon rauf und runter. „Der ist ein richtiger Freizeitaktivist!" Die Kids rufen durcheinander, dass das doch mal toll wäre, nicht immer nur am Strand zu liegen. Bruno bedauert, das Thema angeschnitten zu haben. Er wechselt mit seiner Frau einen verschwörerischen Blick. „Wie wäre es denn – nur mal so als Vorschlag – wenn wir am Wochenende in den Freizeitpark fahren? Sind zwar 70 Kilometer, aber das soll sich lohnen." – „Ach nee", kommt es von den Großen: „Das ist doch was für Kleinkinder! Sooo oldschool. Überhaupt nicht groovy. Was gibt es denn da schon zu sehen?" – Einzig Ben ist begeistert: „Au ja!" – „Dann stimmen wir ab. Wir leben schließlich in einer Demokratie." 3:2 für den Freizeitpark! Dennis macht eine Würg-Bewegung am Hals – ach nee, Manno, da wollte er doch mit Nadja skaten. Und Lisa verdreht die Augen – den ganzen Tag mit der Familie? Wie peinlich, mit den Eltern und den Kleinen herumzuziehen, hoffentlich ist da niemand, der sie kennt. – Ob das mal gut geht?

Doch in Bruno ist das Kind im Manne erwacht. Nach dem ganzen Digital-Kram während der Woche hat er Appetit auf was Handfestes, Bodenständiges. In seinem Innern ist er eben immer noch ein Kindskopf, sagte Irma immer. Da ist schon was dran. „Der Spieltrieb steckt eben tief im Menschen drin." – Wow, Bruno ist begeistert von sich selbst. So was Tiefsinniges hat er lange nicht gesagt. Scheint so, dass er in den letzten Monaten gewachsen ist. Im Gespräch mit seinen Teamkollegen versuchte er lange auch als Teamleiter der Kumpel zu sein, der er ja mal war. Aber er hat sich verändert. Noch fühlt es sich für ihn wie ein Drahtseilakt an, wenn er klare Anweisungen geben muss und gleichzeitig seine Kollegen nicht irritieren will. Aber er hat erkannt: „Ich kann doch gleichzeitig auf der freundschaftlichen Ebene agieren, auch wenn ich den Chef geben muss. Ich muss mir eben selbst diese Rolle erlauben, das ist mein Job. Und einer muss es ja machen." Mit dieser Einstellung kann er gut leben. Auch Vorarbeiter Paul – so was wie der Sprecher seiner Gruppe – kommt auf ihn zu: „Als es mit der Umstellung begann, waren wir wirklich ganz schön skeptisch und – na ja, ich gebe es ungern zu – wir haben gemauert." Bruno nickt schmunzelnd. „Auch wenn heute immer noch einiges neu und ungewohnt ist, sehen wir doch, dass es uns Vorteile bringt. Etwa wenn wir die Fahrtzeiten und Auswärtseinsätze besser einschätzen können und so … Unsere Frauen finden das auch gut." Bruno meint: „Glaub nur nicht, dass es für mich leicht war – ich war einer von euch und hatte Angst, dass sich da was ändert. Aber ihr habt euch an den neuen Bruno gewöhnt, und das hat mir sehr geholfen." Nach gegenseitigem Schulterklopfen gehen beide zu ihren Aufgaben zurück. Bruno atmet tief durch. Das musste mal sein.

Am nächsten Wochenende herrscht bei Familie Backes eine leicht angespannte Stimmung. Die Großen mümmeln mit mürrischen Mienen am Müsli, Irma brät Eierkuchen und schmiert Proviant – Vollkornbrote mit leckerem, vegetarischem Aufstrich, Salat und Gurke. Bruno runzelt die Stirn: „Dort gibt es doch genug zu essen!" – „Ja", ruft Ben, „Pommes rot-weiß, Bratwurst, Muffins, gegrillte Hähnchen, Pizza!" Woher der das weiß? „Nix", sagt Irma streng, „wir essen gesund! Und das ist auch billiger." Bruno zwinkert Ben zu, der antwortet mit einem verschwörerischen Blick: Wir werden schon sehen. Beim Aufbruch unternimmt Dennis einen letzten Versuch, zu Hause bleiben zu dürfen. „Aua, ich hab so Bauchschmerzen!" – „Das ist der dritte Nutella-Pfannkuchen", erklärt Irma energisch. „Das gibt sich." Im Auto legt Bruno Musik ein, Deutschrock, dann Schlager. Lisa verdreht die Augen. „Das kann ja heiter werden", murmelt Dennis. „Okay, die Bee Gees." „Auch nicht besser", mäkelt Lisa. Nur Ben freut sich wie ein Schneekönig. „Können wir Räuber Hotzenplotz hören?" – „Neeeiiiin!"

Eine knappe Stunde später krabbeln alle aus dem Auto. Am Erlebnispark stauen sich die Besucher. Die Großen holen ihre Smartphones heraus und teilen ihren Freunden per WhatsApp mit, dass sie jetzt „auf Familie machen". Dass hämische Bemerkungen eintreffen, macht ihre Laune nicht besser. Vor der Kasse eine lange Schlange. „Was gibt's denn da alles?" Ben hüpft wie Rumpelstilzchen von einem Bein auf das andere. Poppige Pappmaché-Fassaden täuschen eine echte Ritterburg mit Zinnen und Palisaden vor, dahinter leuchten der Kölner Dom und der Eiffelturm wie Raketen in allen Neonfarben. Das Repertoire ist bunt: Westerndorf mit

Cowboys auf wildmähnigen Pferden, Erlebnisrutschen, Dinosaurier-Museum, Märchenpaläste und Römerthermen, U-Boot-Becken und Hochseefischaquarium, Wachsfigurenkabinett und fahrbare Weihnachtskrippen. Lisa und Dennis maulen und mauern: „Was gibt es denn da so Tolles, was es im Internet nicht gibt?" Auch Irma sieht einem etwas anstrengenden Tag entgegen, einzig Ben ist begeistert, und Bruno spricht ein Machtwort: „Auf geht's ins Vergnügen!" Irma und die älteren Kids sind natürlich mit dem Smartphone bewaffnet, auf das sie in der ersten halben Stunde noch starren.

Doch spätestens auf der Wasserrutsche im Wildbach verlieren die Handys ihren Reiz. Ben thront so lange in Cowboy-Kleidung im Pony-Sattel, bis sein Hinterteil schmerzt. Die beiden Großen schlürfen einen Kinder-Cuba-Libre (Cola mit Zitronensaft auf Eis – brrh) an der Western-Bar, während der Sheriff nach ihren Papieren fragt und droht, sie in die Zelle zu sperren, falls sie keine dabeihaben. So täuschend echt, dass Dennis zur Vorsicht nach seinem Vater Ausschau hält. Der kommt, zahlt die Kaution – 50 Western-Münzen, die zu Bogenschießen und Hinkelstein werfen berechtigen. Lisa zieht im Jeanskleid mit Cowboyfransen-Weste Jungs an wie der Pflaumenkuchen im Schlosscafé die Wespen. Im Verlies der Ritterburg legen die Großen mit Wonne ihrem Vater Ketten an und registrieren ungerührt, dass der Henker vorsorglich sein Beil schleift. Irma schreitet ein und kann ihren Bruno heil zur nächsten Attraktion bringen – zum Dorfältesten einer mittelalterlichen Siedlung, wo sie ihr Ehegelöbnis wiederholen. Aber bald wird Irma der Hexerei angeklagt, unter dem Gekicher ihrer Kinder bekennt sie sich schuldig und darf schon mal Holzscheite für den Feuerlauf schichten. Im Märchenschloss gesellen sich alle als Ritter und Edeldamen zu einem Bankett, an dem bereits täuschend echte Pappkameraden aus allen Zeitepochen schmausen. Die auf Zinntellern servierten Gummihähnchen und Kunststoffpommes machen Appetit auf echte Genüsse. „Wir sollten nicht in den Abendverkehr geraten. Ich lad euch zur Pizza bei Alfredo ein!" Noch rasch einen Start in der Raumfahrtrakete mitgenommen, und dann klettern alle ins Auto. Es riecht nach gebrannten Mandeln, Zuckerwatte und guter Laune. Wer hätte das am Morgen noch gedacht? „Anfassen und selbst ausprobieren ist mal was anderes", meint Lisa. Ben schlummert, das Mini-Stoffpony fest umschlungen. Die beiden Großen flüstern miteinander. Irma drückt Brunos Hand. „Ein schöner Tag!" Von ihm kommt kein Widerspruch.

Als sie in bester Stimmung in die Pizzeria einfallen, stoßen sie auf einen bedrückt aussehenden Tom Uhle. „Hey, wo kommt ihr denn her?" Ben erzählt ihm, was Sache ist. Tom ist zwar schon im Aufbruch, lässt sich aber gerne zu einem Glas Wein einladen. „Ich komme gerade von einem Online-Date", erzählt er. Ben kräht: „Was is'n das?" „Pschh", macht Irma, denn sie spürt, dass Tom geknickt ist. „War wohl nicht so?" Tom guckt verlegen, dreht das Glas in der Hand, dann: „Na ja, ich hab mein Foto auf der Datingbörse ein wenig retuschiert. Macht man doch heute so!" Aha. Bruno klopft ihm auf die Schulter. „Mann, immer schön bei der Wahrheit bleiben!" – Tom: „Das bin ich. Ich hab von vorneherein festgelegt: Feste Beziehung is nicht. Wir können uns doch ab und zu treffen und Mingles sein." Da bekam er sofort eine Abfuhr, das habe er noch nie erlebt.

Dann haut Tom erst mal ordentlich auf den Putz, wie sehr die Firma sein IT-Know-how benötige, wie viele Chancen er bei Frauen habe, was für ein toller Hecht er sei, aber es ist Irma, die ihm frei heraus sagt: „Ach Tom, das ist doch alles heiße Luft, oder? Im Grunde sehnst du dich doch auch nach einem Halt. Und das ist ganz menschlich." Sie dreht sich zu Bruno um. „Wir sind schon 18 Jahre zusammen, es ist nicht immer alles Weihnachten, aber unterm Strich überwiegen die positiven Gefühle und schönen Erlebnisse bei Weitem. Es geht nix über den Zusammenhalt in der Familie." Brunos Augen werden ein bisschen feucht. Dass Irma so was in der Öffentlichkeit sagt! Tom starrt in sein Glas und ist für einige Minuten ganz ungewöhnlich schweigsam. Dann schluckt er den Rest und steht auf: „Ja, ihr habt es vermutlich richtig gemacht. Ihr seid eine tolle Truppe, das spürt man." Er klopft auf den Tisch und sagt in Brunos Richtung: „Man sieht sich." Bruno springt auf und macht etwas, was er sehr selten mit einem Mann macht. Er umarmt Tom freundschaftlich und klopft ihm auf den Rücken, beinahe väterlich kommt es rüber. Tom zieht ab, nicht ohne noch mal zu winken. „Ciao", rufen sie, und: „Tschüs, mach's gut, Tom."

Am nächsten Tag trifft Bruno in der Kaffeepause auf Ursula Haller. „Hey, schön dich zu sehen", freut sich Bruno, „was macht die Kunst?" Seine Kollegin hat Ringe unter den Augen, als ob sie wenig Schlaf findet. „Du, ich war ja so blöd, du erinnerst dich? Die Sache mit dem Tunesier." Klar weiß Bruno, worum es geht. Hätte er sich öfters kümmern sollen? Doch Ursula hatte selbst eine Erleuchtung: „Ich bin einem Internet-Gigolo aufgesessen. Dem hätte ich nie von meiner kleinen Erbschaft erzählen dürfen. Von wegen schwerkranke Mama und sechs hungernde Geschwister zu Hause. Er wollte mich ausnehmen, um sich dann in meiner Wohnung einzunisten. Er hätte mich pro forma geheiratet und sich dann mit meinem Geld aus dem Staub gemacht. Das käme öfters vor, sagte einer von der Beratungsstelle, die sich um solche Betrügereien kümmert." – Bruno: „Eine Gemeinheit und kein Einzelfall. Wie bist du auf die gestoßen?" – „Tom hat es recherchiert." – Ach nee, gerade Tom. „Nee, der ist gar nicht so, wie wir immer denken. Er braucht halt viel Bestätigung, das ist sein Problem. War ja ein Heimkind!" Bruno stutzt. Das hat Tom ihm nie erzählt. Jetzt sieht er manches in einem anderen Licht. – „Ursula, sei froh, dass du glimpflich davongekommen bist. Hast doch nicht so einen Gauner nötig, eine patente, gut aussehende Frau wie du." Ursulas Miene klärt sich auf. „Ich freu mich wirklich, dass du rechtzeitig die Bremse gezogen hast." – Ursula: „Jetzt mach ich erst mal Urlaub, aber bestimmt nicht in Tunesien! Dänemark, wollt' ich schon immer mal. Danach such ich mir 'ne neue Wohnung, melde mich in einem Tanzclub an … mal sehen!" – „Genau richtig!" Bruno freut sich ehrlich, wie Ursula ihr Leben neu angeht. Ja, sind denn jetzt alle irgendwie in „Transformation"?

An diesem Punkt überlassen wir Bruno seinen Stabilisierungsbemühungen in den Krisensituationen innerhalb der Familie und an seinem Arbeitsplatz. Der Status quo ist vielversprechend. Positive Ansätze, neue Wege, miteinander umzugehen, zeichnen sich ab. Die Fahne steht auf Entwicklung von neuen und Wiederbelebung von eingerosteten Gefühlen. Im fünften Teil geht's weiter mit den fünf Backes. Bleiben Sie dran!

Kapitel 1
Optimiere dich – und dir geht's gut?

Was macht zufriedener – ganz bei sich zu sein oder den Erwartungen der anderen zu entsprechen?

Fragen, die zu den fundamentalen Gedanken in einem Menschenleben gehören. Wie wichtig ist es, konform mit den allgemeinen Ansichten, Trends und Erwartungen zu gehen? Wie viel Mut erfordert es, seinen eigenen Erwartungen zu genügen und sich nicht an anderen zu messen? Wird Glücklich sein überschätzt? Und was ist das eigentlich? Ist Zufriedenheit nicht die langfristig und nachhaltig wichtigere Maßeinheit? – Ein sinnvolles Leben führe ich, wenn ich fühle, dass es mein eigenes ist.

Intro: Haben Sie heute bereits ihre Fitnesswerte per Wearable gecheckt? Oder einen Pacemaker auf dem Powerwalk durch den Park mitgeführt? Hat Ihnen der morgendliche Blick in den gnadenlosen Spiegel Mut oder Unlust bereitet? Hat Ihnen Ihr Frühstück behagt, auch wenn Sie nicht alle angesagten Super Foods auf dem Teller vorfanden? Sind Sie oft unglücklich, wenn Sie in Men's Health oder in InForm blättern, weil Sie das unbestimmte Gefühl haben, mit den Photoshop-getunten Beautys und Beaus nicht mithalten zu können? Tragen Sie Bart, wenn es Mode ist, obwohl Ihnen keiner so richtig steht? Und schließen Sie in Umkleidekabinen vor dem Spiegel und unter dem entstellenden Neonlicht die Augen? Führen Sie sich danach eine große Portion Pommes oder Torte zu, um das Missvergnügen am eigenen Leib schleunigst hinterzuschlucken? Fragen Sie sich öfters, ob Sie auch genügend Anstrengungen unternehmen, um das Beste aus Ihrem Leben zu machen? Schließlich haben Sie ja nur ein einziges! – Wie weit sind Sie bereit, für ein optimiertes Leben, das auf allgemeine Akzeptanz stößt, auf selbststärkende Werte wie Gelassenheit, Sinn, Selbstbestimmung zu verzichten?

Online-Identität und Alltags-Ich – Verwischung zweier Welten und Lebensentwürfe?

Wenn wir uns ständig mit dem erfolgreicher scheinenden Leben der anderen vergleichen – Aussehen, Zahl der Freunde, Höhe des Einkommens –, die wir als nachahmenswert erleben, kann uns unsere eigene Performance kaum noch gefallen. Aber dieses andere Leben können wir nicht nachleben, uns nicht damit vergleichen, und vielleicht fallen wir ja auf einen schönen Schein herein? Viele Menschen unternehmen große Anstrengungen, um nach außen ein vorbildhaftes Leben zu spiegeln. Doch eine Lebensführung, die mit dem Weg eines anderen identisch ist, ist nicht mehr meine eigene. In der digitalen Welt tun wir aber so, als ob es so wäre. Ist es so erstrebenswert, ein austauschbarer Doppelgänger zu sein? Digitales Klonen mit dem Ziel der Gleichmacherei? Welchen Sinn haben noch Würde, authentisches Verhalten, Einzigartigkeit und Originalität?

Seitdem Menschen reflektieren und denken können, ist dies eine zentrale Frage: Wie lebe ich richtig? Was unterscheidet mich von meinen Mitmenschen, was macht mich einzigartig? Im Selbstmarketing, wenn es um Verkaufen und Marktbesetzung geht, ist es oberste Pflicht, sich in einem Meer aus Beliebigkeit sichtbar und unterscheidbar zu machen. Wenn es 100.000 Haifischjäger gibt, welchen von ihnen soll ich damit beauftragen, mir einen Hai zu fangen? Welchen der 30 Installationsbetriebe in der Stadt soll ich rufen, wenn der Wasserhahn undicht ist? Welches Unterscheidungsmerkmal gibt dabei den entscheidenden Kick? Würden alle in der gleichen Arbeitskleidung vor meinem Haus Aufstellung nehmen und mich auffordernd ansehen: Welchen würde ich wählen? Ich wäre überfordert und würde den Wasserhahn weiterhin tropfen lassen. Warum tappen wir in der digitalen Netzwelt in die Falle der gleichmachenden Manipulation? George Orwell beschrieb das diktatorische Moment des Gleichmachens bereits in den vierziger Jahren, ohne Wissen davon haben zu können, dass die Digitale Revolution seine Zukunftsvisionen weit übersteigen würde.

Das Glatte gegen das Individuelle

Junge Mädchen haben wohl zu allen Zeiten davon geträumt, ein hoch bezahltes, umschwärmtes Fotomodell zu werden. Dass auch (die meisten) Mütter zu allen Zeiten sie davor bewahren wollten, indem sie ihnen von den Nachteilen erzählten, konnte wenig daran ändern. Bereits 1968 füllte ein deutsches Model – Uschi Obermaier – nicht nur mit ihrer Karriere die Schlagzeilen der Boulevardpresse. Super-Models waren die Königinnen der frühen neunziger Jahre – Cindy Crawford, Naomi Campbell, Kate Moss und Claudia Schiffer wurden zu Ikonen ihrer Zeit und beflügelten Hunderttausende von jungen Mädchen, sich mit maximal 500 Kilokalorien pro Tag am Leben zu halten. Sie wurden immer jünger und dünner. Heute hat eine neue Riege an Models mit den früheren außer Ehrgeiz wenig gemein: Die Super-curvy-Models – ein wirklicher Fortschritt. Im digitalen Zeitalter, in dem mittels Photoshop und mit anderen nivellierenden digitalen Hilfsmitteln fast jedes deutsche Frollein zu einem Model stilisiert werden kann und Selfies Ölporträts ersetzen, hat der Starnimbus an Bedeutung eingebüßt. Aber der Bedarf ist so enorm wie im spätantiken Rom, als Selbstoptimierung Pflicht war. Casting Shows und Modelagenturen und solche, die so tun als ob, schießen aus dem Boden, und die Illusionen der Girlies und Boys sind immer noch gigantisch. In unserer Rahmengeschichte wird die 15-jährige Lisa beinahe das Opfer eines Lügners, der die Chance einer Modelkarriere – nach entsprechender Vorausleistung, versteht sich – vortäuscht.

Mythen braucht der Mensch, Utopien auch. Was darf man sich allerdings unter Modelzwerge, Sonntags-Kinder und Lila-Laune-Kids vorstellen? Wenn auf diesen Webseiten treuherzig „fotogene Kids" für Luxus-Mode gesucht werden, dann hat dies eine eindeutig übergriffige Konnotation. Kinder brauchen eine Kindheit und eine Zeit des Heranwachsens, und diese haben eigene Gesetzmäßigkeiten. Sie zu kleinen Erwachsenen zu machen, ist allerdings nicht erst heute Trend. Man denke an Shirley Temple und die vielen Generationen besessener „Eislaufmütter", die bereits Fünf- und Sechsjährige auf das Eis oder den Laufsteg schickten und hinter den Kulissen gnadenlose Kontroll- und Dompteur-Künste entwickelten.

Bei den aktuellen Haute-Couture-Shows im internationalen Modezirkus werden Kinder in Kreationen vorgeführt, die mit den luxuriösen Abendroben und pelzgesäumten Kleiderfantasien der erwachsenen Models identisch sind. Besonders glücklich schauen sie dabei nicht aus.

→ https://www.gala.de/beauty-fashion/fashion/kindermodels-auf-dem-laufsteg--kleiderstaender-fuer-luxus--20318900.html

Authentizität oder schöner Schein?

Doch es gibt Anzeichen dafür, dass der digital aufgeheizte körperliche Perfektionierungswahn schwächelt. Online-Shops teilen mit, dass sie bei den verwendeten Bildern und Models auf Retusche verzichten wollen, allzu weich gezeichnete und verfremdet wirkende weibliche Promi-Gesichter werden abgelehnt, und auch von einer männlichen Klientel als nicht glaubwürdig bezeichnet. Wenn etwa das Gesicht der US-First Lady Melania Trump wie in einem „Pixel-Brei" verschwimmt (wie die Süddeutsche Zeitung vom 8. Juli 2017 befindet), wirkt dieses „digitale Botox" grotesk und künstlich. Sind jetzt Falten und Mitesser, Dehnungsstreifen, Dellen und Krähenfüße in? Die „Body-Positivity-Bewegung" schwört auf authentische Gesichter und Körper, und längst kommt es nur noch komisch an, wenn technische Bearbeitungspraktiken aus Menschen Karikaturen machen. Jeder Gegentrend hat das Zeug, zum Trend zu werden. Curvy Models liegen stark im Trend und in ähnlichen Gehaltsklassen wie Skinny Models.

Jeder chirurgische Eingriff in die menschliche Unversehrtheit ohne medizinische Indikation birgt auch ein medizinisches Risiko. Aufsehen erregten Fälle von Promi-Models oder Pornostars, die nach Eingriffen an Po oder Busen an einer Lungenembolie verstarben. Mit relativ harmlosen Risiken wie Schwellungen, Blutergüssen und Narben muss man immer rechnen. Dennoch steigt die Zahl der Schönheitsadepten. 2015 zählte die Deutsche Gesellschaft für Ästhetisch-Plastische Chirurgie bereits zehn Prozent mehr Eingriffe, nämlich insgesamt 29.723, als ein Jahr zuvor. Bevorzugtes Objekt der Körperperfektionierung ist der weibliche Busen. Doch auch Männer sind sich ihrer „Mängel" bewusst und lassen sich Fett absaugen, das Lid straffen und die vergrößerte Brust verkleinern. Zu den knapp 30.000 Eingriffen sind die über 40.000 eher sanften, minimalinvasiven Behandlungen wie Botox-Unterspritzungen und Hyaluronsäure zu addieren.

Buchtipp:
Han, Byung-Chul: Die Errettung des Schönen. S. Fischer Taschenbuch Wissenschaft, 2015.

„Jeff Koons, iPhone und Brasilian Waxing. (..) Warum finden wir das Glatte schön? (....) Die Schönheit befindet sich heute in einer paradoxalen Situation. Einerseits breitet sie sich inflationär aus: Überall wird ein Kult um die Schönheit betrieben. Andererseits verliert sie jede Transzendenz und liefert sich der Immanenz des Konsums aus: Sie bildet die ästhetische Seite des Kapitals. Die Erfahrung der Negativität angesichts des Schönen wie Erhabenheit oder Erschütterung weicht komplett dem kulinarischen Wohlgefallen, dem Like. Letzten Endes kommt es zu einer Pornographisierung des Schönen."

Was treibt Menschen dazu, ohne Not (mit dem Skalpell) Hand an sich legen zu lassen?

Wir streicheln gerne das Glatte und lehnen Unebenheit und Holperigkeit ab. Auf einer ebenen Straße fährt es sich leichter Rad als auf einem mit Schlaglöchern übersäten Schotterweg. Aber ist es nicht gerade der kleine Makel, der Schönheit erst originell macht? Sind perfekt aussehende Gesichter nicht ein Gräuel? Betrachtet man Gruppenbilder von Schönheitsköniginnen, dann erkennt man – trotz individueller Differenzierungen bei Haar- oder Augenfarbe und ethnischem Typs – beinahe übereinstimmende Merkmale, wie aus dem Katalog entsprungene Puppen wirken sie. Das Kindchen-Schema wirkt unschuldig, natürlich, naiv-ehrlich – große, weit geöffnete Augen, runde Wangen, schmale Taille, lange Glieder, gleichmäßige Gesichtszüge, bei denen beide Gesichtshälften identisch sind, und Haarmähnen wecken Beschützer- und Ernährer-Instinkte und erweichen Männerseelen. Wenige Modezeitschriften gehen voran und fotografieren auch „ganz normale" Frauen. Glatte Gesichter und fitte Körper gegen individuell geformte, der Norm weniger entsprechende und aus der Reihe tanzende Physiognomien und Konturen sind im digitalen Zeitalter, das gleichmacht unter Gleichen, nicht nur äußere Merkmale von Gleichschaltung. Gleichzeitig strebt das soziale Verhalten nach weitgehender Konformität, erzeugt Uniformierung und verhindert Individualisierung. Digitale Parteigänger in Olivgrün?

Sich selbst in seinem naturgegebenen Äußeren annehmen zu können, ist eine Stärke, die erworben werden muss, wenn frühe Erfahrungen von Ablehnung durch andere den Blick verstellen. Doch so wie Körper, Geist und Seele untrennbar miteinander vernetzt sind, wirkt es sich auf unser körperliches Wohlbefinden und die Gesundheit positiv aus, wenn wir so früh wie möglich akzeptieren, dass wir so, wie wir sind, gerade richtig geraten sind. Obsolet gewordene Verbote aus rigiden Zeiten sollen hier nicht herauf beschworen werden. Die heutige Schönheitsindustrie quillt über an Möglichkeiten, mit wirksamen kosmetischen Helfern der Natur auf die Sprünge zu helfen.

Exkurs:
Werbeverstöße durch Promis und Influencer

Dass junge und blutjunge Instagram-Nutzer geradezu hypnotisch den bewunderten und hochgestylten A-, B-, C- und D-Promis nacheifern, nutzen diese schon mal für verdeckte Werbung und kaum verhohlenes Product Placement. Zwischen ihre nichtwerblichen Schnappschüsse aus dem ach so aufregenden Promi-Leben schmuggeln sie ihre werblichen Aussagen zugunsten von Produkten, Dienstleistungen oder Plattformen, an deren Umsatz sie über Absprachen und Prozente partizipieren. Ist dies nicht als Commercial gekennzeichnet, geht es über eine persönliche Empfehlung weit hinaus. Abmahnungen durch die Landesmedienanstalten wie bei Internet-Star Caro Daur fruchten wenig. Die Social Media sind eine frisch sprudelnde Werbequelle.

→ https://bit.ly/2Hr6pTA

Ist perfekt zu sein erstrebenswert?

Sicherlich nicht! Das Bestmögliche erreichen zu wollen, ist völlig okay, jedoch wird Perfektionismus oft von gnadenloser Selbstüberschätzung, Selbstausbeutung und einem großen Maß an Selbstzweifeln und Kontrollwahn begleitet. Im evolutionsbiologischen Sinne sei der Mensch alles andere als perfekt – meint die Wissenschaft. Tabea Sturmheit schreibt am 7. August 2007 in der Tageszeitung DIE WELT: „Der Mensch ist biologisch nicht gerade ein ausgereiftes Modell. Die Evolution hat in uns viele offene Baustellen hinterlassen – mehr als in anderen Lebewesen auf der Erde. Der Blinddarm ist Paradebeispiel für nicht nur überflüssige, sogar störende Überbleibsel aus der Frühzeit". Diese bereits zehn Jahre alte Aussage hat an Gültigkeit noch gewonnen. Menschen, die nach einer perfekten Performance und Lebensleistung streben, können sehr distanzierend wirken, uninteressant und glatt, sie bieten keine Berührungspunkte und bleiben allzu oft perfektionsgieriger Schein ohne Widerhall. Macht aber Leben nicht gerade die Resonanz aus, die wir über Originalität und Echtheit erzeugen?

Sich selbst dem Anspruch der Perfektion zu unterwerfen, kann nur unglücklich machen, sobald sich ein kleiner Baustein aus dem mühsam gefügten Mauerwerk der Selbsterhöhung lockert. Das Erleben von Grandiosität und die Gefühle von Allmacht und Unübertrefflichkeit schlagen dann rasch ins Gegenteil um – quälende Selbstunterschätzung und ein daraus resultierendes Ohnmachtserleben. Menschen, die sich selbst „kleiner" im Sinne von unbedeutender, weniger liebenswert empfinden, als sie sind, haben meist sehr früh erleben müssen, dass ihr emotionales Überleben davon abhing, sich unter ihre Potenziale zu ducken. Doch jeder hat ein legitimes Bedürfnis, so gesehen zu werden, wie er ist, und sollte den kritischen oder abschätzenden Blick der anderen nicht fürchten müssen. Zwischen Stärke und Arroganz liegt ein tiefer Graben. Ein geglücktes Leben wird in nicht geringem Maße mitbestimmt von eigenständigem Handeln, Denken, Fühlen und sozialem Miteinander. Die Frage „Was ist meine Rolle im Leben?" stellt sich in jeder Lebensphase neu.

Was macht ein „erfolgreiches Leben" aus?

Die Digitalisierung gaukelt uns vor, dass wir heute schneller, komfortabler und leichter lebten als Menschen früherer Zeitepochen. „Erfolg ist machbar!" Klingt sehr nach Anstrengung und ist nicht greifbar, denn es gibt Erfolg nur im individuellen Kontrast mit nicht-erfolgreich! Wer bestimmt die Erfolgskriterien? Ähnlich wie Glück mag sich das für jeden anders anfühlen und für jeden etwas anderes bedeuten. Es ist kein Etikett, das ich von außen aufgeklebt bekomme, sondern das innere Gefühl, mich selbst erfolgreich zu fühlen. Äußere Erfolgswürdigungen wie Prämien, Plaketten, Zertifizierungen, Bewertungen sind allzu durchschaubar (und nicht selten käuflich). Nach einem rapiden Bedeutungswandel wurde Erfolg im digitalen Zeitalter zu einer Pflicht! „Wie – Sie sind nicht erfolgreich in dem, was Sie tun?" Schließlich sind die Voraussetzungen heute doch so prächtig – wenn Sie es in unserer technisch optimierten Zeit nicht schaffen, wann denn dann? Loser bleiben auf der Strecke.

Erfolg ist also persönlich und selbstbestimmt. Je souveräner wir Erfolg für uns selbst definieren, desto reicher wird unser Leben. Der erfolgreiche Unternehmer Götz Werner, Gründer der DM-Marktkette und Verfechter eines transparenten Führungsstils, setzt auf eine stringente Selbstführung der Mitarbeiter und großes Zutrauen zu allen Beteiligten im Unternehmensprozess. „Erfolge feiere ich nicht, ich genieße sie!" Das sagt schon aus, dass die individualistische Bewertung den eigenen Erfolg definiert. In einer Zeit des Körperwahns werden Glück und Erfolg vielfach von Aussehen, Performance und Multi-Funktionalität abhängig gemacht. Perfektion schafft die Illusion, unangreifbar und immer glücklich zu sein. Die Angst vor Ausgrenzung ist mächtig. Anpassung an geltende Normen und Modetrends scheint unumgänglich. Was folgt daraus? Weitere Unzufriedenheit, denn sich immer neu zu vergleichen, macht unglücklich. Anerkennung von außen verhindert soziale Ausgrenzung? Ach, woher! Einbezogen zu werden, macht zufrieden und glücklich. Den anderen sehen, wahrnehmen, bestätigen. Erfolg ist nicht dasselbe wie Glück, allzu oft wird beides miteinander verkuppelt und im neokapitalistischen Sinne als Wirtschaftsfaktor verkauft.

Russ Harris hält dagegen in seinem Buch „Raus aus der Glücksfalle. Ein Umdenkbuch in Bildern" (Verlag Kösel, 2017) und meint, dass wir ein erfülltes, glückhaftes Leben führen können, auch – oder vielleicht gerade – wenn wir in Schwierigkeiten stecken. Je heftiger wir gegen aktuell ungünstige Situationen anrennen, umso unglücklicher werden wir. Macht es nicht Sinn, in schwierigen Lagen die auftretenden Gefühle anzunehmen und zu durchleben, ohne dabei handlungsunfähig zu werden? Das Wissen um die eigene Kraft ist eine unglaubliche Ressource, die erst mit bewusster Erfahrung wächst. – Übrigens ist erwiesen, dass bei indigenen Völkern, die in einfacheren oder problemhaften Verhältnissen verhaftet sind, die Selbstmordrate verschwindend gering ist im Vergleich zu hochzivilisatorischen Kulturen – allein in Deutschland registrierte man 2015 über 10.000 erkannte Suizide. Die Dunkelzahl muss höher geschätzt werden.

Glück ist höchst individualistisch und individuell und kommt oft auf leisen Pfoten daher.

Was ist eigentlich mit Lebensfreude? Wir kühleren Mittel- und Nordeuropäer beneiden die überbordende Lebensfreude der Südländer. Natürlich könnte man die Gründe im Klima suchen, in der Zahl der durchschnittlichen Sonnenstunden pro Tag und in der die Langlebigkeit fördernden mediterranen Kost. Die Lebenserwartung der Deutschen befindet sich im europäischen Vergleich im Mittelfeld – Tendenz fallend. Erschöpfen wir uns im täglichen Lebenskampf oder in der Illusion von Perfektion oder der Utopie eines wahren Ichs? Leistungsdruck macht unfroh, wenn er nicht selbst gewollt ist und ohne erkennbaren Sinn bleibt. Entwickeln wir in einer masochistischen Anwandlung eine besondere Bereitschaft, uns zu quälen? Der Philosoph Byung-Chul Han erkennt in seinem Essay „Müdigkeitsgesellschaft" als die bestimmenden Krankheiten des beginnenden 21. Jahrhunderts neuronale Befindlichkeiten wie Depression, ADHS, Borderline, Burnout. Er nennt sie „Infarkte, die nicht durch die Negativität des immunologisch Anderen, sondern durch ein Übermaß an Positivität bedingt" sind.

Unlust und Frustration gehören zum Leben. Kein Leben ist Pizza Hollywood-style. Was wirklich schmerzt, sind Erkenntnisse von einem Leben, das nicht im Einklang mit der Welt und seinen Mitmenschen geführt wurde. Mit steigendem Lebensalter kommt in manchen Menschen das bittere Gefühl auf, zu wenig aus dem irdischen Dasein gemacht zu haben. Und dies weniger an einem materiellen Frustrationserleben erkennbar, sondern in emotionalen und inneren Enttäuschungen:

1. Ich habe zu wenig dafür getan, Liebe zu geben und zu erhalten.
2. Ich habe meine wahren Ziele, Gefühle und Sehnsüchte nicht gekannt oder unterdrückt.
3. Ich habe mich oft mit den falschen Menschen umgeben und mir von ihnen kostbare Lebenszeit rauben lassen.
4. Ich habe zu viel gearbeitet und daher zu wenig Zeit mit den nächsten Menschen verbracht, die mir etwas bedeuteten.
5. Ich habe mir nicht gestattet, glücklich zu sein.

Das möchten Sie sich am Ende Ihres Lebens doch nicht vorwerfen oder?

Was verhindert, dass ein Leben glückt?

Sie kennen sie, die Glücksratgeber, die eher eine leichte Depression hervorrufen als einen Erkenntnisgewinn. In „1000 Glücksmomente" rät Florian Langenscheidt, doch wieder mal durchs Brandenburger Tor zu gehen. Unter „50 einfache Wege zum Glück" zählen Christoph Berndt und Christine Koller einen „regelmäßigen Schluck frischen Wassers". Über das „Happiness Projekt" von Gretchen Rubin, die „Machen Sie morgens Ihr Bett!" unter die zehn glückbringenden Taten zählt, geht es stracks zu Eckart von Hirschhausens „Glück kommt selten allein". Eines ist allen gemeinsam: Säuberungswaschgänge spülen den Begriff Glück gnadenlos farblos. Wenn Ursula von Arx allerdings in „Ein gutes Leben" zwanzig Menschen von Blixa Bargeld bis Günter Wallraff über das Leben räsonieren lässt, kommt Erstaunliches zutage. Tomi Ungerer hören wir nörgeln: „Zum Glück bin ich nie glücklich gewesen!" Von Arx verficht keine „positive Psychologie" – wie Martin Seligmann im Bestseller „Der Glücksfaktor"–, sondern besteht darauf, dass Unglück und Frustration genauso lebens-legitim sind wie positive Gefühle. In einer traurigen Verfassung wirken elegische Musikstücke und tiefergehende Tempi befreiend, weil sie in uns heilende Gefühle anklingen lassen. Gerade im Sich-selbst-Finden durch Reflexion und Kontemplation, in Melancholie und Trauer liegt die Kraft, Glückserleben zu genießen. Am meisten sind wir bei den anderen in Momenten, in denen wir uns selbst zuwenden. Mit uns im Reinen können wir auch den Bedürfnissen und Erwartungen der anderen offen begegnen.

Was würden Sie aus Ihrem eigenen Erleben hinzufügen wollen?

Was macht Sie glücklich?

1. Wie fühlt sich „glücklich sein" für Sie an? Hat das eine Farbe, einen Geschmack, einen Duft, eine Bewegung, einen Namen, löst es eine starke Emotion aus oder einen Impuls?

2. Was – meinen Sie – verändert sich an Ihnen, wenn Sie sich glücklich fühlen? Mimik, strahlende Augen, strafere Körperhaltung, geschmeidigerer Gang, eine freundlichere Haltung gegenüber anderen?

3. Wodurch unterscheidet sich für Sie Glücklichsein von Zufriedenheit?

4. Wie schaffen Sie es, glückliche Momente in Ihrem Leben für sich zu gestalten?

5. Haben Sie hierfür auch Unterstützer? Wenn ja, wer sind diese Menschen? Und welchen Anteil haben Sie an Ihrem Glückszustand?

6. Nur mal angenommen, ich würde Ihren Partner, Ihre Angehörigen oder Ihre Freunde fragen, was Sie in einen Glückszustand geführt hat oder wodurch sich dieser Glückszustand bei Ihnen eingestellt hat: Was würde ich zur Antwort bekommen?

7. Nehmen wir an, Sie können Ihr Glück mit bestimmten Verhaltensweisen steuern. Welche würden das Glück anlocken – welche fernhalten?

8. Welchen Einfluss hat dabei Ihre Erwartung an die Situation, in der Sie sich befinden?

9. Wenn Sie sich umschauen im Hier und Jetzt: Was genau tun Sie, um Ihr Glück zu sich einzuladen? Geht es um konkretes Handeln, Fühlen, Reflektieren, Erwarten, darum, sich einfach zu lassen, das Hier und Jetzt loszulassen, bestimmte emotionale Kanäle einzusetzen?

10. Nehmen wir mal an, das Glück antwortet: „Diese Einladung reicht mir nicht." Was bräuchte das Glück noch, um zu Ihnen zu kommen? Dabei geht es nicht darum, sich mehr anzustrengen. Vielleicht sogar um das Gegenteil – das liegt bei Ihnen.

Lesetipp:

Kitzler, Albert: „Lebenskunst. Was wir von den alten Philosophen für unseren Alltag lernen können". Artikel in: Psychologie heute: 4/17, S. 18-24 sowie Kitzler, Albert: „Wie lebe ich ein gutes Leben – Philosophie für Praktiker." Droemer Taschenbuch. 2016.

Sind Kontemplation, Beschaulichkeit und Achtsamkeit erlernbar?

Heute lesen wir viel über Achtsamkeit, nicht selten wird es im falschen Sinn – als Rücksicht gegenüber anderen – verwendet. Erinnern wir uns an Sokrates, der zugespitzt behauptet, dass „ein Leben ohne Selbstprüfung und Selbsterforschung nicht lebenswert sei". Er zielt auf den engen Zusammenhang zwischen Achtsamkeit, Selbsterkenntnis und nicht zuletzt Persönlichkeitsentwicklung – und gerade danach streben wir alle: Das Beste aus unserem Leben zu machen. Seneca erklärt, was Sokrates unter Achtsamkeit versteht: „Prüfe dich bis ins Innerste, erforsche und beobachte dich auf jede Weise; achte vor allem darauf, ob du […] im Leben selbst Fortschritte gemacht hast." (Kitzler, a.a.O. S. 42) Darin steckt die Aufforderung, sich selbst gegenüber aufrichtig zu sein, denn „sich selbst zu betrügen" sei „das Schlimmste" (sagt uns der altgriechische Philosoph Sokrates).

Ein Leben, dem Beschaulichkeit fehlt, führt in die Hyperaktivität. In unserer Rahmenhandlung täuscht Brunos Kollege Tom Uhle sich selbst und anderen eine Persönlichkeit vor, die er nicht wirklich auskleidet. Am Ende entlarvt sich dieser Selbstbetrug selbst. Die alten chinesischen Philosophen sprechen von der erstrebenswerten „Geborgenheit im eigenen Innern"- sie verleihe Ruhe, Wärme, Sicherheit. Diese elegante und erhebende Stimmigkeit in seinem eigenen Inneren zu finden, betrachtete man in der Antike als den „Königsweg zum Glück" (Kitzler, S. 45). Erst wer gegen sich selbst aufrichtig sei, könne sich friedvoll und autonom auf seine Mitmenschen beziehen. Können Sie mit dieser Folgerung etwas anfangen? Ziele und Sinnhaftigkeit in seinem Leben zu finden, Bedeutsamkeit über die eigene Person hinaus, nährende Beziehungen sind wichtiger als Materialismus und Konsum.

> **Einladung zu einer kleinen Fingerübung:**
> **Finden die folgenden Punkte bei Ihnen einen Nachhall?**
>
> - Perfektionsdrang verhindert Glück.
> - Wunderglaube an etwas, was sich mit dem Verstand nicht fassen lässt, kann nur zu Frust führen.
> - Es schadet mir, mich in Unkenntnis meiner eigenen Ziele mit Dingen zu befassen, die mich diesen Zielen nicht näherbringen. Besser ist es, für seine wirklichen Ziele auch etwas anderes aufzugeben.
> - Mein Leben nach den Erwartungen anderer auszurichten und mich selbst zu entsaften, ist der beste Weg zur Unzufriedenheit.
> - Fehlverhalten als Scheitern zu betrachten, für das ich mich rechtfertigen muss, provoziert bohrende Schuldgefühle. Dabei ist es sinnführender, eine Erklärung zu finden, die frei vom Drang ist sich selbst oder andere zu geißeln.
> - Mich in meinen Vorhaben und Wünschen zu wenig zu fokussieren und zu meinen, dass ich überall die Hände im Spiel haben muss, führt zu emotionaler und sozialer Atemnot.
> - Der Wunsch, everybody's darling zu sein, nervt andere und fügt mir Schaden zu. Die Sehnsucht, geliebt zu werden, ist dem Mensch immanent. Selbstaufgabe um der Liebe willen ist unmenschlich.
> - Zeit wie ein endloses Meterband zu betrachten, ist sogar sträflich. Besser ist es, regelmäßig die vergangene Lebenszeit daraufhin checken, wofür und womit ich sie verbracht habe und ob ich dies als Gewinn sehen kann.

Erfolgreiches, erfülltes Leben fühlt sich für jeden anders an, oder gibt es tatsächlich ein lizensiertes Lebens-Erfolgsmodell? – Letzteres will die Digitalisierung uns glauben machen.

In ganz jungen Jahren gehen wir meist davon aus, dass uns ein großartiges Leben erwartet, dass es bei schönem Wetter immer so bleiben wird, dass der Mensch gut und die Zeit auf Erden ewig ist. Mit den Jahren tritt der Abnutzungseffekt durch tausendfache Wiederholung des Alltäglichen ein, Resignation erfasst uns, zeitweilige Fluchtgedanken versanden wieder und das Gefühl „Soll das alles gewesen sein?" schleicht sich ein. Zäsuren wie Geburtstag und Neujahr deprimieren uns, weil sie uns an nicht realisierte Träume und an das unentrinnbare Verstreichen der Zeit erinnern, alte Sehnsüchte zucken auf und sorgen für eine zeitweilige Wiederbelebung der alten Sinnbegriffe. Sollten sie in diesem Leben nicht doch noch glücken, die Sehnsuchtsziele, die wir uns als Kind bereits auferlegten? – Das macht müde und unlustig, denn wir sind in diesen Momenten nicht bei uns selbst.

Manche Pläne sind dazu da, Pläne zu bleiben, bunte Seifenblasen, die auch platzen können, ohne Schaden anzurichten. Manche Sehnsüchte sind obsolet geworden, obwohl wir immer noch treu zu ihnen stehen, manche hoch gesteckten Ziele oder Vorhaben waren von Anfang an zum Scheitern verurteilt – warum? Weil es nicht unsere eigenen Ziele waren, sondern übernommene, aufgezwungene, imitierte oder secondhand erworbene? Kein Wunder, dass wir sie nie realisierten. Gerade in einer hochtechnisierten Welt sollten wir uns mit realen Kontakten und Beziehungen einen Vorrat an Wohlwollen dem Leben gegenüber anfuttern. So verwöhnt und umsorgt nehmen wir manche Unbill des Lebens leichter und entspannter in Kauf.

Eigene Sehnsüchte und innere Ziele sind oft so stark überlagert von Konventionen und alten Glaubensmustern, von tief empfundenen oder übertragenen Ängsten, dass wir sie nicht mehr fühlen. Auch die Kraft der Intuition zu spüren und zu nutzen, haben wir vielfach verlernt, und für die Weisheit des Körpers sind wir taub geworden. Durch Symptome und Zeichen will das Bauchbewusstsein uns mitteilen, ob unsere Vorhaben für uns stimmig sind oder nicht.

Der Buschido, der Moralkodes der Samurai, empfiehlt für ein erfolgreiches Leben, „innere Haltungen auszubilden, die es uns ermöglichen, spontan und ohne nachzudenken das Richtige zu tun". Unsere Denk-, Wollens-, Wertungs- und Verhaltensgewohnheiten, die uns unbewusst steuern, sollen reformiert werden. Weise sei nicht der, der viel Wissen angehäuft hat, sondern der, der es nutzt und danach lebt (vgl. Dr. Albert Kitzler in: Psychologie heute, 4/17, S. 24). Die altchinesische Philosophie geht noch weiter: Erst wenn man sich um sich selbst sorgt und sich verändert, können auch gesellschaftliche Veränderungen ihren Weg finden. Utopische Gesellschaftsentwürfe und Visionen hat die Nachkriegszeit verpönt, ihre Verkünder der Ideologien verdächtigt; auch der Realpolitiker Helmut Schmidt trug dazu bei („Wer Visionen hat, sollte zum Arzt gehen"). Positive Visionen werden heute eher Innovationsschmieden wie dem Silicon Valley zugeschrieben. Aber wohlgemerkt – dort werden technische oder naturwissenschaftliche Superlösungen geboren, keine sozialpolitischen Zukunftsentwürfe.

Michael Zürn vom Berliner Wissenschaftszentrum und Leiter des Ressorts „Global Governance" sieht eine stetig steigende „Unübersichtlichkeit der Welt" ursächlich: „Es ist kaum noch möglich, die Verantwortung für Handlungen oder Ergebnisse einzelnen Personen oder auch Staaten zuzuschreiben." – Was bedeutet dies für das Individuum, das täglich neu gefordert ist, sich seiner eigenen Lebensentwürfe bewusst zu werden?

Fragen wir uns dies nicht lebenslang: Wie gestalte ich mein Leben richtig?

Wenn wir uns heute umschauen, sehen wir, wie die Gesellschaft einerseits auseinanderdriftet, andererseits sich in der Vereinzelung in Splittersegmente aufdröselt. Die Digitalisierung gibt uns wenig Spielraum, über wesentliche Lebensfragen nachzudenken. Je mehr sie fortschreitet, desto angespannter und furchtsamer müssen wir werden. Uns geht es dann weniger um die große Perspektive, sondern um die Anstrengung, im Strudel der täglichen Wechselhaftigkeiten den Boden unter den Füßen zu spüren. Lebens- und Sinnfragen erweisen sich dann als obsolet, wenn das Wasser bis zum Hals steht. In der steigenden Verwirrung suchen wir umso mehr nach Orientierung.

Glück kommt von glücken. Wenn ein Leben glücken soll, sind andere Kriterien anzusetzen als äußere, materielle. – Diese Frage wird uns bereits qua Geburt mitgegeben. Kinder sind noch sehr ursprünglich und eigen. Auf ihren einmal gefassten Wünschen und Zielen beharren sie dickköpfig, was sie auf uns „egoistisch" wirken lässt. Ist es nicht eher als ein Lernprozess zu würdigen, sich selbst zu behaupten und der Umwelt mitzuteilen: Ich bin eine eigenständige Persönlichkeit, die sich hier outet? In der Regel. Wenn man es ihnen nicht ab-dressiert hat. Kinder wissen meist sehr genau, welche Nahrung ihnen bekommt, was ihnen guttut. Überlässt man sie ihrem Spielen – ohne dafür eine komplette Spielzeugabteilung geplündert zu haben –, stellt man erstaunt fest, dass sie noch fähig sind, sich mit sich selbst und den Dingen um sie herum zu beschäftigen. Vermutlich greifen Kinder auf eine andere innere Weisheit zurück, ein intuitives Wissen, das wir uns bereits abtrainiert haben?

In einer genormten Gesellschaft steht der Einzelne vor der Entscheidung, selbst ein genormtes Leben zu führen, sich nach Kräften anzupassen und den Erwartungen der anderen zu entsprechen oder ... Warum? Macht Dazugehören sicher? In einem gewissen Sinne sind Anpassung und Zugehörigkeit hilfreich und lebensnotwendig – wenn es nicht die eigenen Wünsche verrät oder gar sich selbst. Mut zum Anders-Sein ist nicht nur in der Diktatur ein Zeichen von Menschenwürde, Souveränität und Selbstrespekt. Der nicht ganz dornenlose Pfad zu selbstbestimmtem Fühlen, Denken und Handeln, auch gegen den Zeitgeist. Querdenker, die nach einer Phase der Selbstverleugnung wagen, sich quer zu stellen, sind überrascht, wie einfach das geht, sobald die Überzeugung auf entwaffnende Weise Mut verleiht. Die Grenzen des anderen allerdings sollten gewahrt bleiben.

Erlauben Sie mir einen Rekurs in meine eigene Geschichte: Von der strikten Orientierung nach außen zum Hineinhorchen in das eigene Innere.

Denn ich bin überzeugt, dass ich mit dieser Geschichte keineswegs alleine stehe. In meiner Kindheit und frühen Jugend erlebte ich in der Art, wie ich von meiner nächsten Umwelt gespiegelt wurde, das frühe Gefühl: „Ich bin falsch, nicht passend. Etwas stimmt mit mir nicht." Dies führte zur Selbstabwertung, bevor sich ein gesundes Selbstvertrauen bilden konnte. Die Erkenntnis „Du darfst nicht du selbst sein, du musst deine Gefühle und Bedürfnisse unterdrücken" verhinderte, dass ich mir als Kind über die Bedeutung von Gefühlen klar werden und zu meinen Bedürfnissen stehen konnte. Kinder werden so zum Objekt instrumentalisiert. Die die Kinder der Kriegsgeneration besonders davon betroffen. So wurde eine ganze Generation unfähig, ein eigenständiges Leben zu führen, das von gesunden Empfindungen und authentischen Gefühlen getragen ist. Das „Ich bin im falschen Film"-Gefühl verursacht Verwirrung, Verirrung, Selbstzweifel. Bei mir wirkte es sich autodestruktiv und depressionsfördernd aus und rief gleichzeitig den Rebellen in mir wach. Charakteristisch für diesen ist es, dass er den starken Drang spürt, sich selbst zu retten, aber gleichzeitig dazugehören und bedingungslos geliebt werden will. Kinder lieben bedingungslos, auch wenn die Eltern sie schlecht behandeln. Das Kind fragt nicht: „Erfüllst du meine Erwartungen?" Auch viele Partnerschaften kennen nur die bedingte Liebe, wenn der Partner eine „Bereicherung des Lebens" sein soll, was lediglich Co-Abhängigkeiten schafft.

Der Rebell in mir vollzog den Bruch mit dem Zuhause, durchlebte die Schulzeit lustlos und ohne Ziel und erlebte lange, massive Phasen, in denen Drogen und Süchte eine Hauptrolle spielten. Lange Zeit musste ich mit diesem Gefühl des „Falschseins" leben, denn es brauchte seine Zeit, bis ich mich den inneren Fragen stellen konnte: Auf welchem Weg bin ich eigentlich? Ist er der richtige? Steuere ich mein Schiff, oder lasse ich es treiben? Was passiert mit mir gerade? Und ich schwankte zwischen den Aufwallungen von Zweifeln und Ängsten, Erkenntnissehnsüchten und verzweifelten Anstrengungen, mir mein Leben „schönzureden", was letztlich einem krassen Selbstbetrug gleichkam. Ich hebe nicht den moralischen Zeigefinger, sondern richte einen behutsamen und liebevollen Blick darauf. Wir fehlbaren Menschen sind keine Roboter, die nur einen Schalter im Kopf umstellen müssen, um das Programm zu wechseln. Heute gehe ich sehr verständnisvoll mit dieser Zeit der stolpernden Suche um und kann sie als einen bedeutenden Vermittler zwischen dem falschen und dem wahren Selbst sehen. Das drängende Bedürfnis, von außen die Bestätigung zu erhalten, die mir als Kind versagt geblieben war, was ein gesundes Selbstwertgefühl verhinderte, wurde allmählich ersetzt von einem organischen Wissen über meine eigene Kraft, meinen Wert und Stellenwert im Leben. Hätte ich mich dieser Suche in meinem Inneren nicht gestellt – wer weiß, wo mein Schiff gestrandet oder angelandet wäre? Im späteren Verlauf fand ich meine Quellen in Meditation, Yoga, Achtsamkeit, in der Stille und entfernt vom Lärm der Welt mit mir und meiner Intuition in Kontakt zu treten. Ein Dialog mit meinem wahren Selbst, meinen Bedürfnissen, Erwartungen, Sehnsüchten führte in die innere Freiheit.

Zunächst raubte dieser Prozess Energie, weil er konventionelles Funktionieren verunmöglichte oder zumindest hemmte. Aber bald wurde er ein Kraftquell. Und mehr und mehr akzeptierte ich an den körperlichen Symptomen, die diesen Prozess begleiteten, die klassische Einheit von Körper, Geist und Seele. Dieser Läuterungs- und Erkenntnisprozess gab mir ein Stück positive Überlegenheit gegenüber Menschen, die sich nie ihren existenziellen Schattenseiten gestellt hatten. Auch Sie will ich ermuntern, einmal mutig zu scheitern, sich auszuprobieren und sich im Vorwärtstasten vom Dunkel ins Licht zu wagen. Ich sehe das als die wichtigste Wachstumsphase in meinem ganzen Leben. Daher: Nehmen Sie Ihre innere Stimme sehr ernst!

„Hinfallen, aufstehen, Krönchen richten und weitergehen!"
Mit 28 kamen dann der Wendepunkt und eine Aufwallung von Energie: Ich arbeitete unter anderem mehrere Jahre in den USA, holte das Abitur nach, schrieb mich mit 44 Jahren erstmals an der Universität ein, machte mit 50 den Master-Abschluss in Philosophie. Was mir half? Großes Vertrauen in die eigene innere Stimme, die stark gemacht wurde durch die Erfahrung, eine schwere Zeit, in der ich mich nicht brechen ließ, überlebt zu haben. Die Berufswahl Coach war eine logische Ableitung der frühen Geschichte und des weiteren Lebensweges. Kompetenter als durch immer neues, inneres Leiden kann sich eine Offenheit der Vielfalt des Lebens gegenüber nicht entwickeln. Es birgt nicht nur kognitives Wissen, sondern die eigene Lebenserfahrung, das Modellverhalten am eigenen Leib.

Alles eine Frage der Zeit, sagen Sie? Ja und nein! Persönliche Erkenntnisprozesse brauchen ihre Zeit und vollziehen sich in ihrem eigenen Tempo. Ein längerer Atem und die entschlossene Gewissheit, auch bei kleinen Rückschritten nicht aufzugeben, sind notwendig. Beschreiten Sie ihn dennoch – Ihren eigenen Weg. Aus eigener Kraft oder professionell begleitet – das ist eine individuelle Entscheidung.

Die digitale Welt und ihr rigider Zeitbegriff

Zugegeben, die digitale Welt hat uns mit einem neuen Zeitbegriff konfrontiert. Die Zeit hat einen immensen Einfluss auf unseren Lebensrhythmus. Tragisch ist der Impact des Klimawandels auf unser Jahreszeitengefühl. Wenn sich Wintermonate nach Frühling anfühlen und im Hochsommer herbstliche Orkanböen und Starkregen ganze Stadtteile unter Wasser setzen – kann da die innere Uhr noch mithalten? Sie muss ohnehin schon ständig Unregelmäßigkeiten ausgleichen, wenn die digitale Unbegrenztheit die Nacht zum Tag macht oder die Tagesabläufe sich nicht mehr durch zentrale Ereignisse wie Mittagsläuten und feste Essenszeiten darstellen. Glückliches Frankreich, in dem die Mittagsstunde lange heilig war und es auf dem Land immer noch ist. Doch auch hier hebeln die digitalen Parameter und die moderne Weltordnung bewährte, ritualisierte Lebensgewohnheiten aus. Früher hätte man keinen Angehörigen der Grande Nation dabei ertappen können, wie er auf der Straße mit der einen Hand hastig ein Mittagssandwich verschlingt, während die andere das Smartphone umklammert. Unsere innere Uhr hat sich während der Evolution kaum verändert. Wir wissen/wussten, zu welchen Tageszeiten der Mensch am leistungsfähigsten oder am schmerzempfindlichsten ist und wann sein körpereigenes nächtliches Zellenreparaturprogramm den Dienst antritt. Temperatur und Licht sind entscheidende Messkoordinaten, das innere Uhrwerk lässt sich schwerlich austricksen. Dennoch unterliegen wir ständig dieser Versuchung, seit die digitale Transformation uns dazu auffordert, auch wenn der Nutzen bescheiden oder gar strittig ist.

Wir alle benötigen schöpferische Pausen, die den Kopf leeren. Die Raunächte des Dezembers waren für unsere agrarwirtschaftlich geprägten Vorfahren die Jahresphase, in der saisonal bedingt die Arbeit ruhte, die Felder und Äcker bestellt waren, die Ernte eingefahren war und die Zeit scheinbar langsamer floss. Mit Nachbarn setzte man sich zusammen und reflektierte das verlöschende Jahr. Gespräche über Fragen wie „Welche wichtigen Dinge stehen an? Was kann ich im nächsten Jahr besser/anders machen?" schufen Sicherheit und Verlässlichkeit. Dieser Prozess löste die intrinsische Motivation aus, die Veränderung und Entwicklung erst möglich macht.

→ https://www.stern.de/gesundheit/schlaf/geheimnis_schlaf/schlafrhythmus-wie-unsere-innere-uhr-tickt-3762946.html

Haben Sie schon einmal darüber nachgedacht, wofür Sie Ihre Zeit ver(sch)wenden? Welche Tätigkeiten sind Zeitfresser? Womit füllen Sie Zeit? Wie fühlt sich das an, wenn man meint, Zeit vergeudet zu haben? Zeitverschwendung kommt in digitalen Zeiten einer Todsünde gleich. Seine Zeit bestens und ertragreich zu verwalten, wird honoriert. Ein Freund berichtete von einer erstaunlichen Erfahrung: „Als ich im Flieger mein Smartphone auf Flugmodus stellen musste, durchflutete mich ein Gefühl von Befreiung. Der Zwang, die eingehenden Mails zu checken, entfiel, ebenso die Notwendigkeit, zeitnah zu reagieren. Kein unsichtbares drittes Auge, das ständig auf mich gerichtet war. Leider flog ich nur eine vergleichsweise kurze Strecke. Ich hätte die Smartphone-freie Zeit gerne länger genossen."

Warum müssen wir uns erst die Erlaubnis geben oder uns in ein Flugzeug (ein U-Boot, einen Zeppelin, eine Rakete oder einen Gasballon) begeben, um auf den Aus-Button zu drücken und in der Phase des digitalen Nichtstuns voller Staunen zu erleben, dass es angenehm ist, wenn das Außen nichts von mir will?

Wir ertragen keinen Leerlauf mehr und füllen Pausen mit digitalen Spielchen …

… statt die Pausen als Auszeit von den Anforderungen der digitalen Welt zu nutzen. Als meditative Phasen, in denen man überdenkt, was gerade vor sich geht. Unser Umgang mit der Digitalisierung zeigt eine grandiose Naivität. Wir meinen, sie verschaffe uns mehr Zeit. Richtig ist, dass sie unsere Zeit frisst. Gerade die Neuen Medien vereinnahmen schamlos kostbare Lebenszeit, beim einen mehr, beim anderen weniger, umso schändlicher, als wir auch ein eklatantes Missverhältnis von Input und Echo hinnehmen müssen. Ist es das wert, dass wir uns derartig von uns selbst entfernen? Auch das moderne, oft unverbindliche Online-Dating-Verhalten deuten Soziologen als „Füllen von Leerzeit". Exzessives Dating enthebt uns der Mühe, unsere Zeit zu gestalten.

Unser Leben ist kein Waldspaziergang. Bei der Bewältigung der alltäglichen Herausforderungen sollten die technischen Errungenschaften für uns eine Hilfe sein. Zeit für mehr Muße und Lebensgenuss sollten sie uns freischaufeln. Stattdessen erkennen wir eine bedrohliche Schräglage. Die Ressource, die das eigentliche Lebenskapital ausmacht, nämlich Zeit, gibt uns immer weniger Nutzen und Genuss. Seele oder Innenleben kommen zu kurz, weil das äußere Leben uns vereinnahmt.

Sokrates' Lebensdoktrin „Erkenne dich selbst!" wird den Sieben Weisen der Antike zugesprochen. In den Aufwallungen der äußerlichen Optimierungsbemühungen bleibt das, was uns per se ausmacht, auf der Strecke – das seelische Wohlbefinden, die Gemütsruhe, das Gefühl, das sich einstellt, wenn wir mal die Zügel schleifen lassen. Wollen wir über ein geglücktes Leben sprechen, müssen wir zunächst verlangsamen, statt zu beschleunigen, entspannen, statt den Leistungsbogen zu überdehnen. Kontinuierliche Überspanntheit führt zum Burn-out. Sich einfach nur mal lassen? Vielen macht der Gedanke allein Angst. Was man da alles verpassen könnte! Und so plötzlich mit sich selbst alleine sein? Am Ende begegnen wir ja noch den Geistern in uns selbst. Oh je, ob das wohl gut geht? Ein wahres Abenteuer.

Halten wir nie inne, spüren wir uns bald selbst nicht mehr. Menschen, die sich selbst abhanden kommen, verdienen unser Mitgefühl. Von Sokrates heißt es, dass er erfüllt von Gedanken auf der Straße stehen bleiben konnte, in sich selbst versank und diese Haltung über Stunden nicht änderte. Das erfordert wahres Stehvermögen! Über eine gesunde Work-Life-Balance dachten die alten Philosophen bereits nach, heute ist sie gefragter denn je. Die digitalen und analogen Zielkonflikte zwischen den unterschiedlichen Notwendigkeiten in Beruf, Karriere, Netzwerk, Familie und Freundschaft, Entwicklung und Wachstum, Freizeit und Genuss machen das Leben schon mal zu einem Hürdenlauf oder einem Vermeidungsmarathon. Unzufrieden mit sich selbst, weil man die unterschiedlichen Parameter nicht ausbalancieren kann, schleicht sich innere Zerrissenheit ein.

„Freizeit ist die neue Währung", schrieb Sven Astheimer am 26.10.2017 in der „FAZ"

→ http://www.faz.net/aktuell/beruf-chance/beruf/kommentar-freizeit-ist-die-neue-waehrung-15254472.html

Bewerber fragen im Erstgespräch bereits danach, wie sie sich während des Jobs weiterbilden können, oder denken laut über die Vier-Tage-Woche nach. Ein kontinuierlich steigender Verdienst stellt nicht mehr das Maß dar, wonach erstrebenswerte Positionen gemessen werden, und nicht selten entscheiden sich Arbeitnehmer gegen einen Karrieresprung, weil sie Einbußen in der Freizeit fürchten. Die Arbeitgeber sind in keiner rosigen Lage, möchte man meinen, denn ihre vorrangige Aufgabe ist es, auf dem Markt zu bestehen – was schlussendlich auch die Lebensgrundlagen der Arbeitnehmer sichert.

Auch Bruno Backes wird durch die Digitalisierung verstärkt in die Pflicht genommen und befürchtet, dass sein inneres und äußeres Gleichgewicht in Schieflage gerät. Dabei stellt er fest, dass dies längst geschehen ist. Endlich wacht er auf und kann seiner neuen Position und den digitalen Veränderungen und Erleichterungen Gutes abgewinnen. Und er findet eine neue Einstellung zu seiner Verantwortung als Ehemann und Vater. Während Bruno an seinem äußeren und inneren Wachstum arbeitet, gewinnt er an Selbstvertrauen und Handlungsfähigkeit. In der Arbeit mit einem externen Organisationsberater überwindet er erste Hürden. Dass wir heute zunehmend Unterstützung benötigen, um das moderne Leben und seine Fragestellungen zu bewältigen, haben wir bereits im dritten Teil erkannt.

Mehr Freizeit – aber wie füllen?

Das Glücksgefühl des digitalen Rausches hält nur so lange, bis er einem üblen Katzenjammer weicht. Vergleichbar den herkömmlichen Suchtverhalten, steht der Internetsüchtige unter dem Drang, stets online präsent zu sein, in der Not, ständig „nachladen" zu müssen. Was passiert aber, wenn mehr Freizeit dazu führt, dass diese als eine Art „Pseudoarbeitszeit" missbraucht wird, indem wir sie mit Aktivitäten füllen, die uns nicht nur erschöpfen, sondern auch kostspielig sind? Konsumzwang, Wellness-Urlaube, Extremsport, Abenteuerreisen, Statussymbole – man leistet viel, um sich mehr leisten zu können, allerdings ohne es mehr zu genießen. Der Wunsch, uns als besonders zu erleben und uns selbst zu verwirklichen, ist in uns angelegt. Wie immer kommt es auf das Wie und wie viel wovon? an. Überfordern wir uns in einer gnadenlos durchorganisierten Freizeit, ist diese keine Lust-Zeit mehr, sondern selbst auferlegte Verpflichtung – um als was zu erscheinen? Als toller Hecht.

Entspannungszeit muss nicht teuer kommen – die Dichter und Denker der Deutschen Romantik fassten bei einem gemeinsamen Waldspaziergang erhabene Gedanken. Goethe dichtete bei einer Winterbesteigung des Brockens: „Über allen Wipfeln ist Ruh – über allen Gipfeln spürest du kaum einen Hauch – die Vöglein im Walde schlafen – warte nur balde, ruhest du auch." Vielleicht ergiebiger als Wildwasser-Rafting, Kilimandscharo-Besteigung oder Bungee-Springen vom Ulmer Münster aus Prestigezwecken. Natürlich sollen Sie jetzt nicht zwingend zum Poeten werden – lassen Sie den Lärm der modernen Zeit für einige Minuten bewusst hinter sich und freuen Sie sich darüber, wie sich in Ihnen Ruhe einstellt. Köstliches ist oft kostenlos: Mittagsschläfchen im Park, Forellen beobachten in einem murmelnden Bach, Picknicken unter grünen Blattdächern mit Vogelstimmen und Bienensummen im Ohr.

Urlaub war einmal ein Statussymbol

Und für viele eine Flucht an Sehnsuchtsorte, die den Alltag vergessen ließen. Heute sucht der Durchschnittsurlauber ein schablonisiertes Leben auf Zeit all inclusive. Urlaub ist quasi Pflichtprogramm, an dem wir gemessen werden. Eine besondere Spezies Urlauber entstand aus diesem kollektiven Reise-Druck, die Ferienvortäuscher. Menschen, die zwar Urlaub haben, aber nicht in die Ferien reisen können oder wollen und sich in ihrem Zuhause verstecken. Nicht um die freie Zeit zu genießen, die jetzt das erlaubte, was man sich lange nicht gönnte – ein viergängiges Menü zaubern, fünf Stunden am Stück Netflix-Filme gucken oder bis in den frühen Nachmittag hinein schlafen, die CD-Sammlung entmotten, den „Graf von Montecristo", „Moby Dick" oder „Fanny Hill" lesen. Also ganz offen dazu stehen, dass Ferien zuhause ein Genuss sein können. Dagegen leben sie hinter blickundurchlässigen Gardinen ein Ferienzombie-Dasein im Verborgenen. Problematisch ist die „Heimkehr" nach zwei, drei Wochen, wenn sich die „Urlauber" hübsch braun gebrannt den Augen der Nachbarn stellen sollten.

Was ist heute eigentlich noch unter Genuss zu verstehen?

Hat der Begriff nicht bereits einen negativen, nicht sogar diffamierenden Beigeschmack? „Na, du alter Genießer!" Da fehlt nur noch der strafend erhobene Zeigefinger. Kulinarik-TV-Formate und Kochshows haben Hochkonjunktur – doch werden sie konsumiert wie eine Doku-Soap. Werden die Zuschauer danach zu besseren Köchen oder Genießern? Eher nein. Sie hören andere über Genuss sprechen, ohne dass sie noch eine Vorstellung davon haben, wie es sich auf der Zunge anfühlt. „Ich habe heute noch nichts genossen", sagten unsere Großeltern, was bedeutete: „Ich habe heute noch nichts gegessen." Nahrungsaufnahme war noch Genuss im Sinne von Würdigen und Wertschätzen. Gesundes Essen keine Selbstverständlichkeit, auf die man ein Anrecht hatte, sondern etwas Sinngebendes, Nutzbringendes, Wohlschmeckendes (in der Regel!), das nicht nur das Überleben sicherte.

Zwischen Sauerland, Steiermark und Skandinavien werben Tourismusverbände mit „Genusswandern" um Reisende, die sich auf erholsamen Wegstrecken ertüchtigen und an der Natur erbauen sollen. Wie darf man sich denn ein „ungenießbares" oder „nicht genüssliches Wandern" vorstellen? Mit Fünf-Kilogramm-Kampfgepäck, Wanderkarten, Kompass, Kletterhaken, Wegzehrung, Minizelt, Leuchtraketen und Notfallset ausgerüstet und unterwegs auf in Zeittakten vorgelegten Routen, die an die Grenzen der Leistungsfähigkeit treiben und darüber hinaus?

„Der größte Sinnengenuss, der gar keine Einmischung von Ekel bei sich führt, ist im gesunden Zustande Ruhe nach der Arbeit", schreibt Immanuel Kant in seiner „Anthropologie in pragmatischer Hinsicht", drittes Buch, § 87, 1796. Dandy Oscar Wilde hält 1890 dagegen: „Die Zigarette ist das vollständige Urbild des Genusses: Sie ist köstlich und lässt uns unbefriedigt." (in: Das Bildnis des Dorian Gray, Kapitel 6/Lord Henry.) Oscar Wilde wusste, was er wollte: immer nur das Beste. Der Wandel von Genuss ist sprichwörtlich: Findet Immanuel Kant noch die Gefahr von Ekel im Sinne von Überdruss durch Genuss, sieht Oscar Wilde Genuss in einer Sensation, die nach immer mehr Wiederholung und Erfüllung drängt, weil sie uns unbefriedigt zurücklässt.

Wie verhält sich dies mit der digitalen Welt? Kann man sie nicht umso mehr genießen, indem man innerhalb der totalitären Überfülle auf Verzicht und Portionierung setzt und auf sparsame, kluge Rationierung? Oder verhindert vielmehr das Gefühl des niemals-richtig-befriedigt-Seins das Genussempfinden bereits dann, wenn man sich ihm hingibt? Also eine Eistüte in der Hand halten, am köstlichen Kalt schlecken und sich gleichzeitig der Endlichkeit des Genusses bewusst werden? Gibt es ungetrübten Genuss überhaupt noch? Oder im Umkehrschluss die Überfülle, die zu bewältigen von vornherein als aussichtsloser Gedanke verworfen werden muss? Vermutlich kann gerade in der Beschränkung Genuss aufkommen – im richtigen Moment innehalten können, bevor Übersättigung und Ekel im Kant'schen Sinne den Genuss verderben.

Wir sind das, was unsere Gewohnheiten aus uns machen

Das klingt pädagogisch. Neben dem genbestimmten Naturell, mit dem wir geboren werden, liegt es auch in unserer eigenen Hand, unsere Persönlichkeit zu prägen. Über die Jahre schleichen sich fast unbemerkt mehr oder weniger sinnvolle und absorbierte Gewohnheiten ein. Rituelle Handlungen wie feste Essenszeiten, der abendliche Griff zu Bierflasche, TV oder Gaming, Zucker bei Stress und Fastfood bei Frust. Auf die digitale Ebene bezogen: Wenn wir schon unseren Puls tracken, dann sollten wir auch die Blicke zählen, die wir täglich Smartphone oder E-Mail-Account widmen. Apps unterstützen, das Ausmaß der „Sucht" zu erkennen und einzugrenzen. Erstaunliches könnte passieren. Geschätzt ist nur jede fünfte oder sechste eingehende Mail von Belang. Eher weniger. Der Großteil verführt uns, mit einem Klick unser tägliches E-Mail-Aufkommen zu vergrößern und unsere analoge Lebenszeit zu verknappen.

„Wie jetzt?", werden Sie sagen ...

... wir haben doch gute Gründe, bestimmte Newsletter zu erhalten. Wir müssen informiert bleiben, uns weiterbilden, Nützliches in unser Leben integrieren,

Unterhaltsames goutieren. Wir wollen alles: Nutzwert, Information, Qualifikation, Spaß! Ja, das ist so eine Sache – niemals in mehreren Leben würden wir das Internet voll ausschöpfen. Bei aller Anstrengung oder völligem Schlafverzicht, der uns morgens hohläugig und blass zum Job taumeln ließe. Verzicht ist im christlichen Glauben mit unfreiwilligem Opfer konnotiert, mit Verlust und rigider Kasteiung. Christlich gesehen liegt der Gewinn im Jenseits – menschlich gesehen im Diesseits. Was ist die Kehrseite von Verzicht? – Gewinn! An Essenz, Relevanz, Konzentration auf das Wesentliche. Verzichten wir also öfter auf das Internet um des Gewinns willen – und sehen wir es nicht als Opfer. Nur der Kluge differenziert, setzt Schwerpunkte, übt sich im weisen Verzicht. Verzicht und Selbstverwirklichung sind Geschwister, und authentisch zu sein heißt, bei sich zu sein und sich nicht dem gleichmachenden Maßstab der Gruppe, Community oder kollektiven Meinung unterzuordnen. Doch Vorsicht: Seelenruhe könnte die Folge sein.

Gespräch ist Lebenselixier

„Gespräche führen, miteinander sprechen – das soll ein Beruf sein?" Dann schmunzle ich und entgegne: Ich habe den wunderbarsten Beruf, den ich mir denken kann. Es ist faszinierend, Menschen auf ihren Veränderungsprozessen hin zum Positiven zu begleiten. Meine Grundvoraussetzung dafür ist komplex und doch denkbar einfach: Ich bin das geworden, was ich bin. Ich kann meinen Lebensweg im Nachhinein positiv bewerten – selbst wenn vieles im herkömmlichen Sinne „Shit" war. Ich habe seine innere Logik erkannt. Mein Ringen mit mir, mit meiner Geschichte und auch mit den Menschen, die ich traf, führte mich dorthin, wo ich jetzt stehe. Das, was ich erlebte und überlebte, generierte großes Vertrauen in die innere Stimme, der ich auch in schwierigen Zeiten folgte. Selbst die Verwirrungen der Jugend haben Gutes bewirkt: Sie führten zu Risikofreude und zupackendem Wollen, zu mutigem Durchhaltevermögen und zur Fähigkeit, niemals aufzugeben. – Und Sie? Sie können das auch.

Exkurs:
Die Weisheit des Körpers

Beispiel: Homöopathie. Konventionelle Mediziner nennen sie gerne wirkungslos, weil wissenschaftlich nicht bewiesen, und dies ist für den rein an der Ratio orientierten Mediziner ein Grund für Ablehnung, sogar Verteufelung. Erfolgsgeschichten von Anwendern sprechen allerdings eine andere Sprache. Also muss die Homöopathie etwas richtig machen. Das Geheimnis liegt im Placebo-Effekt, in der Zuwendung des Therapeuten und seiner Deutung der Symptomatik und in der positiv gestimmten Erwartungshaltung von Heilung oder Verbesserung. Keine Vermutung, sondern biologisch erwiesen ist, dass unser Körper auf liebevolles Eingehen, Verständnis und Miteinander mit biochemischen Prozessen reagiert, die Krankheits- oder Beschwerdeverläufe stark beeinflussen können.

Dies, liebe konventionelle Mediziner, gilt allerdings auch für die Gabe von herkömmlichen Pillen und Säften. Ein verständnisvolles Wort, eine positive Grundeinstellung, ein Gespräch, ein, zwei Minuten freundliche Zuwendung können – wie der sprichwörtliche Glaube – Berge versetzen. Warum lernen Medizinstudenten dies nicht von erfahrenen Kollegen spätestens in ihrem praktischen Jahr? Psyche und Seele reagieren als Erste auf eine im Innern auftretende Dysfunktionalität. Unser Körper ist die „letzte Bastion", die uns mit Signalen und Symptomen zu verstehen gibt, dass wir uns von innen heraus heilen sollten. Aber traditionell medizin- und ärztegläubig, wie wir sind, versuchen wir, die „Defizite" des Körpers mit medizinischen Apparaten, technischen Hilfsmitteln und chemischen Bomben zu restaurieren. Diese Einseitigkeit vernachlässigt die Seele auf sträfliche Weise.

Leben ist Licht und Schatten. Je früher man es für sich annehmen kann, desto besser.

„And what about love?"

Sich selbst lieben zu lernen, ist die beste Voraussetzung für ein liebevolles Miteinander und Zuwendung. Das sagten schon (etwas verklausulierter) die

Bibel, Fjodor Dostojewski oder Groucho Marx. Letzterer in der satirisch-hintergründigen Variante: „Es würde mir nicht im Traum einfallen, einem Klub beizutreten, der bereit wäre, jemanden wie mich als Mitglied aufzunehmen." Gesunde Eigenliebe hat nichts mit Narzissmus zu tun. Liebe sei eine Paradoxie schlechthin, meint Philosoph und Psychotherapeut Paul Watzlawick in seiner bereits 1983 bei Piper erschienenen „Anleitung zum Unglücklichsein". Das Kultbuch nicht nur der Achtziger hatte einige Jahre nach Erscheinen bereits eine Million Leser gefunden. Der Autor Paul Watzlawick empfiehlt als einfachere Variante, Liebe für ein fernes und kaum zu erreichendes Zielobjekt zu empfinden und zu nähren, denn hier bleibt die Hoffnung frisch und die Liebes-Illusion von der Ernüchterung durch realisiertes Liebe-Verlangen verschont.

Dennoch wünschen sich die Menschen Liebeserfüllung durch das angebetete Objekt. In unserer Familie Backes fragt Lisa ihre Mutter, wie es sich anfühle, wenn man verliebt sei. Diese schildert – durchaus glaubhaft – einen ganzen Mix an Gefühlsaufwallungen und Symptomen. Wir kennen diesen Zustand, diese Phase der ständigen Übererregung. Man schwebt, gleitet, fliegt, und es sollte niemals enden. Tut es dann aber doch, in der Zwischenzeit bewegten wir uns wie Elfen oder geflügelte Amor-Dubletten über eine immergrüne Blumenwiese. Glückseligkeit mit einer Prise Euphorie, gnädiger Blindheit und sanfter Realitätsverkennung – unvergleichlich schön. Verliebt sein macht Leben lebenswerter. Für eine bemessene und endliche Zeit.

Es sei denn, man wäre das mythologische Traumpaar Philemon und Baucis. In den „Metamorphosen" des Ovid trifft Jupiter in Begleitung seines Sohnes Merkur auf ein altes Ehepaar, das ärmlich, doch vollkommen glücklich in liebevollstem Einklang miteinander lebt. Die Götter sind von ihrer Gastfreundschaft überwältigt und von ihrer Hingabe beschämt. Sie beschenken das betagte Paar reichlich: Die schlichte Hütte wandelt sich zum goldenen Tempel. Philemon und Baucis werden seine Priester und erleben die Erfüllung ihres Herzenswunsches, nämlich nie getrennt zu werden. Bei ihrem gemeinsamen Ende vollendet sich die Metamorphose: Philemon nimmt die Gestalt einer Eiche, Baucis die einer Linde an. Beide werden ewig zusammenbleiben. Nur ein Mythos?

Kapitel 2
Was ist der Sinn des Lebens?

Always looking on the bright side of life – Satire trägt immer ein Körnchen Wahrheitsgehalt in sich

Die Brachialkomik der britischen Komikertruppe Monty Python, deren Kultfilme in den siebziger und achtziger Jahren des 20. Jahrhunderts Vorreiter für die Satire waren, ist bis heute unübertroffen. Sie schonen kein abendländisches Heiligtum, Klischee oder keine Konvention und verletzen ungeniert-respektlos sowohl religiöse Gefühle als auch menschliche Traumata. 1983 ziehen sie in ihrer letzten Revue die verschiedenen Lebensphasen des Menschen in skurril-verqueren Episoden durch den Kakao – Geburt, Religion, Sexualaufklärung und Krieg, Organspende, Essen und Tod. Dass im Himmel „jeden Tag Weihnachten ist", mag glauben, wer will. Das Publikum genießt die grandios himmelschreienden, vor schwarzem Humor und ätzender Säure triefenden Wahrheiten mit großem Vergnügen. Groteske, stupende Absurdität à la Monty Python: Im Aufklärungsunterricht vor Halbwüchsigen holt der Lehrer seine Frau zur praktizierten Anschaulichkeit hinzu, um den Schülern einen unmittelbaren Lerneffekt zu verschaffen. Auch wenn Soldaten ihrem Offizier unter brachialem Beschuss im Schützengraben Geburtstagstorte und Geschenke überreichen, mischt sich Lachlust mit Schock.

Dabei geht es Monty Python nicht zuletzt um konzise Lebensregeln:

- Seien Sie nett zu Ihren Nachbarn!
- Vermeiden Sie fettes Essen!
- Lesen Sie ein paar gute Bücher!
- Machen Sie Spaziergänge!
- Versuchen Sie, in Frieden und Harmonie mit Menschen jeden Glaubens und jeder Nation zu leben!

Das sollte doch zu schaffen sein, oder?

Klamauk kann über die Verwerfungen des Lebens hinwegtrösten. Tiefgründige Komik ist nicht leicht und keineswegs einfach. In Monty Pythons „Der Sinn des Lebens" werden nicht zum ersten Mal durch dramaturgische und satirisch-parodistische Überzeichnung Klarheit erzielt, Reflexion angeregt und essenzielle Lebensentscheidungen hinterfragt. Film, Drama, Epos zielten immer auf Selbsterkenntnis. Was kann uns das in digitaler Zeit sagen?

Um digital nicht auszuflippen, müssen wir verstehen, wer wir analog sind!

So individuell wie die Menschen ist das Verständnis von einem passenden, dem richtigen Leben. Erfolgsverwöhnte Manager steigen aus, um sich auf einer kleinen Südseeinsel der Bildung von Kindern und Jugendlichen anzunehmen, ihrer Kochleidenschaft in einem französischen Bistro nachzugehen oder Holzspielzeug auf einem Südtiroler Bauernhof zu schnitzen, skurrile technische Neuerungen patentieren zu lassen, die keiner braucht, aber alle lieben. Was bringt Menschen in der Lebensmitte dazu, ihr Leben von Grund auf zu ändern? Heute erstaunt es sehr viel weniger als noch vor 20, 25 Jahren, als die heute geforderte Mobilitätsbereitschaft und Veränderungsflexibilität noch luxuriöse Liebhabereien von wenigen waren. Aber entspricht es nicht einem urmenschlichen Bedürfnis, sein Leben dem jeweiligen Alter und seinen Maximen anzupassen?

Das passende Leben für jede Lebensphase?

Ausnahmepersönlichkeiten wie Picasso bewahren sich ihre Lebenslust, Schaffenskraft und sexuelle Vitalität bis ins hohe Alter. Dem Durchschnittsdeutschen stehen heute weit mehr Lebensjahre bevor als unseren Vorfahren, und gerade ab der Lebensmitte treibt uns die Frage um, wie wir diese Jahre bestmöglich füllen sollen. Beinahe ein weiterer Appell an unsere Leistungsbereitschaft, denn je knapper die Zeit wird, desto stärker scheint der Druck, sie gut zu verwenden. Alles ist relativ – wie man mit 85 vermutlich nur noch bedingt in der Tiefsee taucht, bietet es sich nicht an, im selben Alter einen Job als IT-Techniker anzustreben oder die Lebensversicherung aufzustocken. Damit ist nicht gemeint, dass die auf das jeweilige Lebensalter zugeschnittenen Lebensformen und Begrenzungen unverrückbar sind. Doch bestimmte physische und mentale Grenzen lassen sich beim besten Willen nicht sprengen – Evolution und Natur haben es vermutlich ganz sinnvoll gefunden, die physiologischen Prozesse des Menschen so anzupassen, dass das vernünftige Maß sich durchsetzt. Epochale Ausnahmepersönlichkeiten, die alle Konventionen und festgezurrten Regeln brechen, bestätigen nur die Regel. Jeder sollte sich in seinem Leben mindestens einmal über das hinausbewegen, was man von ihm erwartet. Ausbrüche, die dem Umfeld möglicherweise als sinn-los erscheinen, kann der Betreffende als höchst sinn-voll empfinden.

Jeder Mensch hat wohl eine eigene Vorstellung von dem, was er am Ende seines Lebens als geglückt und sinnvoll empfinden möchte. Für den einen ist es Familienglück, für den anderen eine bedeutende Position, Einfluss und viele Nullen auf dem Kontoauszug oder viele Freunde, die bei seiner Trauerfeier weinen. Mehrmals den Globus umrundet oder den König von Tonga persönlich gekannt zu haben. Ein Kissen mit Orden, die auf seine hohen Verdienste hinweisen oder zwei, drei Geliebte, die in den hintersten Kirchenreihen schluchzen. Nachrufe in wichtigen Tageszeitungen. Schützenkönig gewesen zu sein oder ein Kapitän auf einem Ausflugsdampfer, der jeden Tag dieselbe Route steuert und mit sich und der Welt im Einklang ist.

Mal provokant gefragt:
Halten Sie sich für zum Glück begabt? Im Sinne von Momente von höchster Glückseligkeit erleben, in denen Sie vollkommen eins mit sich und der Welt sind und diese intimen Augenblicke, die nur Ihnen gehören, kosten wie ein besonders delikates Bonbon oder ein Glas Champagner? In einer spirituellen Klarheit erkennen, was wirklich zählt, und fühlen, dass das, was gerade eintritt, eine sublime, vielleicht nicht wiederholbare und dadurch geradezu sensationelle Regung ist? Ohne Bedauern ob der Nicht-Wiederholbarkeit, sondern voller Dankbarkeit?

Was wäre für Sie ein Grund, sich am Ende des Lebens mit ganzem Herzen zu erinnern und dankbar dafür zu sein, dass Sie dies erleben durften? Wer dort, wohin ihn das Leben gestellt hat, und in dem, was er macht, Sinn sieht – Haushalt führen, Kinder großziehen, Unternehmen lenken, Menschenleben retten oder als Kanzlerin sich mit allen Staatsmännern Europas duzen –, ist vermutlich ein glückbegabter Mensch. Ein Mann in einer im sozialen Sinne untergeordneten Tätigkeit, ein Straßenreiniger, Parkhausportier oder Toilettenwächter, kann Sinn in seinem Tun finden, wenn er sich klarmacht, welchen Nutzen er für den Einzelnen und die Allgemeinheit bringt. Könnte das die Quintessenz von Leben überhaupt sein: Was gebe ich den Menschen, mit denen ich zu tun habe, und wofür sind diese mir dankbar?

Das richtige, das mir eigene Leben ist ein Leben, das Sinn hat

Herausfinden kann dies nur jeder selbst. Leben als Suche und Findung, in der man auch einmal Grenzen sprengt. Wenn Sie verständnisvolle Freunde oder Partner haben, mit denen Sie dies diskutieren können, ist das eine gute Sache. Aber nicht selten ist es zielführender, wenn man sich der Unterstützung eines externen Beraters versichert, der mit distanziertem und gleichzeitig einfühlendem Blick, mit der Unabhängigkeit des Unparteiischen die Dinge sortieren hilft.

Ich selbst war in meinen jungen Jahren auf der Suche nach dem Sinn meines Lebens. Die ersten Jahrzehnte waren von Kämpfen und damit verbundenen persönlichen Kompensationsversuchen bestimmt, die für mich schädlich waren. Später waren meine Karriere-Bewegungen ein Wechselspiel aus sich ändernden Wünschen, Präferenzen und Umweltbedingungen. Von außen betrachtet mag es sich „sprunghaft" anfühlen, ich sehe es aber als intuitive Orientierung an meinem inneren Bezugssystem. Ich fühlte in mir ein zwingendes Moment, dass da noch etwas war, was befreit und gelebt werden wollte. Das bedeutete zunächst Verwirrung, Verirrung, Desorientierung, nicht zuletzt Selbstzweifel – bis mir klar wurde: Wenn ich mein Leben finden will, benötige ich Unterstützung. Wenn ich jetzt mein eigenes Erleben und meine Entwicklungswege einführe, verstehen Sie dies bitte als einen freundlichen Appell im Sinne von „Das kannst du auch!" und nicht als Selbstbeweihräucherung. Mein Weg könnte genauso gut der eines anderen sein, denn in der Grundstruktur und Systematik steht er nicht allein. Frühe Muster und Reaktionen meiner nächsten Umwelt auf mich als Person und auf mein Handeln, Fühlen und Wollen haben strikte Schienenwege gespurt, die lange in eine Sackgasse führten. Aus der ich mich schließlich selbst befreite, um heute als Coach wirksam zu sein. Die Digitalisierung besitzt reichlich Potenzial, in uns Desorientierung zu erzeugen. Wir benötigen Gegenmittel, um dies als Prozess zu begreifen, der machbar ist.

Wie konnte mein Leben nach früheren Umwegen und Verstrickungen in ein ruhiges, prospektives, zielführendes Fahrwasser gelangen? Meine Lösung war der Entschluss: „Ich will nicht mehr leiden, sondern leben!" Auch die Erkenntnis, dass ich mir professionelle Unterstützung suchen könnte, um aus meinen Problemlagen heil hervorzukommen. Als ein erfolgversprechender und möglicher Weg erschien mir die Selbstreflexion in einem professionell begleiteten Coachingprozess, der zukunftsorientiert gestaltet war und sich nicht, wie eine Therapie es tut, der Vergangenheit widmet. Mit sanfter Steuerung und achtsamer Begleitung durch einen erfahrenen Coach war es mir möglich, zu einer neuen Lebensperspektive zu finden.

Es erstaunt nicht, dass in unserer aufgeregten und gleichzeitig ermüdeten und ermüdenden Zeit immer mehr Menschen Klarheit in einem gestützten Coaching suchen. Früher waren unsere transatlantischen Nachbarn in den USA in ihrer Neigung, in lebenslanger Psychoanalyse oder Psychotherapie ihr Heil zu suchen, immer ein Anlass zum Schmunzeln. Woody Allens Filmfiguren sind die kongenialen Langzeit-Patienten auf der Couch. Coaching wirkt nicht selten bereits nach kurzer Zeit, weil es über verschiedene bewährte Techniken anders als die Langzeit-Therapie möglichst zeitnahe, komprimierte Problemlösungen anstrebt.

Was Sie dabei wissen sollten:

- Coaching ist keine Psychotherapie, bezieht aber nach Bedarf die seelische Landschaft mit ein.
- Ein Coach ist ein Lösungsunterstützer. Lösungen kann nur der Coachee selbst für sich finden.
- Der Coach übernimmt eine Lotsenfunktion. Vom Begleitboot aus steuert er das Schiff in der richtigen Fahrrinne heil in den Zielhafen. Empathisch, respektvoll, achtsam, aufmerksam.
- Der Gestaltungsraum des Coachees ist weit gespannt.
- Die Frage „Bin ich auf dem richtigen Weg, oder soll ich die Weichen neu legen?" hat zu jedem Lebensalter Berechtigung.
- Für Coaching ist es nie zu spät, aber besser früher als spät, nicht zuletzt weil Sie dann noch länger in den Genuss eines „richtigen Lebens" kommen und weil sich viele angelernte beeinflussende Verhaltensweisen leichter erkennen und absorbieren lassen.

Dabei sollten wir uns immer vor Augen führen, dass wir die Wahl haben zwischen „Kann ich mir da trauen? Ich hab doch eigentlich keine Ahnung" und „Vertrauen fassen in sich selbst und in die Fähigkeit, die richtige Entscheidung zu treffen". Intuition ist hier zielführender als Impulsivität, die oft Affekthandlungen oder unüberlegte, unreflektierte Entscheidungen auslöst. Je früher im Leben ich mich einem Perspektivenwechsel öffne, umso mehr Handlungsspielraum verschaffe ich mir und umso leichter fallen Veränderungen. Coaching bietet dafür ein passendes Experimentierfeld, mit dem Coach als Wegweiser. Oft stellt sich bereits nach sechs bis neun zweistündigen Sitzungen ein sicht- und spürbarer Erfolg ein. Erkenntnisse formen sich – praxisbezogen und lebensnah – wie etwa die neue Sicht, dass jede von uns getroffene Entscheidung im Moment des Tuns die richtige ist und wir dazu stehen sollten! Erweist es sich später als nicht ganz zielführende Entscheidung, haben wir zumindest eines getan: Wir haben gehandelt, ohne Garantie auf absolute Richtigkeit. Wer etwas tut, hat bereits gewonnen, wer zögert, verloren.

Ist Bedeutsamkeit im Leben zu spüren wichtiger als Glück zu empfinden?

Die Frage ist: War ich oder wollte ich sein? Was hab ich gegeben, und was bleibt in Erinnerung? Welchen Nachhall erzeuge ich? Viele selbst ernannte Gurus der digitalen Welt mahnen uns, dass wir uns auf dem digitalen Markt sichtbar machen müssen, um Erfolg zu haben. Heißt das viel von sich zeigen, die Ich-Marke nach vorne tragen, ins Megaphon schreien und nicht davor zurückscheuen, auf taube Ohren zu treffen? Erst wenn man aktiv wird, sich in den Vordergrund rückt, wird alles gut, heißt die Botschaft. Die anderen können gar nicht anders, als mich wahrzunehmen und auf mich zu reagieren.

Ist nicht das Gegenteil richtig? Wir machen uns dann sichtbar, wenn wir unser Gegenüber real erlebe und mit einer gewissen Empathie auf seine Bedürfnisse, Erwartungen und Hoffnungen, seine drängendsten Probleme eingehen, ihm vielleicht sogar Lösungen anbieten können. Dann wenn wir sein Bedürfnis nach Zuwendung und Respekt ernst nehmen und uns vorstellen, wir wären er. Was würden wir uns dann von uns wünschen? Genau: wertschätzende Achtung und nicht marktschreierisches Bemühen um Aufmerksamkeit. Nicht die Flagge über dem Kopf schwenken und rufen: "Hier bin ich", sondern ihm ins Gesicht sehen und sagen: „Hier gibt es etwas für dich!" Menschen, die im äußeren Leben sehr erfolgreich sind, erleben wir trotzdem oft gleichzeitig als innerlich unzufrieden und leer. Wenn wir gemeinsam die Gründe herauszufinden versuchen, klärt es sich in der Antwort: „Ich habe zu früh aufgegeben, für das zu kämpfen, was ich wirklich will." In unerlässlichen Häutungen stößt der Coachee zu den Gründen vor, die ihn von sich selbst entfremdet haben. Ein Läuterungsprozess mit starken Erkenntnissen, die zunächst erschöpfen und dann stark machen! Menschen verwechseln Bedeutsamkeit gerne mit Bedeutung. Ein Leben muss nicht im landläufigen Sinne bemerkenswert sein, weil es von vielen wahrgenommen. Bedeutsam wird ein Leben, wenn es in Würde geführt wird, und dies nicht nur auf die eigene Person bezogen, sondern auch die Würde des anderen wahrend.

Kann uns das „Königslied" von Rainer Maria Rilke aus dem Jahr 1896 nicht noch einiges sagen?

Darfst das Leben mit Würde ertragen
Nur die Kleinlichen macht es klein;
Bettler können dir Bruder sagen,
und du kannst doch ein König sein.
(…)

Tage weben aus leuchtender Sonne
Dir deinen Purpur und Hermelin,
und, in den Händen Wehmut und Wonne,
liegen die Nächte dir vor den Knien.

in: Rilke, Die Gedichte. Insel Verlag, 1986.

Zugehörigkeit. Lebenszweck. Sinnfindung. Selbstregulation. Freude.

Ein Mensch, der sich selbst für erfolgreich hält, weiß genau, welche Ziele ihm wirklich wichtig sind. Er fokussiert sich auf das, was er tut, und gibt bei einmal gefassten Vorhaben nicht auf – es sei denn, sie erwiesen sich als undurchführbar oder unrealistisch. Mit sich selbst meint er es gut, und wenn etwas schiefläuft, klagt er sich nicht an. Eine positive Grundstimmung hilft ihm, auch in Fehlschlägen eine positive Nachwirkung zu finden. Im Bewusstsein, dass man sich auch mal anstrengen muss, um seine wirklich wichtigen Ziele zu erreichen, geht er Blockaden auf den Grund. Das, was er tut, reflektiert er und findet Sinn darin. Kinder, die ihre Suppe nicht essen wollen, zu mahnen: „Aber in Afrika hungern die Kinder", ist sinnlos. Sie jedoch auf die Notwendigkeit hinzuweisen, dass ein Mensch Kalorien zu sich nehmen muss, um zu überleben, könnte sie überzeugen. (Und in Aussicht zu stellen, dass Sie das Rezept ändern werden!)

Ein Mensch, der sich selbst für erfolgreich hält, weiß, dass er bestimmte Ereignisse nicht beeinflussen kann, auch nicht kränkende oder missliebige Einstellungen von Menschen ihm gegenüber. Dass er durch die Art, wie er diese Ereignisse und Haltungen interpretiert, sie selbst beeinflussen kann, ist ihm voll bewusst. Erkennbar gefrustete oder nach Klarheit suchende Manager stellen sich im Coaching-Prozess oft der Frage: „Wenn heute Ihr letzter Arbeitstag wäre, was würden Ihre Mitarbeiter über Sie sagen? Was würden Sie selbst vermissen, wenn Sie nicht mehr in Ihrer Position wären? Welche Gefühle würden Sie gerne bei Ihren Mitarbeitern erleben?" – Merke: Jeder Chef ist auch ein Mensch.

Wie wäre es mit einer weiteren kleinen Schreibübung?

In der Business-Realität wissen die einzelnen Ebenen viel zu wenig darüber, was die anderen von ihnen halten oder denken. Mitarbeiterumfragen, Dialogrunden in kleinem Kreis, in denen offenes Feedback stattfindet ohne Furcht vor Repressalien oder Negativfolgen, sind selten. Chefs gieren auch danach, einmal gelobt zu werden, und Mitarbeiter sind gefrustet, wenn ihre gute Leistung keinen Nachhall findet. Warum scheuen wir uns, den Business-Anzug oder das Kostüm einmal abzulegen und uns in legerer Kleidung (im übertragenen Sinn) zu treffen und uns darüber auszutauschen, was uns am anderen gut gefällt? Wovon wir uns mehr wünschen würden, und warum? Ohne Ansehen der Hierarchiestufe, in einem begleiteten, geführten Prozess, der auf wertschätzende Äußerungen und gegenseitigen Respekt fußt? Wovor haben wir Angst? Dass wir Dinge hören, vor denen wir lieber die Ohren verschließen? Sagten wir nicht ein paar Seiten zuvor, dass einen Menschen, der seinen eigenen Wert kennt, kein anderer abwerten kann?

Nur Mut:
1. Wenn ich offen sagen dürfte, was ich an meinem Vorgesetzten mag oder nicht so gut leiden kann, dann wäre es …
2. Was genau denken andere wohl über mich als Führungskraft?
3. Was würde ich gerne hören?
4. Was liebe ich an meiner Aufgabe?
5. Worin fühle ich mich unterfordert oder überfordert, und was bereitet mir vielleicht sogar schlaflose Nächte?
6. Was genau würde mir fehlen, wenn ich einmal in Rente gehe?
7. Was meine ich, würden die anderen vermissen?

Oder auf den privaten Bereich übertragen:
8. Wie wird man, ganz allgemein gesehen, auf Ihrem letzten Weg über Sie und Ihr Leben befinden?
9. Wofür sollte Ihnen gedankt werden?
10. Was bliebe von Ihnen besonders in Erinnerung?
11. Wie könnte ein Nachruf in der Zeitung aussehen?
12. Was würden Sie sich wünschen, dass man über Sie sagt?

Klar, dass man eine gewisse Scheu hat, der „öffentlichen Meinung" ins Gesicht zu schauen. Nicht ohne Grund entdecken wir in hochrangigen Politikern das eine oder andere Pokerface, das nicht der ständigen gesellschaftlichen Beurteilung gewachsen ist. Bei uns „Normalos" geht es in der Regel nicht um staatstragende Aufgaben, auch wenn unsere Funktionen uns manchmal so erscheinen wollen Das Positive daran ist der Gewinn von Klarheit, die wir im Reagenzglas unserer Eigenwahrnehmung gut schütteln und zu einer eigenen Essenz verrühren können. Natürlich sind Fremdwahrnehmungen auch getrübt von alten Mustern, das ist ein Risiko, das Sie schwer einschätzen, aber immer im Kopf behalten sollten. Und nicht jeden Stiefel, den andere Ihnen darreichen, müssen Sie sich anziehen. Aber Hinweise darauf, in welchen Bereichen und wie kleinere oder größere Veränderungen einzuleiten wären, geben diese allemal.

> „Kann man sich im höheren Alter noch ändern?"
> Ich kann Sie nur ermuntern, sich darüber keinen Kopf zu zerbrechen. Jeder Zeitpunkt, neue Wege einzuschlagen, wenn die alten sich als obsolet erwiesen haben, ist der richtige. Empfinden Sie beim Blick auf den bisherigen Weg keine Reue oder Schuld. Nutzen Sie ihre kostbare Energie sinnvoller für die Gestaltung Ihrer neuen Perspektiven.

Was kann mein Beitrag für die Gesellschaft, für das Ganze sein?

Kein Zweifel, das gesellschaftliche Klima in Deutschland ist kühler geworden. Wer Beiträge zum Gemeinwohl leistet, wird oft belächelt oder als „Gutmensch" diffamiert. Ehrenamt zu übernehmen ist nicht mehr wirklich in Mode, Sponsoren erwarten scharf kalkulierte Gegenleistungen zum eigenen Nutzen, die Tafeln, die im Wohlstandsmüll der Lebensmittelkonzerne übrig gebliebene, durchaus verwertbare Lebensmittel an Bedürftige verteilen, werden angezweifelt. Die Dokusoap-Mentalität hat zu einer Banalisierung von Not und Bedürftigkeit geführt. Wer seinen Frust in Gewalt-Games austoben kann, ist kein verlässlicher Partner im sozialen Miteinander.

Laut einer Erhebung der Gesellschaft für Konsumforschung (GfK) werden in Deutschland jährlich rund 200 Milliarden Euro vererbt, bis 2020 sollen es 2,6 Billionen Euro sein. Derzeit gehen vier Prozent an gemeinnützige Institutionen. 20.000 gemeinnützige rechtsfähige Stiftungen gibt es im Land, und jährlich kommen 700 neue dazu. Nach seinem Tod etwas Bleibendes zu hinterlassen, das Lebenswerk in einen größeren Zusammenhang zu stellen, ist eine starke Motivation. Auch ökonomische und unternehmenserhaltende Gründe spielen mit, etwa wenn eine Zersplitterung des Vermögens wegen Erbstreitigkeiten droht. Bürgersinn und humanistisch zu denken waren in wohlhaben Handelsstädten, wo redliche Kaufleute tätig waren, seit dem Mittelalter fest verankert. Vor allem in Stadtrepubliken wie Frankfurt am Main und in den norddeutschen Städten der Hanse, in denen kein regierendes Fürstenhaus für prunkvolle Selbstdarstellung und die Institutionalisierung von Museen und Kulturzentren sorgte, schufen die wohlhabenden Bürger als Mäzene und Stifter bleibende Säulen von Kultur und Bildung.

Nun muss der Privatmann nicht als Sponsor auftreten oder Mäzen, Förderer der schönen Künste oder Bundesverdienstordensträger, auch Mutter Teresa nachzueifern, ist nicht jedermanns Sache (abgesehen davon, dass die Friedensnobelpreisträgerin als Heilige umstritten ist). Aber gibt es nicht im täglichen Miteinander wichtige Gesten, die eine Verbindung herstellen zwischen Menschen, so etwas wie gute Schwingungen, positive Signale? Haben Sie dem Paketboten schon mal gesagt, wie sehr Sie es schätzen, dass er vier Treppen zu Ihnen nach oben steigt? Oder beim Einkaufen der netten Kassiererin ein Lob ausgesprochen („Ich hab Sie noch nie unfreundlich erlebt"), dem alten Herrn auf der Parkbank ein freundliches Wort geschenkt oder dem Busfahrer, dem der Frust über die tägliche Standardroute ins Gesicht geschrieben steht? Zugegeben, im enger zusammenrückenden Mikrokosmos von Kleinstädten oder Dörfern fällt es leichter und ist sogar aus Tradition notwendig. Hielt man in der Agrargesellschaft nicht zusammen, war Überleben schwerer.

Großstädte ängstigen viele Menschen in ihrer Massenhaftigkeit und Anonymität. Wartend an der Haltestelle oder auf dem U-Bahn-Steig sind wir aber alle Gleiche unter Gleichen. Warum schauen Menschen dort bevorzugt unisono auf ihr Smartphone? Ertragen sie in der Ausgesetztheit in einem scheinbaren Vakuum das Alleinsein nicht und suchen Trost im Smartphone? Was wäre die Alternative? Ein netter Schwatz von Mensch zu Mensch kostet nichts als die kleine Überwindung, den Anfang zu machen, und die Gelassenheit, auf eine abwehrende Haltung zu stoßen. Achten Sie doch mal darauf – wie verschlossen und voneinander abgewandt Passanten in der Stadt sich verhalten. Trifft man sie als Touristen auf einer Bergroute oder im Wald, ist ein Grußwort gang und gäbe. Ist es leichter und unschuldiger, in der Natur andere wahrzunehmen, und verschließt uns Einzelkämpfern die ständig zunehmende Technisierung Augen und Mund?

Was passiert, wenn wir dem Mitmenschen auf der Straße einmal ins Gesicht sehen, auch wenn es ihn irritiert? Nun müssen wir nicht alle grinsend durch die Straßen laufen. Aber das Kuriose ist, dass wir uns selbst den größten Gefallen tun, wenn wir den Mitmenschen wieder wahrnehmen. – Würden wir alle das auch nur in geringem Maße praktizieren, stünde es besser um das gesellschaftliche Klima. Gestärkte Menschen leben intensiver und glücklicher im Sinne von gefestigter.

Und was bedeutet uns noch Menschlichkeit?
Wir werden einsam sein – wenn wir uns nicht an diese Qualität erinnern

„Am Umgang mit den Schwachen einer Gesellschaft erkennt man deren Zustand. Der Zustand der Gesellschaft ist, freundlich gesagt, unerfreulich. Menschlichkeit wird gerade zu einem sinnentleerten Begriff, da Menschen Unfälle filmen, statt zu helfen, Sanitäter angreifen, Feuerwehrleute bespucken, sich über die Sirenen von Krankenwagen beschweren", schreibt Sibylle Berg in der SPIEGEL-Online-Kolumne am 18.11.2017. Sie fragt weiterhin, ob das Leben der meisten Menschen inzwischen so „erbärmlich" geworden sei, dass ein paar „Likes von Unbekannten" das Highlight des Tages ausmachen können. Was ist mit unserer Menschlichkeit, Mitmenschlichkeit, Gefühligkeit geworden? Dabei ist keine Sentimentalität gemeint, ein echtes Gefühl ist weit entfernt von ihr.

Mitmenschlich wäre es auch, die Gesellschaft nicht um die Erfahrungen von älteren Menschen zu berauben. Gerade die Altersgruppe 55+ erlebt es als beglückend, wenn sie ihren Mitmenschen mit Rat und Zuspruch weiterhelfen kann. Aber gerade wird sie aus dem gewohnten Wirkungskreis aussortiert, um sich im „wohlverdienten Ruhestand" auszuruhen. Dabei könnten Früh-Senioren Lücken stopfen, die das System offen lässt – als Mentor in Unternehmen, in der Schülerhilfe, in der gemeinnützigen oder ehrenamtlichen Arbeit. Wertvolle Erfahrungsressourcen werden ohne Not vergeudet.

→ http://www.spiegel.de/kultur/gesellschaft/finstere-zeiten-es-mangelt-an-menschlichkeit-kolumne-a-1178323.html#ref=nl-dertag

Hat das humanistische Menschenbild im digitalen Zeitalter ausgedient?

Das humanistische Menschenbild geht von einem Geschöpf aus, das von Natur aus gut und konstruktiv ist, entwicklungsfähig und wachstumsbegierig, nach Autonomie und Selbstverwirklichung strebend und begierig, seine Potenziale einzusetzen. Seine Bestrebungen, sich zu entfalten, sollten nicht blockiert oder gar untersagt werden, das verhindert Reife und die Unabhängigkeit in Denken und Handeln. Ihm wohnt eine Neigung inne, sich in gesetzte gesellschaftliche Formen einzubringen, es hält aber an seiner persönlichen Freiheit, einer eigenen Haltung, Meinung und einem eigenbestimmten Handeln fest.

Nein, nein, keine Sorge – das wird jetzt gar nicht so theoretisch, wie es scheint. Aber es ist höchste Zeit, dass wir uns wieder einmal an die Bedeutung des Humanismus erinnern. Tim Leberecht mahnt in seinem Vortrag als Speaker des „Future Day 2017", der vom zukunftsInstitut, dem Thinktank für Trend- und Zukunftsforschung, durchgeführt wurde: „Wir brauchen einen neuen radikalen Humanismus. In der Digitalisierung vermuten wir die grenzenlose Chance zur Weltverbesserung, aber verkennen die unsichtbare Dehumanisierung. Es wird Zeit für einen neuen Gesellschaftsvertrag – zwischen Mensch und Maschine." Tim Leberecht ist Bestseller-Autor und Marketing-Vordenker und komplett davon überzeugt, dass Unternehmen, die sich als „Sinn-Fabriken" gerieren, die Zukunft gehört. Die Koexistenz von künstlicher und menschlicher Intelligenz über die reinen technokratischen Aspekte hinaus sieht er im Appell an Künstler, Sozialwissenschaftler, Philosophen nur gegeben, wenn ein neuer „radikaler Humanismus" existiert in der Nachfolge des tradierten humanistischen Menschenbildes.

Künstliche Intelligenz kann bereits viel, aber sie vermag (noch) keine Emotionen zu empfinden, menschliche Regungen, Sehnsüchte zu produzieren, es fehlt ihr an Vorstellungskraft, um fiktive Welten zu bauen, wie Menschen es seit Anbeginn der Sprache tun. Daher wird es auch künftig nicht ohne die „Meister der Empathie" gehen – die Autoren, Schreibenden, Dichtenden, Geschichtenerzähler, die berühren, zum Träumen bringen, verzaubern. Mag sein, dass die Zukunft uns dies noch beschert. Doch im Augenblick und hoffentlich für lange Zeit bleibt es beim emotionalen Austausch zwischen Mensch und Mensch.

Die Gesellschaft von heute zeigt Ermüdungserscheinungen
Wir meinen, das Internet helfe uns, aus der selbst gewählten Einsamkeit auszusteigen? Das Gegenteil ist der Fall. – Es wird schwieriger, das humanistische

Menschenbild aufrecht zu erhalten. Es erstaunt nicht, dass in unserer über-komplexen Welt immer mehr Menschen nach Unterstützern, Orientierung und Klarheit suchen. Mit dem Bedarf steigt auch die Anzahl der Berater, Coaches, Trainer und Workshop-Anbieter. Wobei wir hier nicht von selbst ernannten Propheten und Traumdeutern, Wunderheilern oder Krisen-Verhinderern sprechen. In der Hemisphäre der beratenden Berufe gibt es viele Zwischenebenen.

In der digitalen Zeit haben wir offenbar niemals Feierabend, und das macht uns keineswegs produktiver, kreativer oder flexibler, schon gar nicht zufriedener oder konstruktiver, emotionaler, sozialer oder geselliger. Und ich fürchte, leider auch nicht liebenswerter und liebenswürdiger. Wollen wir das wirklich? Die Digitale Revolution hat unser Leben in einem Maß verdichtet, dass es kaum noch Schlupflöcher zu geben scheint. Fokussierung und Konzentrierung auf die wesentlichen Dinge scheint dringend geboten, um sich von dem nagenden Gefühl zu befreien, innerhalb des digitalen Tempos nicht mithalten zu können, das Wesentliche zu verpassen und in der Bedeutungslosigkeit zu versinken. Digitale Erschöpfung führt in einen bösen Kreislauf aus Stress, Frustration und Burn-out.

Was ist das Gegenmittel? – Mehr denn je dürsten wir nach Emotionalität und Lebenslust, ja Lebensgenuss!

Angst und Wut sind heute in Teilen der Gesellschaft ausgegrenzt, andere thematisieren den Wutbürger. Natürlich ist Angst ein sehr wichtiger Mechanismus, ein Überlebensprinzip. Und wer Gefühle wie Unlust, Frustration und Wut ausblendet, diszipliniert sich selbst und lässt ein verdrängtes Potenzial wachsen, das zu Explosion neigt. Ängste führen auch zu essenziellen öffentlichen Debatten, die gerade in instabilen und gefährdeten Zeiten Einfluss auf Entscheidungen nehmen können. Wer dieses Gefühl gewinnt, sagt der Psychiater Jan Kalbitzer, „wird selbstbewusster". Politisches Konsens-Streben ist dabei nicht förderlich. Auch trennt er haargenau zwischen Wut und Hass. Letzterer betreibe nicht die „Durchsetzung von Interessen, sondern die Vernichtung des Gegners" und entstehe dann, wenn man die „eigene Vernichtung fürchte". Angst und Wut seien Triebfedern für eine gerechtere Zukunft. In einer oberflächlichen „Glückseuphorie" werden scheinbar negative Gefühle als Störenfriede ausgeklammert. Dabei sind sie fest in uns verankert und haben durchaus förderliche Seiten. Gefühle bereiten den Weg für Beziehungen, nicht zuletzt zu sich selbst.

Autoritäre Politiker wie Wilders, Petry, Orban, Le Pen, Trump wollen die liberale Gesellschaft demontieren und gebären Kampfbegriffe wie Volkskultur, Korrektheitsterror, Klüngelkapitalismus, Neue Ordnung, Fake News, Lügenpresse. Der in Europa neu erwachte Nationalismus zielt darauf ab, die Demokratie zu schwächen, was jeden Einzelnen von uns in seinen Freiheiten und Pflichten einschränken würde. Auch die Pflichten sind es, die unser Leben reich machen. Empfinden wir sie nicht als aufgenötigt, tragen sie dazu bei, dem Leben Struktur und Niveau zu geben. Wir alle haben es in der Hand, dass dem Nationalismus Erfolg versagt bleibt – indem wir ein sinnvolles Leben führen, Achtsamkeit und Reflexion üben, eine kritische Denke entwickeln und uns dem anderen gegenüber empathisch verhalten.

Hier ist der Zeitpunkt, den Unterschied zwischen Emotion und Gefühl zu präzisieren. Sachlich erklärt bedeutet Emotion „Bewegung von außen" (lat.: ex movere). Emotionen entsprechen den Basisinstinkten, über die jeder Mensch verfügt, Trauer, Ärger, Wut, Ekel, Hass, Überraschung, Freudeempfinden. Gefühle entstehen, wenn sich eine Emotion Ausdruck verschafft. Auch die Ebenen sind unterschiedlich – Emotionen trudeln im Unbewussten, im limbischen System, Gefühle dagegen im Bewusstsein. Anders als früher angenommen reagieren wir zu 95 Prozent im Unterbewusstsein bzw. Unbewussten und zu fünf Prozent im Bewusstsein. Vergleichbar der Proportion, wie viel von einem Eisberg sichtbar und wie viel unter Wasser verborgen ist. Ein Gefühl tritt effektartig und von uns nicht steuerbar auf, was sich in Mimik, Gestik und Tonfall äußert. Mit Gefühlen reagieren wir auf emotionale Bewegungen, die vom Körper ausgehen. Wir erleben sie bewusst und sind daher in der Lage, sie zu gestalten. Gefühle können ganz schön stören oder belasten. Sich so bald wie möglich über praktizierte Achtsamkeit seiner Gefühle bewusst und sich über ihre Ursprünge und Bedeutung klar zu werden, verhilft zu einer ausgeglichenen Lebensführung.

Zum Nachlesen:

Daniel Goleman: „Emotionale Intelligenz". Dtv, 1997.
https://www.dtv.de/_files_media/title_pdf/leseprobe-36020.pdf

Paul Dolan: „Absichtlich glücklich – Wie unser Tun unser Fühlen verändert". Pattloch, 2015. Auch Dolan meint: „Glück ist die Erfahrung von Freude und Sinnhaftigkeit."

Tatjana Schnell: „Psychologie des Lebenssinns", Springer 2016.
Die Autorin bedient sich des Instrumentariums der Empirie, um verschiedene Dimensionen von Lebenssinn darzustellen.

Emily Esfahani Smith: „The Power of Meaning" (Die Macht des Sinns). Crown, Ney York, 2017. Deutsch: Emily Esfahani Smith/Annika Tschöpe: „Glück allein macht keinen Sinn". Random House/Mosaik, 2018.
Erfüllung finden in einer Welt, die vom Glück besessen ist. Crafting a life that matters.

Matthieu Ricard: „Glück", Knaur, 2009
Nach Ricard ist Glück kein Zufall, jeder Mensch könne sich selbst zum Glück fähig machen, denn Glückfähigkeit erwachse – wissenschaftlich messbar – aus dem Gleichgewicht von Körper und Geist. Wer sich einem Prozess der Reifung unterziehe und sich von negativen Emotionen wie Neid, Hass, Verlangen, übermächtiger Ich-Bezogenheit frei hielte, dafür positive Emotionen wie Güte und Demut in sein Leben integriere, der könne glücklich mit sich und der Welt im Reinen leben. Erlernbar sei dies über die Meditation.

Studie der Cornell University
Das Selbstwertgefühl von Menschen, die ihr Leben als bedeutungsvoll einschätzen, ist weniger von Likes und Zustimmung abhängig. (in: Psychologie heute, Juli 2017, S. 66)

Studie der San Diego State University
Schüler und Studenten fanden äußerliche Ziele wie Materialismus und Status wichtiger als Lebensziele (wie Gemeinschaftssinn, Lebenssinn, Zugehörigkeit). (in: Psychologie heute, Juli 2017, S. 66)

Worum ging es in Teil 4?
Lebensziele und Sinnhaftigkeit sind wichtiger als materialistisches Denken und sozialer Status

Wir haben darüber reflektiert, was Glück von Zufriedenheit trennt, Glückseligkeit mit Erfolg zu tun hat und was ein sinnhaftes Leben in Würde ausmacht. Warum ein sinnerfülltes Leben zu mehr Selbstwertgefühl führt. Wie jeder sich selbst annehmen und gut für sich sorgen kann, worin die Voraussetzung für Mitmenschlichkeit, soziales Miteinander und innige Verbundenheit liegt. Und wir haben erkannt, dass es durchaus eine gewisse Anstrengung bedeutet, bis man sich im „richtigen Leben" wiederfindet. Jeder entscheidet es für sich selbst – es steht für die große Lebensfrage schlechthin. Erkannt haben wir auch, dass wir uns unterstützen lassen können, bis wir selbst ein eigenes Instrumentarium in Händen halten, das uns erlaubt, das Glück in unserem eigenen Innern zu finden. Sich dabei nicht über andere zu erheben, weise zu sein, indem man das, was man lernt, auch anwendet. So könnte es aussehen: ein Leben in Würde und Bedeutsamkeit.

Was lehrt uns Buddha? Seine „vier edlen Wahrheiten" könnte man so interpretieren:
• Zugeben, dass man leidet.
• Herausfinden, woran und warum.
• Lösungen finden, um das Leiden hinter sich zu lassen.
• Diese sofort umsetzen und nicht loslassen, bis das Leiden beendet ist.

„Alles ist Übung!" rät Periander, einer der sieben Weisen der Antike.

Wir ernten, was wir säen – das Glück als keimender Samen

Nur mal angenommen, Sie hätten mit dem vorhandenen Glück oder Glücksgefühl ein wunderbares Saatkorn, aus dem viele weitere glückliche Situationen sich entwickeln können:

1. Welches Saatkorn könnte das sein? Ist es mit Menschen, Erfahrungen, Erlebnissen, Erfolgsmomenten, Nähe-Erlebnissen, Beziehungen, Sich-mit-der-Welt-Verbinden verknüpft?
2. Was könnten Sie tun, um dieses Saatkorn zu hegen und zu pflegen?
3. Wie könnten die ersten kleinen frischen Triebe aussehen, die sich entwickeln?
4. Was wäre anders, wenn sich diese Glückssituationen in Ihrem Leben ausbreiten?
5. Welchen Stellenwert haben dabei die Fakten um Sie herum – und welche Rolle spielt das Denken in Ihrem Kopf in diesen Momenten?

Haben Sie jetzt eine Vorstellung von dem, was IHR gutes Leben ausmacht?

Denn eine einzige Norm gibt es nicht, das Leben ist so facettenreich, dass man es nicht in Schubladen sortieren kann. Viele angeborene und erlernbare Skills tragen dazu bei:

- sich an kleinen Dingen freuen können
- mit anderen Nähe, Intimität, Vertrautheit, Verbundenheit pflegen
- die Schönheit der Schöpfung lieben und alle Mitgeschöpfe achten
- eine Leidenschaft pflegen, ein Engagement, ein brennendes Interesse
- sich selbst ergründen und gut kennen und lieben lernen ist der beste Weg Liebe zu erhalten
- seine Gefühle und Emotionen ausleben und gleichzeitig auch bewusst steuern
- das Leben umarmen – wir haben vermutlich nur eines
- sich helfen lassen, wenn einem die Probleme über den Kopf wachsen
- den eigenen, den richtigen Weg finden
- die Gelassenheit erlernen, Dinge loszulassen, die man nicht ändern kann
- sich Fehler erlauben und mutig den Wandel der Lebensphasen akzeptieren

Der deutsch-schweizerische Dichter, Schriftsteller und Nobelpreisträger Hermann Hesse (1877–1962) befindet in seinem philosophischen Gedicht „Stufen" aus dem Jahr 1941:

Stufen
Wie jede Blüte welkt und jede Jugend
Dem Alter weicht, blüht jede Lebensstufe,
Blüht jede Weisheit auch und jede Tugend
Zu ihrer Zeit und darf nicht ewig dauern.
Es muss das Herz bei jedem Lebensrufe
Bereit zum Abschied sein und Neubeginne,
Um sich in Tapferkeit und ohne Trauern
In andre, neue Bindungen zu geben.
Und jedem Anfang wohnt ein Zauber inne,
Der uns beschützt und der uns hilft, zu leben.
Wir sollen heiter Raum um Raum durchschreiten,

An keinem wie an einer Heimat hängen,
Der Weltgeist will nicht fesseln uns und engen,
Er will uns Stuf' um Stufe heben, weiten.
Kaum sind wir heimisch einem Lebenskreise
Und traulich eingewohnt, so droht Erschlaffen,
Nur wer bereit zu Aufbruch ist und Reise,
Mag lähmender Gewöhnung sich entraffen.
Es wird vielleicht auch noch die Todesstunde
Uns neuen Räumen jung entgegen senden,
Des Lebens Ruf an uns wird niemals enden ...
Wohlan denn, Herz, nimm Abschied und gesunde!

Exkurs: Arbeit 4.0 – New Work
Roboter im Anmarsch – Wie werden wir in Zukunft arbeiten?

Wie wird „Arbeitsplatz" im Jahre 2025 aussehen? Und was müssen wir von der Prognose halten, dass bis dahin eine hohe Zahl an Jobs durch Roboter und Künstliche Intelligenz ersetzt sein werden?

Sascha Lobo, der „Interneterklärer", verweist in seiner SPIEGEL-Kolumne vom 22.6.2016 mit pointierten Sätzen darauf, dass Deutschland ein Land sei, dass von Befindlichkeiten wie Perfektionismus, falschem Verständnis von Innovation (nämlich der stetigen Verbesserung des Bestehenden, doch ohne Mut für komplette Neuerfindung), Hierarchisierung, Bodenständigkeit und Beharrlichkeit als Industriegroßmacht mit Ingenieurswissen jahrzehntelang brillierte, dem Neuen, wie es sich in der digitalen Transformation ankündigt, allerdings hilflos und skeptisch gegenüberstände – denn „könne dies denn funktionieren?" Fehlender Mut etwas völlig Neues anzustreben und gleichzeitig nicht nur das Gelingen, sondern auch das Scheitern zu antizipieren, mache unser Land für eine virtuelle Zukunft schwer tauglich. Konstanz und Beharrlichkeit, die man den Deutschen zu Recht zuschreibe, trügen als Kehrseite unweigerlich auch eine gewisse Langsamkeit in sich. Über-Perfektionismus bremse unsere Lust auf Experiment und Risiko aus. Keine günstige Prognose für die Zukunft eines traditionell „hardware-orientierten Industrielandes".

→ http://www.spiegel.de/netzwelt/netzpolitik/digitaler-wandel-das-deutsche-digitaldilemma-kolumne-a-1099078.html

Im 19. Jahrhundert nahmen die Webstühle einer Vielzahl an Textilarbeitern das Brot. Gefährdete Berufssparten wurden durch neue ersetzt. In den letzten 50 Jahren blieben die Berufe im mittleren und routinemäßig durchführbaren Wirtschaftssegment relativ stabil. Einzig der Liftboy fiel der Automatisierung zum Opfer, konstatierte der Harvard-Ökonom James Bessen im Jahr 2016. Andere Stimmen halten dagegen: 30 Prozent der Aufgaben in 60 Prozent aller Berufe könnten computerisiert werden (McKinsey-Studie 2017). Bereits 2013 prophezeiten Oxford-Wissenschaftler für knapp die Hälfte aller amerikanischen Arbeitnehmer eine Automatisierungs-Wahrscheinlichkeit. 2016 sah die Bank of England 15 Millionen Arbeitsplätze in den USA künftig in der Hand von Robotern. Dabei verteilt sich das Risiko innerhalb der Berufssparten unterschiedlich. Ärzte und Psychologen, Krankenschwestern und Chirurgen, Künstler und Kreative, Seelsorger, Gesundheits- und Sozialarbeiter, Wissenschaftler und Arbeitskräfte, die in nicht vorhersehbaren Not- und Ernstfällen tätig sind, können der Automatisierung deutlich mehr trotzen, Telemarketer oder Steuerberater, Anwälte, Justizangestellte und Fastfood-Köche umso weniger. Berufe, in denen der Mensch respektive komplexe menschliche oder geschäftliche Beziehungen oder kreatives Schaffen im Vordergrund stehen, haben also aus digitaler Sicht eine stärkere Position, denn das physische und psychische Überleben des Menschen und künstlerisch-kreative Leistungen können allenfalls auf dem technischen Gebiet automatisiert werden. Doch eine Garantie gibt es keine: Bereits jetzt schlagen smarte Computer reale Menschen im Schach oder komponieren Filmmusiken. Also: Augen auf bei der Berufswahl

Wiederum meint Jerry Kaplan von der Stanford University: „Automatisierung ist für alle Berufsschichten und Gruppen – ob Unternehmensberater, Straßenmusikant oder Müllarbeiter – eine echte Gefahr." Das Ungleichgewicht zwischen den Geschlechtern könnte sich verstärken, denn Frauen sind in der Informationstechnologie, in Ingenieurswesen und Produktion weniger oft anzutreffen als Männer. Andererseits könnten gerade Frauen künftig in den Bereichen aufholen, die weniger von der Automatisierung betroffen sein sollen – Gesundheit, Pflege, Erziehung und Bildung.

Wir gehen in ein Zeitalter des Wandels, der Umstellung und Umschulung, des Umdenkens, der Agilität und Flexibilität, der Veränderungsbereitschaft und des arbeitslebenslangen Lernens – so viel steht fest. Je nachdem, wie flexibel und änderungsbereit sich Gesellschaft, Wirtschaft, Vordenker, Staat, Legislative, Parteien und Mandatsträger erweisen, desto weniger eruptiv wird eine Automatisierungsapokalypse die gesellschaftliche und wirtschaftliche Landschaft, unsere Umwelt und Lebensbedingungen überfallen. Der Mensch der nahen Zukunft könnte gesünder sein, aber vielleicht weniger glücklich, organisierter, aber psychisch gestörter. Alles ist möglich. Welche Auswirkungen hat diese Entwicklung für den alten Planeten Erde, wie wir ihn schätzten und leider auch misshandelten – und für dessen Ureinwohner?

Durchlaufen wir nicht gerade eine zweite industrielle Revolution? Der Zug in Richtung digitale Zukunft hat längst den Bahnsteig verlassen. Für die allgemeine Öffentlichkeit nicht selten unbemerkt, schreiben Roboter Briefe, organisieren den Haushalt, checken die Nahrungsvorräte, hüten Babys oder Senioren und steuern Automobile und Busse. Roboter kommunizieren mittlerweile mehr unter- und miteinander als Menschen. Selbst in sehr persönlichen Bereichen werden Apps unser Leben neu gestalten. Per Smartphone-App und mit Hilfe einer kleinen Duftmaschine können wir uns täglich selbst eine eigene Duftmischung kreieren, wenn es nach dem Willen des Erfinders Abdullah Bahabri aus Saudi-Arabien geht.

→ http://www.spiegel.de/netzwelt/gadgets/ces-2018-wir-haben-den-parfuem-automaten-nota-nota-ausprobiert-a-1188157.html#ref=nl-dertag

Wir werden uns an ein Leben anpassen müssen, in dem nichts mehr so ist, wie wir es kannten. Der Mensch wird eine enorme Anpassungsbereitschaft zeigen müssen. – Sicherlich, Entwicklung gab es in allen Epochen, aber niemals in solch atemraubenden und brachialen Riesenschritten. Wir durchschreiten Jahrzehnte in Hundejahren – sieben Jahre für jedes Menschenjahr.

Wie können wir uns vor diesem Hintergrund für die berufliche Zukunft rüsten?

Wie (fast) alles im Leben hat die eben formulierte Voraussage mindestens zwei Seiten. Unser Blickwinkel entscheidet, wie sie in unserem Bewusstsein verarbeitet wird. Vermutlich werden nicht alle in Betracht kommenden Jobs oder Berufsbilder einfach von der Erdoberfläche verschwinden, allerdings müssen zahllose Arbeitsfelder neu definiert, umgeschichtet und den digitalen Bedingungen angepasst werden, unterschiedlichste Berufsträger sich tiefgehend umorientieren.

Lässt sich die anstehende Entwicklung einer modernen Völkerwanderung vergleichen – als die Menschen dort, wo ihnen die Lebensgrundlage entzogen war, zu neuen Ufern aufbrachen? Angesichts des rasanten Tempos, das in den letzten Jahren bereits durch die Arbeitswelt fegte, lässt sich ableiten, dass wir Menschen, die wir genetisch nicht für eine solch rapide Entwicklung gestrickt sind, einige Mühe haben werden, nicht nur Schritt zu halten, sondern auch unser Denken, Fühlen, Beziehen den neuen Rollen anzupassen.

Alles im Fluss

Wir befinden uns bereits mitten in einer schleichenden Mutation von Begriffen und Neuschöpfungen beziehungsweise Neudeutungen: New Work, Co-Working-Space und Co-Living sind längst in unseren Sprachgebrauch übergegangen. Wissen Sie, was sich hinter Scrum, Design Thinking, Collaboration, Cloudlösung, Desk Sharing, Schwarmorganisation, Smart Factory und Data Mining verbirgt? New Work wird vom künftigen Arbeitsmenschen immer mehr abverlangen – neben erhöhter Flexibilität, Mobilität und Kooperationsbereitschaft auch einen teilweisen Verzicht auf Individualität –, jedoch auch mit Vorteilen punkten. Standortunabhängiges Arbeiten wird die Arbeitskultur gravierend verändern. Bereits vor 40 Jahren, als die Automobilindustrie für die Zukunft aufrüstete, prägte Professor Frithjof Bergmann den Begriff „New Work". Im Zuge der Automatisierung der Produktionsanlagen reklamierten die ersten Roboter die bislang von Menschen ausgeübten Routinetätigkeiten am Fließband für sich. Die Situation heute ist der damaligen sehr ähnlich: Künstliche-Intelligenz-Systeme verdrängen den Menschen aus Routineaufgaben; in Produktion, Mobilität, Administration und Dienstleistung sind sie bereits autonom und werden weiter perfektioniert. Der damaligen New-Work-Bewegung ging es darum, dass Menschen das tun sollten „was sie wirklich wollten", wenn sie ihren Lebensunterhalt verdienten. Heute geht es eher um Fragestellungen der Konditionierung unserer Arbeit – wie, wann, wo, mit wem, unter welchen Voraussetzungen und warum arbeiten wir? Eine jüngere Generation fordert eine neue Arbeitskultur ein – mit mehr Flexibilität und Sinnhaftigkeit als Ausfluss des aktuellen Wertewandels hin zu mehr „Work-

Life-Balance". Wie werden künftige digitale Nomaden unserer Arbeitswelt ihren Stempel aufdrücken?

Vor diesem Hintergrund sprengt das Thema „Digitale Transformation in der Arbeitswelt" ganz klar die Grenzen der vorliegenden Publikation. Seine Brisanz für uns und künftige Generationen allerdings sollte mit Nachdruck gewürdigt werden. Eine Folge-Publikation wird daher diesen Themenbereich fokussieren und im Detail diskutieren. Eine nur vordergründige Betrachtung würde seiner Bedeutung nicht gerecht. Bruno Backes, seine Familie und Kollegen werden wir dort auch wieder treffen. Sind Sie nicht auch gespannt, wie sich ihr Leben und Arbeiten bis dahin entwickelt hat?

Schon jetzt ist klar:

Neben Gewinnern, die aus der digitalen Transformation Nutzen ziehen, wird es zweifellos Verlierer geben, die im Sog der Digitalisierung entweder ihres Jobs verlustig gehen oder andere Einbußen bei der Berufsausübung und der Existenzsicherung hinnehmen müssen. Eine Welle der Veränderung wird die Wirtschaftslandschaft überfluten – klassische Berufe entfallen und neue bilden sich heraus. Das, was bereits im Fluss oder zu ahnen ist, könnten viele Menschen als Horrorszenario fürchten, andere diese Ängste als übertrieben abtun. Daher wird diesem wichtigen Kapitel die nötige Aufmerksamkeit in einer eigenen Publikation geschenkt, denn nichts widerstrebte mir mehr, als an dieser Stelle auf einseitige und undifferenzierte Weise diffuse Ängste zu schüren. Eine derartig komplexe Materie verdient es, intensiv und kontrovers diskutiert zu werden. Im Anschluss an dieses Kapitel finden Sie weiterführende Links zur digitalen Transformation für Ihre aktuelle Informationsbeschaffung. „New Work" (AT) wird sich als Folgeband an die vorliegende Publikation anschließen. Vielleicht wollen Sie sein Heranwachsen auf meinen Social-Media.Accounts mitverfolgen? Oder wollen Sie von seinem Erscheinen als einer der ersten benachrichtigt werden? Dann teilen Sie mir dies gerne per Mail oder Social-Media-Message mit.

Kontakt: **kontakt@thwehrs.com;**

Lesetipps:

Svenja Hofer: „Das agile Mindset – Mitarbeiter entwickeln, Zukunft gestalten." Springer/Gabler. Januar 2018.

Auszug aus dem Klappentext: *„Agiler werden – das wollen viele Unternehmen, um im digitalen Zeitalter erfolgreich zu bleiben. Doch mit neuen Prozessen, Arbeitsmethoden und Großraumbüros allein ist es nicht getan. Entscheidend für eine nachhaltige Veränderung ist die Haltung, das Mindset der Mitarbeiter und vor allem der Führungskräfte. Diese Haltung ist geprägt durch ein Denken und Handeln, das umfassende Veränderungen produktiv bewältigt und Menschen nicht nur mitnimmt, sondern wachsen lässt."*

Arbeitswelten im digitalen Zeitalter: ARD-Themenwoche Oktober 2016
→ http://www.ard.de/home/themenwoche/Themenwoche_2016__Arbeitswelten_im_digitalen_Zeitalter/3495110/index.html

Mut zum kulturellen Wandel in Unternehmen: Digitale Transformation ist für viele Unternehmen vor allem eine Frage von Tools und Technologien. Prozesse, Organisation und Kundendenken bleiben dagegen außen vor.
→ http://www.computerwoche.de/a/studie-kritisiert-digitalisierung-scharf,3261710

Kultureller Wandel in Unternehmen: Bertelsmann Studie zu Digitalisierung in Unternehmen:
→ http://www.faz.net/asv/zukunft-mittelstand/die-huerde-beim-thema-digitalisierung-ist-die-kultur-13598663.html

Digitale Transformation – in der Arbeitswelt:
→ https://bit.ly/2Hr6pTA

Schafft die neue Arbeitswelt auch eine neue Unternehmenskultur?
→ http://www.xing-news.com/reader/news/articles/643759?link_position=digest&newsletter_id=20542&toolbar=true&xng_share_origin=email

Fünfter Teil
Homo Digitalis und sein Ausblick auf morgen

Die digitale Zukunft wird die sein, die Sie für sich selbst daraus machen.

Apocalypse tomorrow? Was führt die digitale Transformation als Beifang im Schleppnetz? Was können wir selbst steuern, was müssen wir als gesetzt hinnehmen?

Das rasante Tempo, mit dem die Digitalisierung über uns hereinbrach, wird sich in den nächsten Jahren noch potenzieren. Was kommt da auf uns zu? Unkenntnis kann Angst machen. Es irritiert, dass wir nicht in die Zukunft sehen können, und es ängstigt, dass wir über das, was in unserer eigenen Verantwortung liegt, in der Regel keine eigene Handhabe haben. Der Mensch, das Produkt Millionen Jahre alter Evolution, im Netz der selbst generierten Hilflosigkeit gefangen? Können wir noch selbst entscheiden, wo wir mitmischen? Und liegt das, was in Technik, Forschung, Produktion gerade Realität wird, außerhalb der Entscheidungsgewalt des Einzelnen – in einer diffusen, verschwiemelten, obskuren und daher mit Ängsten behafteten Grauzone? So erstaunt es nicht, dass wir die „schöne neue Welt" vor uns mit Zweifeln erwarten. Vielleicht wird ja doch nicht alles so toll?

Eine Frage der Sichtweise, zweifellos, aber eben nicht nur. Schauen wir doch mal, welche guten Seiten die Digitalisierung und welche unschätzbaren Vorteile und mittlerweile unverzichtbaren Nutzen sie für uns gebracht hat. Wo können wir sie voll genießen, und wo müssen wir vorsichtig und sensibel selbst mit ihren Vorzügen umgehen? Welche gravierenden Weiterentwicklungen sind jetzt bereits bekannt? Wie diese sich auf das Leben von morgen auswirken werden, können wir nur ahnen. Die enorme Geschwindigkeit, die der digitale Orkan in den wenigen vergangenen Jahren über uns entwickelte, haben wir anfangs unterschätzt und während er uns mitriss nicht mehr gespürt. Was man täglich erlebt, wird Normalität. Aber das enthebt uns nicht, Fragen zu stellen, auch wenn sie schmerzen: Welche extremen Formen könnten sich gerade in der Arbeitswelt und Gesellschaft ausbilden? Wie gefährdet ist unsere demokratische Grundordnung? Wie gehen wir künftig damit um, dass der technische Fortschritt uns in der menschlichen Substanz durcheinanderwirbelt?

Deutschland hinkt als digitale Wüste anderen Industrieländern sowohl in der technischen Ausrüstung mit Breitbandkabel als auch in der digitalen Nutzung (vor allem in der Wirtschaft) weit hinterher. Dabei muss man gar nicht auf hochtechnologische Länder wie Japan schauen, auch vor unserer Haustür tut sich mehr als hierzulande. 2017 hat die Bundesregierung reagiert und unter der Federführung des Bundeswirtschaftsministeriums „Go digital" aufgelegt. Innerhalb dieses Förderprogramms können Unternehmen mit bis zu 100 Mitarbeitern die digitale Transformation in ihrem Hause aufrüsten. Eine neue Sparte von Digital-Förderberatern bildet sich gerade, und Webentwickler oder Webberater wittern Aufwind. Fördermittel sollte man aber nicht überschätzen – sie sind eher ungeeignet dafür, ein Bewusstsein zu schaffen, das den digitalen Wandel ganzheitlich gestaltet. Beim Einsatz von kluger Software im Arbeitsvermittlungsbereich ist Nachbar Frankreich ein gutes Stück weiter: Arbeitslose oder Arbeitssuchende können auf Bob Emploi vertrauen. Das innovative Open-Source-Programm arbeitet Hand in Hand mit Google die Datenvorräte der französischen Arbeitsämter auf. Es kann Prognosen für den Arbeitsmarkt der Zukunft erstellen und vermittelt nicht nur Arbeitssuchende in neue Positionen, sondern erteilt nützliche personenbezogene Hinweise auf Weiterbildungen, die ihre Chancen auf dem Arbeitsmarkt optimal erhöhen. Die Erfolgsquote dieser künstlichen Intelligenz liegt bei stattlichen 42 Prozent, was einem Spitzenwert im europäischen Vergleich gleichkommt.

Nach Ansicht des Wirtschaftswissenschaftlers Ayad Al-Ani vom Berliner Alexander-von-Humboldt-Institut für Internet und Gesellschaft (HIIG) könnte dies auch bei uns durchaus Sinn ergeben: Gelder seien vorhanden, der notwendige Datenvorrat ebenso. Mit künstlicher Intelligenz wären die Arbeitsämter effizienter als jede Personalberatung. Welche Chancen werden da vergeben? Auch der Arbeitsmarktforscher Holger Schäfer vom arbeitgebernahen Institut der Deutschen Wirtschaft (IW) schlägt in dieselbe Kerbe. Bis Ende 2018 wird die Bundesagentur für Arbeit seiner Prognose nach über Rücklagen in Höhe von

19,7 Milliarden Euro verfügen. Doch für einen gravierenden Umbau der Bundesanstalt fehlt der politische Wille. Man begnügte sich mit einer minimalen Senkung des Arbeitslosenbeitrags um 0,3 Prozent. Auch am Know-how zur technischen Umsetzung hapert es, und die rigiden Datenschutzregeln hemmen. Tja, Zukunft, wann beginnst du? – Was macht eigentlich unsere Familie Backes?

Serial Folge 5: „Die Situation im Hause Backes normalisiert sich"

Die Kinder orientieren sich wieder mehr an ihren sozialen Beziehungen im Außen, Bruno und Irma entdecken, dass zärtliche Gefühle eine tolle Sache sind, aber Pflege benötigen, wenn sie die Jahre überdauern sollen. Man spricht wieder miteinander (und auch mal übereinander), und das ist gut so! Noch ist nicht alles in Butter, aber der digitale Wind, der heftig die Segel blähte, hat sich in ein mildes Lüftchen verwandelt.

Zu Hause bei Familie Backes
Eisberge schmelzen, und unserer „Musterfamilie" dämmert langsam, was im Leben wirklich wichtig ist.

Was hat sich Neues ergeben, nachdem die ersten Versuche, wieder familienbezogener zu denken, einen rosa Hoffnungsstreif an den Horizont zeichneten? Sich aus den alten Gewohnheiten zu lösen, braucht seine Zeit. Vater Bruno gibt sich Mühe, eine gute Balance zwischen den neuen Anforderungen an seinem Arbeitsplatz und den familiären Verpflichtungen herzustellen. Sichtlich wächst sein Elan, seiner Rolle als „Haushaltsvorstand" gerecht zu werden und die Turbulenzen im eigenen Haus in geordnete Bahnen zu lenken. Dabei setzt er auf die Mithilfe seiner Irma, die gerade in einer Übergangssituation steckt. Bald zeigt sich, dass die „Reanimationsbewegungen" innerhalb der familiären Strukturen auch dem Ehepaar guttun. Und so versuchen alle – mehr oder weniger bewusst – auf ihre Weise, einen Beitrag zu einer neuen Familienkultur zu leisten, indem die Familienmitglieder sich wieder mehr aufeinander beziehen. Und dies nicht per ordre de mufti – sondern weil es allen Freude macht.

Ganz ohne innere Widerstände geht es nicht ab. Werfen wir doch einmal einen Blick auf die Kinder: Der „halbstarke" Gamer Dennis bekommt strikte Online-Verhaltensregelungen. „Nur noch zwei Stunden Internet täglich, maximal", entscheidet der Vater. Dass Dennis herummault, ist nicht ohne Showcharakter, denn er hat ja längst eine Methode gefunden, seine digitalen Entzugserscheinungen zu kompensieren. Dafür sorgt die kecke Nadja, mit der er sich auf dem Skateboard austobt. Dass er darüber seine Internet-Gang vernachlässigt, merkt diese rasch. Harsch wird er dazu aufgefordert, wieder rund um die Uhr auf Facebook präsent zu sein und sich auf die gemeinsamen Spiele zu konzentrieren. Eine Zwickmühle für Dennis, denn einige dieser „Kumpels" haben ihn bereits entfreundet. „Waren das überhaupt richtige Freunde?", zweifelt Nadja. „Das ist doch alles nur aufgesetzt. Wenn die so schnell nichts mehr von dir wissen wollen, dann war da auch nicht viel." Das trifft ins Schwarze. Dennis grübelt und erkennt: „Das ist nicht der Weltuntergang …" In der Pubertät ändert man schließlich schnell mal seine Meinung.

Bruno freut sich gegenüber Irma: „Du, dem Dennis ist es jetzt viel wichtiger, ein Skate-Ass zu werden. Sag mal, ob für ihn nicht mal ein Sommer-Feriencamp an der Nordsee gut wäre? Da kann er Sport machen." Irma findet es klasse, obwohl sie ihren Liebling vermissen wird, wenn die Familie ohne ihn an den Gardasee reist. „Ob Lisa gekränkt wäre? Schließlich ist sie ja die Ältere!" – Irma kichert: „Lisa kommt bestimmt mit uns, am Campingplatz ist doch dieser hübsche Junge … wie hieß der gleich wieder? Marco? Marcello? Manuelo? Mario? Massimo? Malviso? Mastroianni?" Hört Bruno nicht so gerne, er zieht es vor, das Thema zu vertagen. „Dass Tom die Sache mit dem Starfotografen", Bruno zieht das Wort übertrieben in die Länge, um seiner Missbilligung Ausdruck zu verleihen, „aufgedeckt hat, hab ich dir doch schon erzählt, oder?" Irma schüttelt den Kopf, die blonden Locken fliegen wie Federn. „Nee!" Bruno freut sich: „Nix mit Fotograf und schon gar keine Beziehungen zu Model-Schulen. Nur ein kleines Licht beim Finanzamt-West – und bei Lisa hat er angegeben wie Graf Koks! Und alt ist er, 48! Wenn ich den in die Finger kriege." – Irma: „Wie hat Tom das rausgekriegt?" – „Na, das Internet ist doch sein Zuhause, und in diesem Fall war das auch gut so – nichts bleibt verborgen." Irma schüttelt den Kopf: „Na ja, dass wir alle zu

Datenpaketen werden, finde ich nicht so prickelnd. Wenn da mal ein Leck ist …" – Bruno stutzt: „Wo haste das denn her?" – „Wir müssen doch alles preisgeben, damit Google oder Facebook mit unseren Interessen, Hobbys, Wünschen und was noch alles ihr Business betreiben können. Und immer mehr Kohle scheffeln. Wo soll das noch hinführen?" Bruno schweigt. Hat er selbst noch gar nicht so gesehen. Wenn Irma das schon sagt – die war doch bisher selbst ein Facebook-Groupie. Er seufzt: „Jedes Ding hat wirklich mindestens zwei Seiten. Sag mal, wie trägt Lisa das?" – Irma: „Ist doch ein vernünftiges Mädchen, bei aller Koketterie. Geknickt war sie schon, weil sie es nicht selbst durchschaut hat." Bruno überlegt: „Wie könnten wir sie aufmuntern? Gibt deine Freundin nicht so einen Tanzkurs?" – Irma: „Glaub nicht, dass Lisa auf Walzer steht. Zumba schon eher …" - „Wie, Rumba?" – Irma grinst: „Nee, Zumba, gibt's im Fitness-Club. Oder: Samba!" Bruno mosert: „Rumba, Zumba, Samba, Mambo … Da kenne sich einer aus!" – „Ich google gleich mal." Schallendes Lachen. „Siehste, ohne Google geht's nicht!"

Ben wird acht und bekommt ein Haustier

An Bens Geburtstag stehen Omi und Opi vor der Tür. „Omi, was is'n in dem Paket?" Irma: „Lass sie erst mal reinkommen." Aus dem Karton quietscht es. Als der Großvater den Deckel lüftet, guckt Ben in gewitzte Augen aus einem pelzigen Gesicht mit spitzer Nase und langen zitternden Barthaaren. „Ein Meerschweinchen! Jippiiieeh!" Ben hüpft im Kreis. Dann drückt er das wollige Haarknäuel an sich. „Er heißt Jonathan!" verkündet er. „Woher willst du denn wissen, ob das ein Junge ist?", fragt der Großvater hinterhältig grinsend, wie Irma findet. „Pschhh, lass mal den Ben!" Der lässt seinen neuen Freund nicht mehr los. „Was frisst der denn? Und darf der frei herumlaufen? Und oben bei mir schlafen? Muss man den baden oder Gassi führen?" – „Du erdrückst ihn ja vor Liebe", warnt Bruno. Irma leicht maliziös: „Von Liebe kann man nie genug bekommen!" Bruno zieht sich mit hochrotem Kopf und Opa im Schlepptau in den Hobbykeller zurück.

Irma kocht wieder „normal"

Zum Geburtstag: Fleischbällchen. Saftig-kross und würzig duftend brutzeln sie in der Pfanne. Lisa achtet neuerdings auf ihre Figur: „Da ist doch hoffentlich kein Schwein drin?" – „Kalbshack, mein Schatz", bestätigt Irma. „Rezept is' aus dem Internet. Mit ‚ner Füllung aus Parmesan und Spinat." Ben protestiert: „Spinat ess ich nicht." – „Für dich gibt's ja auch welche ohne." Opi wirft ein: „Spinat ist gesund!" Omi pfeift ihn zurück: „Das mit dem vielen Eisen ist ein Märchen." Ben freut sich. „Siehste!" Als alle zufrieden kauen, stupst Irma ihren Bruno an: „Du, sollten wir nicht wieder mal einen Pärchen-Abend machen? Sara und Daniel haben wir lange nicht mehr hier gehabt." – „Ruf die doch mal an!" Verrückt, wie die Zeit vergeht, denkt Irma, als sie später auf das Handy tippt. Die haben wir ganz aus den Augen verloren, und wann waren wir zuletzt im Kino? Ihre langjährige Freundin ist kurz angebunden: „Weißt du nicht, dass ich befördert worden bin? Nein? Jetzt muss ich 24 Stunden lang erreichbar sein. Meiner Chefin fällt abends immer noch was ein, und mein Handy ist mit im Schlafzimmer." Irma verdutzt: „Was sagt denn Daniel dazu?" – „Der geht längst eigene Wege. Trennen wollten wir uns allerdings nicht." Jeder macht eben seins. „Die beiden waren doch das Dreamteam schlechthin", sinniert Irma. Was ist da passiert? „Sie haben zu wenig miteinander unternommen", meint Bruno später. Er ist aufgewühlt. Das soll ihnen nicht passieren!

Ein paar Tage später. „Lisa, bei Young Lady ist Sale – wollen wir uns da mal umschauen?" Mit der Mama einkaufen, denkt Lisa, wie altmodisch. Aber okay, shoppen geht immer. Stadtfein gemacht fallen beide zunächst ins Kaufhaus ein. Erst mal ausgiebig mit Duftproben besprühen. Lisa bekommt ein Gratis-Makeup von der Visagistin, wenn sie sich danach fotografieren lässt. Lässt sich Lisa nicht zweimal sagen. Aufgehübscht strahlt sie in die Kamera. „Kommt ins Werbeheft!", meint der junge Kaufhausfotograf. „Und jetzt deine attraktive Schwester? Keine Lust?" Irma errötet, das leicht aus der Zeit gefallene Kompliment ist immer noch wirksam. In elementaren Dingen ändern sich Menschen eben doch nicht! Außerdem finden beide den Rafael mit seinem Dreitagebart und dem Samtblick sehr, sehr süß. „Machen Sie das beruflich?" – „Nee, studentische Aushilfe. Klasse

Job." Lisa steckt ihm rasch ihre Handynummer zu, während Irma den letzten Schliff erhält. – „Ich hol uns mal was!" Rafael zwinkert verschwörerisch und kommt mit Sekt zurück. „Hab da meine Beziehungen spielen lassen!" Nach dem zweiten Glas glühen Lisas Wangen – oder sind es nicht doch Rafaels interessierte Blicke? Nur ungern sagen sie Tschüs, höchste Zeit für einen Szenenwechsel. In der Wäscheboutique greifen Mutter und Tochter nach den gleichen Klamotten („Hast dich toll gehalten", meint Lisa, „nur eine Größe mehr als ich.") und posieren für Selfies. Ob sie die Bilder ins Netz stellen sollen? Irma ist dafür, weil sie so stolz auf ihre super Tochter ist. Lisa protestiert: „Auf keinen Fall. Nach meinen schlechten Erfahrungen!"

Ein schöner Nachmittag, denkt Irma. Zu Hause durchwühlt Bruno gerade den Kühlschrank. „Na endlich", stöhnt er. „Ich sterbe vor Hunger." – „So schnell nicht!" meint Irma cool. „Ich koch gleich was!" Doch erst gibt's ‚ne private Modenschau. Bruno schmunzelt, dann zieht er die Augenbrauen hoch: „Das sieht ja nach einem Raubzug aus, was?" Girrendes Gekicher. – Irma: „Wenn schon, denn schon. Alles im Sale. Sooo günstig. Außerdem – meine letzte Provision ..." – Bruno rechnet lieber nicht nach, natürlich freut er sich über seine tollen Mädels. Und auch für ihn fiel was ab. „Poloshirt zum Jackett, macht dich flotter." Für Dennis gibt's das erste Rasierwasser seines Lebens, für Ben eine Baseballcap. - Na dann. Alles paletti.

Ein Sommerabend mit Irma und Bruno

Das Haus ist ungewohnt friedlich: Fernseher und Computer gähnend dunkel, die Smartphones tot, Ben und Meerschwein Jonathan bei den Großeltern. Dennis hat sich vom Sommercamp begeistern lassen, und Lisa zog gerade ab – ins Kino mit Raffi. Klar, dass Bruno ihn vorher auf Herz und Nieren getestet hat. „Das war ja wie ein Verhör", konstatiert der „Tatverdächtige" danach grinsend. Lisa: „Er kümmert sich eben." Fast ist sie ein bisschen stolz auf ihren Papa.

In der Dämmerung sitzen Irma und Bruno Seite an Seite in der Hollywoodschaukel und nippen am Aperol Spritz. Bruno wäre ein kühles Blondes lieber, aber wenn Irma meint. Dazu zirpen die Grillen, flackern die ersten Sterne. „Schau, die Venus!" Ein zaghaftes, dann intensiveres Gespräch über das Leben im Allgemeinen und das der Familie Backes im Besonderen bringt das Ehepaar in Fahrt. Ein wenig knistert es sogar, als Bruno näher rückt: „Du, hast du es eigentlich jemals bereut? Du hättest doch jeden haben können, alle standen auf dich, hast tatsächlich mich Langeweiler genommen?" Irma geht in sich und sucht die richtigen Worte. „Bruno, ich mag zwar hübsch verrückt gewesen sein, aber eines wusste ich: Man soll nie nur nach dem äußeren Schein urteilen. Und so unansehnlich warst du ja auch wieder nicht – vor 18 Jahren!" Bruno stupst sie an: „Du ... nur damals?" – Irma: „Siehst du: Das meine ich. Humorvoll warst du, hast auch was weggesteckt, ich konnte mich bei dir geborgen fühlen – hab ich damals sehr gebraucht, war ja noch so grün ..." – Bruno druckst herum: „Und wie siehst du das heute?" – „Ich würde es wieder tun!", sagt Irma leise. Bruno schnauft, als ob ein Felsbrocken von seinem Herzen rollt: „Und ich, meine Schöne, ich habe damals die beste Entscheidung meines Lebens getroffen. Du und die Kinder, ihr seid doch mein Glück. Ein Geschenk." Kann das sein, dass in Brunos Auge eine kleine Träne glitzert? Das ist weit mehr, als Irma erwartete. Sie rutscht noch näher. „Ach Bruno, das war jetzt wirklich mal nötig." – Bruno schluckt, räuspert sich, dann fasst er sich ein Herz: „Sag mal, dieser Flirt mit deinem Chief Officer ...", er spricht das Wort aus, als hätte er eine faule Ratte im Mund, „das war doch wohl nichts Ernstes oder?" Irma kichert: „Na ja, anfangs fand ich es schön, ein paar Komplimente, hofiert zu werden und so. Einfach fühlen, dass man als Frau noch einen Marktwert hat." – Bruno seufzt. „Du weißt doch, so'n verbales Geschmuse liegt mir nicht, du bist doch trotzdem mein Goldstern, auch wenn ich nie große Worte gemacht hab." – „Weiß ich doch – aber eine Frau will das halt auch mal hören ... und außerdem ..." – Bruno fällt ihr ins Wort. „Jaaa, unser Liebesleben in letzter Zeit ... (seufz) Schließlich sind wir nicht mehr in den Flitterwochen." Bruno brummt noch etwas in den Bart, während er an den Fransen der Stoffbespannung knibbelt, aber das lässt Irma nicht gelten (oh je, wieder diese Zornfalte, die sich aber rasch glättet): „Jenseits von Gut und Böse sind wir aber auch noch nicht. Wie war das früher schön, die lauschigen Picknicks am See, wenn die Frösche im Sonnenuntergang quakten und die stoppeligen Uferbinsen piekten, die Kuschelnachmittage am Sonntag ... und dann und wann ein sexy Dessous."

Bruno brummelt und zieht Irma enger an sich. So gehen sie eine Weile schweigend ihren Erinnerungen nach und lauschen auf die Geräusche des Gartens. Dann räuspert sich Bruno und gibt sich nonchalant: „Sag mal, wie lange hast du der Großen heute Ausgang gegeben?" – Irma lässt ihn zappeln, dann mit maliziösem Lächeln: „Warum fragst du?" – „Das weißt du ganz genau, du gerissenes Frauenzimmer." Bruno küsst sie auf die Nasenspitze und knabbert an ihrem rechten Ohr. Mochte Irma früher sehr. „Wir könnten es uns doch oben gemütlich machen, einen Film ansehen oder ..." Bruno beugt sich an ihr Ohr und murmelt ... Ja, was könnte Bruno gewispert haben? Die Diskretion gebietet, dass wir uns jetzt ausklinken und die Sterne über den beiden ungestört weiter blinken lassen, zumal gerade der Mond aufgegangen ist.

Neuigkeiten an Brunos Arbeit

Chef Lorenz teilt Bruno mit, dass ein Abschlussgespräch mit dem Organisationsberater ansteht. „Ach, ist es schon zu Ende?" Bruno wirkt enttäuscht. – „Der erste Beratungszyklus ist abgeschlossen, die digitale Transformation hat zumindest bei uns Wurzeln geschlagen. In fast allen Abteilungen gibt es Verbesserungen, die Teams treffen sich intern auf eigene Regie und besprechen anstehende Probleme gemeinsam. Aber punktuell wird die Beratung natürlich fortgeführt. Wir sind von der Wirksamkeit voll überzeugt. Mit zunehmender Digitalisierung wird es immer wieder neue Brennpunkte geben – etwa wenn ganze Berufsbilder obsolet werden. In den USA sollen in den nächsten Jahren 15 Millionen Arbeitsplätze computerisiert werden, hab ich gelesen." Bruno wiegt schweigend den Kopf. Für seine Position muss er wohl nichts fürchten, doch sein aktuelles Team könnte betroffen sein. Falls eine Stelle gekappt wird, wäre es seine Aufgabe, dem Betreffenden die Bad News schonend beizubringen und mit dem Chef zu besprechen, wo man ihn anderweitig einsetzen könnte. Auch Umschulung oder Teilzeitmöglichkeiten müssten ins Auge gefasst werden. „Es soll auf jeden Fall keine soziale Härte geben." Darin sind sich der Chef und Bruno einig. „Eine neue Zeit erfordert ein neues Denken – und nicht alles muss man übernehmen, was sich so anbietet. Jedenfalls ist unsere Firma auf einem sehr guten Weg, ökonomischer, rentabler, effizienter und erfolgreicher zu agieren." Vieles läuft auch in Brunos Bereich besser als vorher. Er ist nicht wenig stolz darauf, dass er sich der digitalen

Herausforderung gestellt hat. Das hat seinem Selbstbewusstsein tüchtig Auftrieb gegeben. Auch Tom Uhle hat das kürzlich neidlos anerkannt. Vielleicht könnte er sich auch in IT weiterbilden? Jetzt wo er so schön in Fahrt ist

Im Hintergrund spitzte Teamkollege Paul die Ohren. Jetzt geht er Bruno ruppig an: „Aha, dahin läuft der Hase! Müssen wir uns Sorgen machen? Die Hunde beißen immer die Kleinen." Bruno versteht Pauls Ärger und versucht ihn zu beruhigen. „Schau, vieles können wir doch selbst nicht mehr beeinflussen. Die Dinge haben sich enorm weiterentwickelt. Du als Fahrer hast doch bestimmt gemerkt, dass die Telematik wirklich satte Vorteile mit sich bringt. Mehr Sicherheit, Transparenz, du bist mehr im Unternehmen als auf dem Bock und hast mehr Überblick über deine Einsätze. Dein privates Leben kannst du besser planen, früher Arbeitsschluss, Arztbesuch während der Arbeitszeit." – Paul guckt trübe: „Marina ist mit den Kindern ausgezogen, wusstest du das nicht? Sie hat einen Neuen, über so ‚ne Online-Datingbörse." – „Ach nee, Mensch, das tut mir leid." – „Ich war ja wirklich wenig zu Hause, die unregelmäßigen Dienstzeiten haben unserem Ehefrieden nicht gutgetan. Und der Fußballverein …" – Bruno sieht es pragmatisch: „Vielleicht renkt es sich wieder ein, wenn deine Einsätze besser mit dem Privaten koordinierbar sind. Sprich mit ihr. Ihr seid doch schon lange zusammen. Wär doch schade. Auch hier in der Abteilung wird es jetzt regelmäßige interne Treffen geben, wo jeder seine anstehenden Probleme vorbringen kann. Das kann auch mal ins Private hineingehen. Da hab ich selbst auch einiges durch." Als Paul einigermaßen zufrieden abzieht, ist sich Bruno noch nicht ganz sicher, ob er richtig reagiert hat. Ist halt doch nicht so einfach als Führungskraft.

Im Meilensteingespräch dagegen findet er viel Anerkennung und Ermutigung. „Herr Backes, ich bin wirklich davon angetan, wie rasch und wie gut Sie sich trotz anfänglichen Widerstands in die neue Position eingefunden haben", bestätigt der Organisationsberater. – Bruno nickt: „Tatsächlich kann ich der digitalen Umstellung in der Disposition und in der Routensteuerung gute Seiten abgewinnen. Die Fahrer haben mehr Sicherheit auf der Strecke, wenn ihre Technik vom Unternehmen aus zentral kontrolliert wird, und Unregelmäßigkeiten wie spontane Pannen gibt's nicht mehr. Unterwegs können sich die Leute auf unsere Messdaten verlassen, die Ruhezeiten werden länger, und die Strecken sind rentabler planbar. Das hat ja auch persönliche Auswirkungen – auf Familie und Freizeit. Auch ein Arztbesuch während des Tages ist mal drin. Zunächst haben die Kollegen sich kontrolliert, sogar gegängelt gefühlt, das war nicht einfach für mich." – „Hab ich beobachtet, Sie haben es gut gelöst. Vor allem das Vertrauen Ihrer Kollegen wiedergewonnen, darauf kommt es an. Alles in allem – wirklich prima." Auch Chef Lorenz klopft Bruno auf die Schulter: „Wenn Du jetzt noch ein bisschen mehr Teamgeist und Erfolgswillen unter die Leute bringst – was die digitalen Rahmenbedingungen angeht, bin ich sehr zufrieden. Das geht halt nicht von heute auf morgen. Gute Führungskräfte haben einen ganzheitlichen Blick, sie wissen, dass die Teammitglieder Anleitung, aber auch Gestaltungsfreiraum benötigen."

Bruno resümiert: „Na, ich war gegenüber der Digitalisierung schon recht skeptisch und bin es in Teilen immer noch. Aber das betrifft mehr den zwischenmenschlichen Bereich. Ich hab durch die neue Herausforderung tatsächlich meine eigenen Funktionen als Teamleiter und zu Hause als Familienvater neu ausbalancieren müssen. Das hat mir übrigens im Seminar gut gefallen, wie Sie die drei Rollen – privat/professionell/organisational – vorgestellt und erläutert haben. Gerade das Private hat mich nachdenklich gemacht. Viel gebracht haben mir auch Ihre Übungen zu den Lebenserfahrungen und Lebensstil. Hat mich enorm aufgerüttelt. Ich würde sogar sagen: eine revolutionär neue Sicht auf meine private Situation. Die war nämlich ganz schön in Schieflage. Meine Arbeit ist mir sehr wichtig, vielleicht jetzt sogar mehr als früher, aber die Verbundenheit mit meiner Familie, meinen Freunden und Bekannten will ich genauso intensiv leben." Der Berater fragt nach: „Was wird denn besonders hängen bleiben?" – „Was mich wirklich sehr bewegte, war Ihre Aufforderung aufzuschreiben, wie ich mir meine private Zukunft bis zu meinem eigenen Lebensende vorstelle. Das war echt harter Tobak. Ging ans Eingemachte! Doch jetzt finde ich, dass es für mich die wichtigste Übung in diesem Seminar war." – "Freut mich sehr", schmunzelt der Organisationsberater. „Ich hab es Ihnen auch zugetraut!" – Bruno kommt in Fahrt: „Es war ein Knuff in die Seite zur rechten Zeit. Und ich hab beschlossen: Manche digitalen Auswüchse – vor allem im privaten Bereich – muss ich gar nicht mitmachen, na ja, die lebensnotwendigen schon. Aber was da noch alles im Busch ist!

Da geh ich auf ‚ne gesunde Distanz. Himmel! Mich von einem selbst steuernden Auto kutschieren lassen? Never. Ever."

Howgh, Bruno hat besprochen. Er hat eine klare Haltung gewonnen, und das wird ihm weiter über die digitalen Hürden helfen. Für die Zukunft kann er natürlich noch nicht sprechen. Aber nach dem, was wir jetzt von ihm wissen, sind wir sehr zuversichtlich!

Kapitel 1
Der Mensch als Datenträger

Vielleicht wird morgen alles gar nicht so toll?

Schon heute sind wir einer neuen, gar nicht so subtilen Ausbeutung erlegen: Der Mensch wurde zum Datenträger und Objekt mehr oder weniger gezielter Überwachung. Freimütig gibt er Einblick in sein Denken, Fühlen, Kommunizieren, Wollen, Wünschen, Lieben und fällt einer konspirativen Verschwörung zum Opfer, die auf Kontrolle und Bewusstseinslenkung aus ist. Könnte man meinen. Ein Kern Wahrheit ist sicherlich dabei. Doch den digitalen Fortschritt komplett zu vernachlässigen, wäre eine fatale Kehrtwendung zurück in Richtung Mittelalter. Dass hierzulande verglichen mit dem Rest der Welt noch „Internet-Wüste" herrscht, ist besorgniserregend. Und die Diskussion über Vollbeschäftigung und Arbeitslosenquote, Wirtschaftswachstum und Wohlstand für alle erfährt Aufwind.

Nach der Bundestagswahl 2017 forderte Publizist, Kolumnist und Blogger Sascha Lobo einen „digitalen Marshallplan", der nicht zuletzt verhindern soll, dass von der Digitalisierung benachteiligte Regionen wie etwa weite Teile Sachsens und Sachsen-Anhalts durch die nicht vorhandene Teilhabe an politischer Wissensvermittlung und Information sozial, mental und politisch abgehängt werden. Den in diesen Regionen besonders signifikanten Ruck nach rechts außen führt Lobo nicht zuletzt auf die sträflich mangelhafte Versorgung mit Glasfaserkabel zurück. In seiner SPIEGEL-Kolumne fordert er unter dem Titel „Plädoyer für den digitalen Marshallplan" unter anderem eine dynamische Verbesserung der digitalen Infrastruktur, Netzneutralität und die Verankerung des Rechts auf Internetzugang im Grundgesetz. Auch die Pflicht auf digitale Forschung, auf digitale Bildung und Fortbildung ist ihm je eine These wert. Eine verbraucherschutzorientierte Digitalschutz-Taskforce sollte nach seinem Willen Online-Betrügereien oder nicht einhaltbare Versprechen seitens der Wirtschaftsunternehmen eindämmen.

Die Digitalisierung schafft die Grundlage für eine allgemeine Teilhabe an Wissen und Information in einer Bandbreite, wie sie bis vor 20 Jahren angesichts der noch etablierten Wissensmonopole nicht denkbar war. Das ebnet auch soziale Grenzen, beeinflusst ökonomische Abläufe. Gleichzeitig wird der Mensch selbst zur Informationsquelle und – grell ausgeleuchtet in seinem täglichen Nutzungs-, Lebens- und Konsumverhalten – als Datenpaket ausgewertet und monetarisiert. Das Datenpaket Mensch wird zu einer Währung, die den Boden für Targeted Advertising (gezielte Werbung) bereitet. Dies erlaubt Rückschlüsse aus dem individuellen Verhalten auf das Bildungs-, Informations-, Konsum-, Mobilitäts-, Gesundheits- und Wirtschaftsverhalten der Zukunft und so können Prognosen und kommerzialisierende Zukunftsszenarien erarbeitet werden.

Dabei spielen vitale Fragen wie das Überleben dieses Planeten, die Rettung des Klimas, die künftige Ernährung von Milliarden von Menschen und die Endlichkeit von Rohstoffen wie Wasser, Erdöl, Energiequellen leider nur eine eher untergeordnete Rolle. Die stofflich-materielle Welt spiegelt sich in einer virtuellen, geistig-immateriellen Gegenwelt. Die Frage, wie weit diese Sphären miteinander verschmelzen werden, wie wir uns dabei als Mensch noch schützen respektive die Kontrolle ausüben und wie künftige Generationen darauf vorbereitet werden können, treibt uns um. Wenn wir naiv und unbefangen unser Innerstes in den digitalen Kosmos tragen, liegt die Gefahr nah, dass künftige politische Systeme dieses Sich-Outen als Basis für geistige Kontrolle und soziale Manipulation verwenden. Wie lenkbar werden wir in zehn, 20, 30 Jahren sein? Wie frei erleben wir dann Selbstbestimmung? Die Souveränität von Menschen- und Bürgerrechten?

Der Futurist, Journalist und Science-Fiction-Autor Bruce Sterling ist weit entfernt von hymnischen Parolen auf die technische Zukunft, wie er sie aus der Silicon-Valley-Branche kennt, wie etwa „Nach oben sind keine Grenzen gesetzt", „Das wird großartig", „Jeder wird viel Geld machen". Bereits seit 1977 reflektiert er in seinen Science-Fiction-Romanen „Inseln im Netz" oder „Heiliges Feuer" über die Machbarkeit von alternativen Welten und Zukunftsszenarien. Er selbst setzt auf Zukunftsfantasien und würde liebend gerne bereits heute über das 22. Jahrhundert schreiben. Er empfiehlt, Selbstreflexion und das Gespür für die

„kleinen Trends" als Zukunftsindikatoren einzusetzen, mit Menschen vielfältigster Provenienz und unterschiedlichstem Naturell zu reden und sich in differenzierte Fachgebiete einzuarbeiten. Dann vermöge man vor allem eines – die eigene nahe Zukunft voraussehen und eigenbestimmt gestalten.

→ http://www.spiegel.de/netzwelt/web/bruce-sterling-und-die-zukunft-hoffnung-ist-ein-anfaengerfehler-a-1175583.html#ref=nl-dertag
→ http://www.spiegel.de/netzwelt/netzpolitik/deutschland-braucht-einen-digitalen-marshallplan-sofort-kolumne-a-1170138-druck.html)

„Meine Daten gehören mir!?" – Gilt das noch?

Am Beispiel Gesundheit kann man da schon ins Grübeln kommen. Bisher sind medizinische Daten noch in der Obhut des jeweiligen Arztes oder der medizinischen Institution. In den USA oder anderen europäischen Ländern wie Dänemark und Schweden ist die elektronische Gesundheitsakte längst Alltag. Zweifellos hat sie Vorteile: Jeder neue Behandler kann sich in kürzester Zeit einen Überblick verschaffen über die Gesundheitshistorie des Patienten – Vorsorgeuntersuchungen, Check-ups, Operationen, Krankheitsaufenthalte, Blutwerte, bildgebende Aufnahmen. Bei Notfällen können bereits im Rettungswagen lebenswichtige Daten an das Krankenhaus weitergegeben werden. Die elektronische Akte kann weitere Behandlungen fördern und Doppeluntersuchungen ausschließen. Allerdings lassen sich auch Informationen über medizinische Indikatoren wie Abtreibung, Psychiatrische Behandlungen, Suchtgefahren aus ihnen ablesen.

Dr. Franz Bartmann vom „Gremium Telematik und Telemedizin" bei der Bundesärztekammer tritt für diese digitale Akte ein. Andere Experten warnen dagegen nicht nur vor Missbrauch, wie er bereits im Falle von 120 Millionen Patienten in den USA vorgekommen ist. Wenn kritische Medizindaten in die falschen Hände geraten, lassen sich auch Straftaten wie Erpressung nicht ausschließen. Gleichzeitig gehen Krankenhäuser bereits dazu über, sich mit anderen regionalen Kliniken in regelmäßiger Kommunikation über schwierige Krankenfälle auszutauschen.

Auch intern kommunizieren Pflegekräfte bereits per Tablet mit dem behandelnden Arzt. Ob es künftig für jeden deutschen Patienten „Chip oder Papier?" heißt, ist noch nicht entschieden. Bisher wird eine elektronische Akte nur auf ausdrücklichen Wunsch respektive mit Einwilligung des Patienten angelegt.

Der durchleuchtete Mensch

Im 18. Jahrhundert öffnete der Buchdruck eine Schleuse für eine unerhörte Flut von Publikationen. Dieser Publikationsdrang veranlasste Gelehrte wie Johann Gottfried Herder zu der Klage, dass jetzt „alles an den Tag komme und die Gedanken aller Nationen ineinander flössen". Was würde er heute sagen angesichts der zunehmenden Macht von Big Data und einer maximal angewandten Mathematik? Der Mensch liefert als personalisiertes Datenpaket die Folie für Konsumprognosen ebenso wie für geheimdienstliche Recherchen und Analysen zur voraussichtlichen Rückfälligkeit von Straftätern. Wenn Eduard Kaeser in der „Neuen Zürcher Zeitung" vom 8.8.2013 noch mutmaßt, dass Algorithmen uns in gar nicht so ferner Zeit von unserer Verantwortung für unser eigenes Leben befreien könnten, so sind wir fünf Jahre danach dieser Vision ein gutes Stück näher gekommen in einer Zeit, in der bereits Maschinen Entscheidungen treffen. In diesem Zusammenhang geht Philipp Nagels in der „WELT" vom 14.11.2016 der Frage nach: „Welche Folgen wird es haben, wenn wir zunehmend das eigene Gehirn entlasten respektive ausschalten und dessen ursprüngliche Aufgaben auf technische Devices verlagern?" Das beginnt mit der Shopping-App und endet noch lange nicht mit der Frage nach einem Abschalten von lebenserhaltenden Geräten bei Hirntod.

→ https://www.nzz.ch/feuilleton/der-mensch-als-durchsichtiges-gewohnheitstier-1.18129131

Exkurs: Die dunkle Seite der Macht oder Entscheiden bald Algorithmen über Leben und Tod?

Der Algorithmus – die moralische Anstalt? Der Mensch als Handlanger der Maschine? Die Naivität, mit der wir unsere Gewohnheiten und Bedürfnisse preisgeben, müsste die Maschine längst zum Schmunzeln gebracht haben.

Bereits in den 1960er-Jahren flottieren massive Ängste, dass Maschinen Arbeitsplätze vernichteten. Von Milton Friedman existiert diese Episode: Bei der Besichtigung eines öffentlichen Bauprojekts in einem asiatischen Entwicklungsland fragte er angesichts der Hundertschaften von Bauarbeitern, die mit Schaufeln, aber sehr wenigen Maschinen arbeiteten: „Warum geben Sie den Leuten nicht Löffel?" – Dass die Rechenleistung der Computer sich alle 18 bis 24 Monate verdoppelt, ist als Moore'sches Gesetz bekannt und hat sich bereits selbst bewiesen. Die Rechenleistung hat sich seit der Erfindung des integrierten Schaltkreises im Jahre 1958 etwa 27-mal verdoppelt. Auf die Leistung eines Automobils bezogen würde dies bedeuten, dass ein Auto, das in der ersten Minute einer Fahrt mit 8 Stundenkilometern fährt und seine Geschwindigkeit jede Minute verdoppelt, nach 27 Verdoppelungen 1,07 Milliarden Stundenkilometer schnell wäre und in der letzten Minute allein 17,5 Millionen Kilometer zurückgelegt hätte. Hielte man diese Stundengeschwindigkeit durch, könnte man in fünf Minuten die Strecke von der Erde zum Mars bewältigen. Abstrus, oder? Diese Geschwindigkeit sei für die kommenden Jahre und Jahrzehnte für Neuerungen in allen relevanten Bereichen zu erwarten, sagt Martin Ford in seinem Buch „Aufstieg der Roboter – helle und dunkle Seiten" voraus.

→ https://www.amazon.de/Aufstieg-Roboter-Arbeitswelt-gestellt-reagieren/dp/3864703522

Zur Auslagerung von Denkprozessen:

→ https://www.welt.de/kmpkt/article159487503/Das-passiert-wenn-wir-unser-Gehirn-outsourcen.html

Können Sie sich noch an die Welt vor 15, 20 Jahren erinnern?

Wir kamen ohne Navi und Google Maps zurecht, weil es Landkarten gab, ohne Smartphone, weil Telefonzellen unseren Weg säumten und unser Bedürfnis auf Mitteilungsbefriedigung qua Technik ohnehin begrenzter war (es gab ja noch ein entscheidendes analoges Instrument: das Gespräch). Einkaufslisten und Termine führten wir auf Papier, und den Blutdruck ließen wir beim Arzt oder Apotheker messen. Energie sparen war allerdings immer ein Ziel unseres Gehirns. Jedoch führte die technische Errungenschaft der mechanischen Uhr nicht nur dazu, dass wir nun die Zeit exakt bestimmen konnten, sondern auch zu einer Vernachlässigung der inneren Stimme und sinnlichen Wahrnehmungen, schreibt Nicholas Carr bereit im August 2008 in dem Aufsatz „Macht Google uns dumm?" in „The Atlantic". Die Auslagerung von Denkaufgaben entlastet das Gehirn zweifellos von Routineaufgaben. Dass Multitasking durch die Digitalisierung und die Netz-Routine möglich geworden sei, kann Carr in seinem Buch „The Shallow: What the internet is Doing to our Brains" allerdings nicht abschließend beantworten.

Heute sieht die Forschung Multitasking eher skeptisch. Es handelt sich ja nicht darum, mehrere Dinge gleichzeitig zu bewerkstelligen, sondern bei der Ausübung von verschiedenen Aufgaben in der Lage zu sein, schnell zwischen ihnen hin und her zu denken. Die Forschung spricht von „switching costs", die das Vorgehen aufwändig gestalten, weil man sich jedes Mal neu in die Materie einfinden müsse. Es mache auch einen enormen Unterschied, ob man Informationen im eigenen Gedächtnis abspeichere, wo sie in ein Netzwerk aus vorhandenen und neu dazukommenden Inputs eingebettet würden, oder ob man wisse, wo sich diese Informationen digital auffinden ließen. – „Ohne deep thinking keine Identität."

Offenbar scheint besser im Gedächtnis zu haften, was man sich bewusst erarbeitet. Eine Route, die man im Auto vom Navi geführt verfolgt, kann sich nicht als Erinnerung festsetzen. Sie bleibt rein oberflächlich. Auch digital-sprunghaftes Leseverhalten hat weder Konsistenz noch Konstanz, meint die an der Tufts University lehrende Entwicklungspsychologin Maryanne Wolf in ihrem Buch „Proust and the Squid: The Story and Science of the Reading Brain" und diagnostiziert Suchtverhalten. Unser Lesemodus beeinflusse auch unser Denken. „Sich über einen längeren Zeitraum mit einem Text auseinanderzusetzen ist eine Kulturtechnik, die wir uns historisch erarbeitet haben. Es ist uns von der genetischen Grundausstattung nicht nahegelegt, keine ‚instinktive Fähigkeit'. Konzentriertes Lesen und tiefes Denken erfordern Aufwand und Übung, beides bietet keine schnelle Befriedigung, wie es das Klicken durch den Informationsdschungel im Internet tut. Wir sind nicht nur das, was wir lesen", sagt die Autorin „Wir sind, wie wir lesen." Kann man hier adaptieren: Wir sind nicht nur das, was wir tun, sondern wie wir es tun? Auf die Konsumierbarkeit des Digitalen übertragen, kommen wir erneut auf die Mahnung zurück: „Das Wie viel und Wie bestimmen das Gift."

Smartphone, Facebook, Google und Co verändern, wie und was wir denken, und erfahren mehr von uns, als uns lieb ist. Wir dürfen die Augen vor diesem Übergriff nicht verschließen, auch wenn wir heute nicht wissen, ob es im Endeffekt gut oder schlecht für uns ist. Möglicherweise wird es uns künftig gar nichts ausmachen, dass wir zu einer tieferen Reflexion nur noch eingeschränkt in der Lage sein werden, weil künstliche Intelligenzbestien uns auch darin ersetzen. Vielleicht schreitet die Virtualisierung der realen Welt so weit fort, dass wir uns über bestimmte Defizite keine Gedanken mehr machen werden oder nichts mehr vermissen. Bedenkenswert ist allerdings, dass wir die gewonnene Zeit, die uns die digitalen Devices spenden, dafür nutzen, diesen intelligenten Geräten immer noch mehr Aufmerksamkeit zu schenken.

Bleiben wir Mensch, oder geben wir auch diese Eigenschaft ab?

Der Journalist Andrew Sullivan formuliert es treffend in seinem spannenden Artikel „I Used to Be a Human Being": „Doch diese neue Epidemie der Ablenkung ist die größte Schwäche unserer Zivilisation. Sie bedroht nicht so sehr unsere Köpfe, auch wenn die sich unter dem Druck verändern. Sie bedroht unsere Seelen. Bei der aktuellen Geschwindigkeit, falls der Lärm nicht nachlässt, werden wir vielleicht sogar vergessen, dass wir welche haben."

→ http://nymag.com/selectall/2016/09/andrew-sullivan-my-distraction-sickness-and-yours.html
→ http://www.spiegel.de/netzwelt/netzpolitik/digitaler-wandel-das-deutsche-digitaldilemma-kolumne-a-1099078.html

Was rät uns dies für unser eigenes digitales Verhalten?

Wenn Ihnen jetzt ein wenig der Kopf schwirrt, muss Sie das nicht beunruhigen. Wir schaffen das! Zweifellos stehen uns spannende Zeiten bevor, in denen es keine Lösung wäre, sich dem digitalen Super-Ride zu verweigern. Doch unweigerlich konfrontiert er uns mit unserem Selbstverständnis als autonomes Wesen:

„Wo sind die Grenzen meiner persönlichen digitalen Belastbarkeit? Wo kann ich noch Stopp sagen? Oder wo bin ich unliebsamen Entwicklungen ausgeliefert? Muss ich alles hinnehmen, oder kann ich noch steuern oder mich gar verweigern, ohne mich selbst auszugrenzen? Wo bleiben Sinnhaftigkeit und Selbstbestimmung? Und wo habe ich gar keine andere Wahl, als mitzuspielen, weil es keine konventionelle, analoge Alternative mehr gibt? Wenn zum Beispiel ab einem gewissen Zeitpunkt eine Paketlieferung nach Hause nur noch über Drohnen möglich ist, muss ich es akzeptieren, wenn ich auf das Paket Wert lege.

→ http://www.spiegel.de/wirtschaft/service/paket-boom-vor-weihnachten-deutschlands-aerger-mit-den-paketen-a-1179809.html#ref=nl-dertag

Gibt es so etwas wie einen digitalen Gewöhnungsprozess? Oder wird mir als autonomem Menschen etwas vorgeschrieben? Kommt dies nicht einer Diktatur gleich? Einer Gleichschaltung innerhalb eines digitalen „Herrschaftsgebietes"? Dass sich Vorteile mit Nachteilen mischen, macht die Entwicklung so perfide und schwierig zu durchschauen. Der Mensch ist per se träge und widersetzt sich eher ungern – nicht nur weil er Repressalien fürchtet. Und wer will schon als „Fortschrittsmuffel" oder „Prediger in der Wüste" verspottet werden? – Erinnern wir uns, als Anrufbeantworter unsere Telefone bereicherten. Nicht jeder empfand dies als „menschlich", noch heute hört man dann und wann: „Nein, Mailbox ist mir zu kalt, zu technisch, zu unpersönlich." Bei ihrem Auftauchen hatten sie noch die Aura von Undurchdringlichkeit. Empfinden wir es nicht mittlerweile als befremdend, wenn ich bei Anrufen auf keine Mailbox-Funktion stoße? Natürlich haben wir heute die Möglichkeit, über Mail, Messenger, WhatsApp miteinander in Kontakt zu treten. Doch ist diese Art Kommunikation nicht wesentlich unpersönlicher, als auf eine Mailbox zu sprechen?

Kapitel 2
Mensch bleiben – aber wie?

Die Rettung der analogen Lebendigkeit

Noch nie hat die Menschheit einen derart radikalen revolutionären Umbruch erlebt. Die größte Herausforderung, seit Zivilisation sich formierte. Aber vielleicht ist dies vielen Betroffenen noch gar nicht bewusst? Wie steht es in sieben bis 15 Jahren mit der Autonomie des Menschen? Steuern wir unser eigenes Leben dann noch selbst? Fahren wir noch, oder werden wir gefahren? Sind wir noch Herr im eigenen Hause? Wie sieht es mit Eigenverantwortung und freiem Willen aus? Welchen Einfluss hat dies auf die Persönlichkeitsbildung und auf unser humanistisches Menschenbild? Und wie darf/muss man sich den Menschen des Jahres 2050 vorstellen?

Machen wir uns bereit für den Wandel!

Was hat die Erfindung der Dampflok mit der digitalen Revolution gemeinsam?

Wir sind mittendrin. Die Digitale Revolution, der fundamentale Umbruch auch der gesellschaftlichen Strukturen und Normen, den wir erst ahnen, bewirkt bei uns bereits eine ganze Menge. Gegen manches können wir uns nicht wehren. Was wir tun können, ist, die richtige Haltung zu finden, und diese ist für jeden individuell geprägt. Die letzten Kapitel haben eine Deutung versucht, dass die Welt seit jeher dem Wandel unterworfen war. Dass Begriffe wie „digitale Diktatur", „unmenschliche Entgrenzung", „außerplanetarische Fremdbestimmung", „alle Macht den Robotern", „feindliche Übernahme der Algorithmen" verstärkt laut werden, ist der menschlichen Konditionierung geschuldet, die rein evolutionär nicht auf eine derartig rasante Schnelligkeit gepolt ist. Fortschritt traf zu allen Zeit immer auf mindestens genauso viele Gegner wie Befürworter.

Die alten Ägypter benutzten schon Spurrillen und Schienen auf unbefestigten Wegen, um schwere Lasten zu transportieren, und spätestens mit der Erfindung der Dampfmaschine 1702 wurde die Welt mobil. 1769 versetzte der erste Dampfwagen die Bürger auf der Straße in Angst und Schrecken, und 1804 schnaufte endlich die Dampflok auf Eisenschienen. 1825 beförderte sie die ersten wagemutigen Personen mit 48 Stundenkilometern von Liverpool nach Manchester. Auf deutschem Boden tuckerte 1835 die erste Dampfeisenbahn – der Adler – in neun Minuten von Nürnberg nach Fürth. Ein veritables Volksfest begleitete das Spektakel, längs der Strecke scheuten Pferde, fielen Damen in Ohnmacht und weinten Kinder. Honoratioren hielten flammende Reden und ließen den Bayernkönig hochleben, um sich dann zu einem opulenten Festmahl niederzusetzen.

Das „Morgenblatt für gebildete Stände" notiert zehn Tagen später: „Der Wagenlenker ließ die Kraft des Dampfes nach und nach in Wirksamkeit treten. Aus dem Schlot fuhren nun die Dampfwolken in gewaltigen Stößen, die sich dem schnaubenden Ausathmen eines riesenhaften, antediluvianischen Stieres vergleichen lassen. Die Wagen waren dicht an einander gekettet und fingen an, sich langsam zu bewegen; bald aber wiederholten sich die Ausathmungen des Schlots immer schneller, und die Wagen rollten dahin, daß sie in wenigen Minuten den Augen der Nachschauenden entschwunden waren." Als persönlicher Teilnehmer setzt der Chronist fort: „Das zweite Mal bin auch ich mitgefahren, und ich kann versichern, daß die Bewegung durchaus angenehm, ja wohlthuend ist. Wer zum Schwindel geneigt ist, muß es freilich vermeiden, die vorüberfliegenden, näher gelegenen Gegenstände in's Auge zu fassen. Von Erschütterung ist nur so viel zu spüren, als erforderlich ist, um die Eisenbahnfahrt nicht mit einer Schlittenfahrt zu verwechseln, obschon die Empfindung der ähnlich ist, welche das Fahren in einem gut geführten Stoßschlitten auf glatter Eisbahn verursacht."

Trotz der vaterländischen Begeisterung erschien die Eisenbahn vielen Zeitgenossen als Teufelswerk, eine Geschwindigkeit von 30, 40 Stundenkilometern als abnorm. Später – in den noch ungetrübten Wohlstandsjahrzehnten der Siebziger, Achtziger, Neunziger konnten die Automobile (trotz Ölkrisen) gar nicht genug Pferdestärken besitzen, und die Zeiger der Tachometer standen auch bei 250 Stundenkilometern noch nicht still.

Was im entwicklungsträchtigen und innovativen 19. Jahrhundert für immensen Aufruhr sorgte, wiederholte sich im 20. Jahrhundert bei Phänomenen wie Raumfahrt, Atomwaffenwettrüsten, In-vitro-Empfängnis, Gentechnik und vergleichsweise harmlosen Erscheinungen wie Minirock und Punkfrisur. Nun sind auch wir an einem Punkt, wo jeder Einzelne sich entscheiden muss: Ablehnen und sich fügen? Oder besser die neue Welt mit der ihr zustehenden Neugier betrachten? Leidenschaft und Begeisterung entwickeln und das Augenmaß, den Fortschritt in appetitlichen, bekömmlichen Happen konsumieren? Wir sollten aufwachen und erkennen, dass wir keine Marionetten des Umbruchs sind, sondern mit unseren Möglichkeiten als Mensch den Wandel mit menschlicher Intelligenz, Kalkül, Intuition und Chuzpe zu unseren Gunsten formen können. Wach und alert genug, den digitalen Gefahren, Stolperfallen und Fallstricken ins Auge zu blicken. Fakt ist: Die digitale Welt eröffnet eine neue Teilhabe an Wissen, Bildung, Gesellschaft, wie es sie noch nie gab.

Uns dämmert langsam, dass wir uns beim Surfen, Googeln, Online-Shoppen und Chatten mehr entblößen als in der Sauna und dass unser Nutzungsverhalten mehr von unseren Gedanken preisgibt, als alle ausgeklügelten Überwachungskameras es vermögen. Privatsphäre? Cyber Security? Meinungsfreiheit? Das Recht am eigenen Bild? Bürgerrechte? – Letztendlich profitiert die Wirtschaft davon, dass wir ganz unbedarft unsere geheimen Wünsche und Bedürfnisse offenlegen. Bereits jetzt können Algorithmen den Bedarf an Haarwasser für die nächsten 20 Jahre ermitteln oder an Babynahrung und Vitaminpillen. Daten wurden zum Wirtschaftsfaktor.

Was sagte Kanzlerin Merkel 2013? „Das Internet ist noch Neuland." Sie erfuhr Spott und Medien- und Bürgerschelte dafür. Ihre Bemerkung war auf die Cybersicherheit gemünzt, die angesichts der relativ kurzen digitalen Wachstumsperiode noch nicht ausgereift sein konnte. Doch in Erinnerung geblieben ist eine scheinbare Unfähigkeit, die „neue Zeit" bereits in ihrer gänzlichen Ausprägung zu begreifen, zu akzeptieren oder sogar nutzbringend zu gestalten. Aber hatte sie nicht dennoch recht? Wenn wir in ein uns unbekanntes Land reisen, zumal wenn es unserer gewohnten Umgebung konträr ist, empfinden wir dann nicht auch ein sanftes Gruseln, eine wohlige Spannung wie „Freiheit und Abenteuer"? Lassen Sie sich ermuntern, dieses lustvolle Spannungsgefühl, das die Digitale Revolution uns bietet, durchaus auszukosten, ohne den gesunden Menschenverstand außer Kraft zu setzen. Wenn dieses Buch ein wenig dazu beitragen kann, hat es seinen Zweck erfüllt.

Der Homo Digitalis als Homo sapiens

Seine vielfältige Wirkung auf die Gesellschaft hebt das Thema über den Einzelnen hinaus in eine größere Dimension. Dabei geht es um Lebensfragen wie: Welche Gesellschaftsform wünschen wir uns für unsere Lebenszeit und für die unserer Nachgeborenen? Wie verbinde ich meine Privatheit mit meiner Verpflichtung der Gesellschaft gegenüber?

Ein hehres Ziel? Erstrebenswert und erreichbar. Die Trennung zwischen Privat (Leben) und Business (Funktion) ist nicht durchzuhalten und im ganzheitlichen Kontext des Menschen nicht leb-bar. Entfremdung von sich selbst ist eine große Last. Zu sich zurückfinden und alle Anteile miteinander zu befrieden – das ist das Ziel.

Nachwort
Was könnte uns dabei als Rüstzeug dienen?

Setzen wir der digitalen Rationalität doch eine Wunderwaffe entgegen, die Roboter nicht bedienen können: Emotionalität! Und erinnern wir uns: Organische Beziehungen machen unsere Welt wirklich.

Lernen Sie, sich selbst ernst zu nehmen!

„Eigenliebe ist das Instrument zur Selbsterhaltung." (Voltaire) Sich mit sich selbst auseinanderzusetzen, ist kein Kinderspiel. Viele scheuen ein Leben lang davor zurück. Frühe Muster können dabei lange, fatale Schatten werfen: Gab es in der Ursprungsfamilie zum Beispiel keine klärende Kommunikation bei Problemen und Konflikten, wird man dieses Defizit womöglich ins Erwachsenenleben und in die eigenen Partnerschaften und Beziehungen hineintragen. Verliebtsein und gegenseitige Liebe glätten dabei manche Woge durch Versöhnung durch Erotik und Sex.

Aber im Laufe der Zeit lassen sich oft tiefe Risse nicht mehr kompensieren. Fehlt die Fähigkeit, die eigenen Bedürfnisse zu thematisieren, weil man sie gar nicht kennt oder negiert und verdrängt, reagieren viele auf dieses fehlende Können, sich direkt fair und unvoreingenommen auszutauschen, mit verbalen Nadelstichen, die sich – gerade in der Öffentlichkeit – zu Säbelrasseln aufbauschen können. Derartige Demütigungsversuche, die auf rein äußere Dinge abzielen, verdecken oft grundlegende, aus der Kindheit exportierte Persönlichkeitsbildungsprobleme, verdrängte Schädigungen und sich zäh haltende Traumatisierungen. Das Unvermögen, zu sagen, was man wirklich braucht, hat viel mit fehlender Eigenliebe zu tun.

Ein Mensch, der in seiner frühen Zeit erlebt hat, dass er und seine Bedürfnisse ernst genommen und wertgeschätzt wurden, lernt, dass er es wert ist, geliebt zu werden. Und in dieser liebevollen Einschätzung findet er auch den Mut, sich selbst als wertvoll anzunehmen, seine Bedürfnisse anzusprechen und mit denen seiner Umwelt in Einklang zu bringen. Er ist auch in der Lage, sich selbst einen Fehler zu verzeihen. Er kritisiert nicht ständig an sich herum und wird dies auch bei anderen nicht tun. Auf die Anerkennung in den Augen der anderen ist er nicht zwingend angewiesen, und Egoismus oder Narzissmus haben bei ihm nur wenige Chancen. Er erkennt an, was ihm gelungen ist und welche Stärke darin liegt, sich auch einmal schwach zu zeigen und um Hilfe zu bitten. Er vertraut sich selbst wie einem besten Freund.

Vergleichen Sie einmal die Gefühle, die in Ihnen aufsteigen, wenn Sie morgens vor Ihrem Spiegelbild sagen: „Heute gefalle ich mir richtig!", oder: „Oh Mann, heute sehe ich wirklich sch… aus!" Sich Fehler und Mängel zu bezichtigen oder sein „missglücktes" Leben mit dem scheinbar „erfolgreicheren" anderer zu vergleichen, ist ein todsicherer Weg zu Unglück und Selbstanklage. Wir sind alle mehr geneigt, unser Scheitern zu sehen als unser Gelingen. Dabei liegt in dem, was wir als „misslungen" erleben, in der Regel auch eine positive Erkenntnis und ein Erfolg. Wenn eine Bewerbung für den ersehnten Posten nicht gelingt, dann war es dennoch mutig und initiativ, sie durchzuziehen. „Ich habe meinen Hut in den Ring geworfen, obwohl ich Angst hatte." Das ist mehr, als andere erreichen.

Führen Sie bereits ein „Tagebuch der Dankbarkeit", in dem Sie notieren, wenn Ihnen etwas gut gelungen ist oder was Sie besonders zufrieden gemacht hat? „Ich habe heute dem Kollegen Schmitz Nein gesagt, der mir seine nicht bewältigten Akten auf den Schreibtisch kippen wollte, und dafür auch keine Begründung angegeben. Ich war freundlich und kollegial und gab ihm einen Rat, wie er es selbst schaffen könnte. Die Beziehung zu ihm ist intakt, und ich bin ganz bei mir geblieben." Jeden Tag mindestens eine Viertelstunde mit sich zu verbringen, ist Wertschöpfung in eigener Sache. Finden Sie jeden Morgen etwas, auf das Sie sich freuen, was der Tag Ihnen Gutes bringen wird. Sie werden sehen – es tritt ein! In der Regel

Viele Menschen laufen noch in der Attitüde ihrer „Kinder-Ich-Haltung" durch das Leben, hartnäckig weigern sie sich, erwachsen zu werden, sprich: ihre eigenen Entscheidungen zu treffen und mit Selbstachtung zu reifen. Der Grund? Dann müssten sie ja endgültig Hoffnungen und Erwartungen über Bord werfen, die für sie auch Identität bedeutet haben. Sie erwarten immer noch die Fürsorge, Zuwendung und Liebe, die sie als Kind nie erhielten oder nicht in dem Maße, das sie benötigt hätten, von den frühen Bezugspersonen. Lernen Sie, selbst diese Person zu sein, die sich liebevoll um Sie kümmert, Sie haben es verdient. Dann klappt es auch mit dem Nachbarn, dem Partner, dem Nächsten!

Suchen Sie das Gespräch und den persönlichen Austausch!

Das Smartphone hat die Permanent-Kommunikation möglich gemacht, ein Hintergrundrauschen, das – wie der Medienwissenschaftler Peter Vorderer befindet – „vielfältige Formen der Unterwegs-, Parallel- und Nebenbenutzung", der Vielfachkommunikation generiert habe. Er widerspricht dem vielbeschworenen Multitasking, für das er die Menschen nicht geeignet hält, und meint, dass Personen, die ihre Umgebung permanent durch die Kameralinse sehen, eine gefilterte Wahrnehmung der Welt hätten. Gegenmeinungen wollen erkannt haben, dass Menschen ihre Umwelt intensiver erleben, wenn sie diese fotografieren können. Als Beweis führen sie das Glücksempfinden von Touristen an, die mit gezückter Kamera vor der Brust im Reisebus eine ihnen nicht bekannte Welt erobern und im Foto festhalten, ohne auszusteigen und direkten Kontakt aufnehmen zu müssen. Wo bleibt dann noch das momentane Erlebnis, das Empfinden, das wir mit dem Erlebten verbinden? Bilder sind also heute per se Kommunikation und entspringen nicht einem expliziten Interesse an Fotografie. Auch Chatten stellt eine gewisse Form von Kommunikation dar, aber nicht als erhöhter Bedarf, sich mit anderen auseinanderzusetzen. Haben Fotokunst und die Kunst, ein für alle Beteiligten konstruktives Gespräch zu führen, ausgedient? Die digitale Handhabung nivelliert – alle sind Fotografen, alle sind Redner, also sind Speaker, Schreiber, Darsteller. Damit erleben wir eine Demontage von Werten, die uns einmal wichtig waren. Miteinander zu reden heißt heute offenbar, „Fotografien auszutauschen".

Über die Konsequenzen wurde bereits in den vorherigen Kapiteln reflektiert. Neben dem Verfall von Sprach- und Textqualität stellen sich drängende Fragen: „Machen wir uns noch verständlich? Wie läuft heute zwischenmenschliche Kommunikation ab, und welche Aufgabe hat sie? Sollte sie nicht einst dazu dienen, sich verständlich zu machen und sich mit anderen zu verständigen, Konflikte zu lösen und Probleme aus allen Seiten zu betrachten, den Dingen auf den Grund zu gehen, Beziehungen zu pflegen und einzugehen, zu wachsen im Austausch befruchtender und auch kontroverser Meinungen? Nicht zuletzt sich selbst verstehen zu lernen und unseren Kommunikationsstil für die Persönlichkeitsentwicklung zu nutzen? Im Gespräch zu neuen Denkweisen zu finden und innovative Wege einzuschlagen? Seine eigene Meinung gespiegelt oder widerlegt zu sehen, kann ein riesiges Stück Erkenntnisgewinn darstellen.

Werden wir in der digitalen Kommunikation nicht rasch auf der Stelle treten? Wie Schneewittchens Stiefmutter nur ihren eigenen Spiegel befragt, wer die Schönste im ganzen Land sei. Dass ihr Spiegelbild ihr eigenes (neurotisches) Bedürfnis aufgreift und ihr die Illusion einer wahren Antwort bietet, allerdings nicht ohne sofort einen Wermutstropfen in das Ego der Königin zu gießen, findet sich nicht nur im Märchen. Auch auf Facebook fragt man sich stets: Bin ich die/der Schönste? Und was passiert, wenn einer schöner ist als ich? Wer niemals das Gespräch mit anderen sucht, wird es schwer haben, sich selbst zu erkennen.

Reden wir immer weniger miteinander? Das Phänomen des schweigsamen Paares am Restauranttisch kennt jeder. Das Meinungsforschungsinstitut Innofact ermittelte, dass deutsche Paare täglich im Durchschnitt 102 Minuten miteinander im Gespräch sind. Oder werden Monologe gehalten, die am anderen vorbeigehen? „Wie war dein Tag?" – Der Klassiker. Dabei splitten sich diese 102 Minuten in 29 digitale Sprechblasen und 75 Minuten analoger Face-to-Face-Kommunikation. Das ist mehr, als man erwarten durfte? – Ja, stimmt. Doch entscheidend ist die Qualität der Inhalte. Wenn 102 Minuten gestritten, lamentiert oder angeklagt wird, ergeben sie eine verlorene Kommunikationszeit.

In diesen Kontext gehört ganz folgerichtig: Hören Sie anderen zu!

Der 71-jährige Christoph Busch hat aus einer Leidenschaft eine Tugend gemacht. Der studierte Jurist, Taxifahrer, Antiquitätenhändler und Drehbuchautor hört Menschen zu, die ihre Geschichte erzählen wollen. In einem gemütlich ausstaffierten Glaskasten im Untergrund Hamburgs – genau genommen in der U-Bahn-Station Emilienstraße – leiht er sein Ohr Menschen, die sich seit Langem danach sehnen, ihrem Herzen oder ihren Gedanken Luft zu verschaffen. Anfangs zögerlich, läuft „sein Laden" nun hervorragend, ja der Zuhörer muss sogar mit einer Uhr darauf achten, dass er seine freiwillig und gratis erteilten Dienstzeiten nicht überschreitet. „Ich höre Geschichten, die es wert sind, erhalten und aufgeschrieben zu werden!"

→ http://www.spiegel.de/lebenundlernen/job/hamburg-mann-eroeffnet-zuhoer-kiosk-in-u-bahnstation-a-1192199.html

Wie viele Menschen es wohl geben mag, die nie Gehör finden? Gerade im fortgeschrittenen Alter wächst das Bedürfnis, sich noch etwas von der Seele zu reden und das Gefühl zu genießen, dass jemand an mir Interesse hat. Warum sonst steigt hierzulande der Bedarf an psychotherapeutischen Therapieplätzen? Warum vertrauen sich immer mehr Menschen lieber Wildfremden an als innerhalb der eigenen Familie oder Bekanntschaft? Vielleicht ist es leichter, in einer gewissen Anonymität sein Innerstes nach außen zu kehren? Weil man nicht befürchten muss, auf Abwehr, Langeweile oder Irritation zu stoßen? Zuhören und schweigen können – eine vergessene Tugend. Zuhörer könnte zu einem Trendberuf der Zukunft werden. Wäre das etwas für Sie?

Hier können Sie sich testen:
→ https://www.brigitte.de/woman/leben-lieben/psychologie/selbstreflexion--test--koennen-sie-gut-zuhoeren--10682394.html.

Auch im Arbeitsleben will zuhören geübt sein:
→ http://www.zeit.de/karriere/2016-02/aktives-zuhoeren-kommunikation-verbesserung

Pflegen Sie Freundschaften!

In Zeiten von Wikipedia und Unternehmens-Wikis, Microblogs wie Twitter, Themen-Blogs, Content Communitys wie YouTube, Chat-Rooms, Guter-Rat- und Selbsthilfenetzen, sozialen Netzen und Virtual Reality wie Second Life oder „World of Warcraft" (diese Unterscheidung treffen die Medien- und Sozialforscher Kaplan und Henlein) ist nicht nur unbegrenzte Informationsbeschaffung, sondern auch ungehemmte Selbstdarstellung kinderleicht. Dass wir uns hier in einer Einbahnstraße bewegen, fällt kaum auf. Auch das Niveau der Kommunikationsdarstellung sank erheblich, denn wir tuten ungehemmt in die Welt hinaus, wie uns der Schnabel gewachsen ist. Das Internet ist voller Irrtümer, Fehler, Rechtsbrüche, Fehlinformationen, Hohlmeinungen und irreführenden Wegweisern, Hass und Häme. Ihnen auf die Schliche zu kommen, ist ein Drahtseilakt. Desorientierung in Überfülle ist die Folge.

In seriösen sozialen Medien tritt die Person hinter die Botschaft zurück. Kontakte werden geknüpft auf der Basis von Gemeinsamkeiten, aber oft dauert es nicht lange, und der wahre Charakter kommt zum Vorschein: der Versuch einer Geschäftsanbahnung. Das Gegenteil ist der Fall bei Facebook, hier dominiert die Person, die sich in der Selbstdarstellung mit Spiegelung versorgt. Virtuell geknüpfte Kontakte bleiben Schablone, wenn sie nicht mit einem persönlichen Kontakt angereichert und zum Leben erweckt werden. Um vernünftig und sinnträchtig zu kommunizieren, bedarf es immer noch eines Senders und eines Empfängers.

Und daher wird das persönliche Gespräch niemals aussterben. Ja, ich meine sogar, dass eine starke Sehnsucht wächst, wieder ausgiebiger und vertrauter miteinander ins Gespräch zu kommen. Neue Kontakte auf XING, die ich knüpfe oder erwidere, weil wir tatsächlich über gemeinsame Features Gesprächsstoff haben, lade ich immer zu einem telefonischen Kennenlernen ein, manchmal klappt auch ein persönliches Treffen. Und ich stoße dabei auf Gegenliebe. Manchmal dauert es etwas, manchmal geht es fix. Erst dann kann das gelingen, was uns Menschen vom Roboter unterscheidet: Der gemeinsame Funke springt über! Nähe, die wir Menschen so notwendig haben wie Nahrung und Wasser, Feuer und die Luft zum Atmen. Testen Sie doch mal! Sie werden überrascht sein.

Berühren Sie und lassen Sie sich berühren!

Durch Berührung berühren. Südländisches Temperament macht es uns vor: Bacio links, Bacio rechts. Der kühne Feldherr Othello fleht Desdemona um einen Kuss an und zerfließt vor Glückseligkeit, als dieser gewährt wird. Unter einer hitzigeren Sonne umarmt und küsst man sich ausgiebiger und dies (meist) ohne Hintergedanken. Verbundenheit stellt sich ein, Wärme, Verständnis, ein wohliges Gefühl, lebendig zu sein, das, was ein Baby für sein Überleben und Wachstum braucht – Berührung, Haut, Sinn und Sinnlichkeit, Streicheleinheiten für Körper und Seele. Wohlbefinden pur. Auch Trost in schwierigen Situationen, Entspannung bei Stress. Was wir Heutigen legitimiert praktizieren ist eher Karriere statt Kuscheln, Smartphone statt Streicheln. Ein Mangel an Berührung in der Kindheit kann sich zu Kontaktstörungen bei Jugendlichen auswachsen, die sich bis ins Erwachsenenalter zäh halten. Menschenaffen scheinen den wohltuenden Effekt einer innigen Umarmung zu kennen. Wollen wir nicht von unserer „Verwandtschaft" lernen? Im orientalischen Hamam unterstützen sich Frauen bei der Körperpflege, bürsten sich die Haare, salben und schminken einander.

Sanfte Massage hilft Frühgeborenen, zu überleben (wie es im Touch Research Institute Miami von Dr. Tiffany Fielde praktiziert wird), und Erwachsenen, die im Alltag verloren gegangene Balance wiederzufinden. Tastsinnforscher Martin Grundwald vom Haptik-Forschungslabor in Leipzig weiß, dass sich durch Berührung im Körper biochemische Prozesse entfalten, deren förderliche Wirkung messbar ist. Als in den neunziger Jahren die neue Wellness boomte, erlebten viele Erwachsene zum ersten Mal, dass Körperkontakt, Massage und Pflege kein Luxus, sondern bedeutsam für die physische und psychische Gesundheit sind.

Die Leipziger Universitätsdozentin Dr. Stephanie Müller wertete die Befragungen von 770 Wellness-Kunden im Alter zwischen zwölf und 85 Jahren aus. Alle bestätigten, in ihrem Alltag viel zu wenige Berührungen zu erhalten, ja sogar an einem „chronischen Berührungsmangel" zu leiden. Wellness-Anwendungen erlebten alle grundsätzlich als angenehm. Dabei gab es kaum Unterschiede zwischen Singles und in Beziehung lebenden Menschen. Auf der biochemischen Ebene wirkt ein starker Impuls:

Das bei einer Umarmung freigesetzte Hormon Oxytocin pusht das Immunsystem, senkt den Blutdruck, lindert Schmerzen. Menschen, die regelmäßig umarmt werden, sind selbstbewusster! Kinder tun es ganz intuitiv: Schmusen ist für sie einfach klasse!

Aus Australien kam die Free-Hugs-Strömung zu uns. Menschen, die Unbekannte in den Arm nehmen und sich gegenseitig Wärme geben. (https://www.freehugscampaign.org/) Kuschelpartys boomen, die auf pure Sensationen wie Glücksgefühle, Geborgenheit und Innigkeit setzen. Paartherapeuten erklären das Phänomen, dass sich durch eine Umarmung (kein Sex!) die Liebe verstärke, so: „Wir lassen für einige Momente unsere Kontrolle los und sind ganz passiv. Wir lassen uns quasi in die Umarmung hineinfallen, ohne etwas zu erwarten oder Druck auszuüben. Wir lassen uns aufeinander ein, spüren uns, bis wir diese Intensität kaum aushalten können und uns wieder voneinander lösen."

Eine überaus kostengünstige und tiefgreifende Katharsis erwartet Sie: Lassen Sie los, umarmen Sie – wen auch immer! Die schlichteste und gleichzeitig aufregendste Erfahrung seit es Menschen gibt. ;-)

Übrigens: Wie geht es weiter mit den fünf Backes?

Ganz offenbar hat sich eine Wandlung vollzogen. Als wir die Familie kennenlernten, war die interne Kommunikation reichlich gestört, das Miteinander bestand aus wenigen alltäglich gewordenen und abgenutzten Gewohnheiten, die keiner hinterfragte, einige der Mitglieder hatten sich in eine eigene, mehr und mehr vom digitalen Fortschritt bestimmte und kontrollierte Welt zurückgezogen, jeder verfolgte eigene Ziele, was mit der gemeinsamen Vision – eine harmonische und funktionierende Gemeinschaft zu bilden – nicht wirklich kongruent war. Das trieb Risse in das Familiengefüge, die lange nicht erkannt wurden. Die negativen Folgen – Schulprobleme, Schlafstörungen, Mobbing, Irmas Online-Omnipräsenz, Dennis auf dem Weg zur Spielsucht und Lisa ein Opfer von Grooming – wurden spät als Konsequenz dieser Entwicklung identifiziert und erst, als von außen Warnsignale in die scheinbar „heile" Welt eindrangen.

Aber Bruno und Irma waren ja keine schweren Fälle, die es darauf angelegt hätten, auseinanderzudriften. Sie hatten viel gesunden Menschenverstand und das veritable Interesse, noch zu retten, was ihnen wichtig war. Mit Hilfe von Ratgebern und auch durch die veränderten Rahmenbedingungen gelang es ihnen, mutig gegenzusteuern und den Familientanker wieder auf Kurs zu bringen. Beiden ist bewusst, dass die latenten Gefährdungen, für die sie lange kein Auge hatten, immer wieder auftreten können. Doch mit Instinkt, Intuition und dem festen Willen, füreinander da zu sein, werden sie ihr Familienschiff ohne nennenswerte Kollisionen durch den digitalen Ozean steuern – darauf würden wir wetten.

Der SPIEGEL-Besteller-Autor und Psychiater Joachim Bauer weist in seinem Buch „Selbststeuerung – Die Wiederentdeckung des freien Willens" (Blessing. 2015) darauf hin, dass der Mensch den Vorzug genießt, „sich die Zukunft zu erschließen und sie zu reflektieren. Keine andere Spezies ist dazu in einem derartigen Ausmaß in der Lage. Die Fähigkeit, über Künftiges nachzudenken, also Bevorstehendes zu antizipieren, schließt sowohl die Hoffnung als auch die Erwartung künftigen Heils – und die Möglichkeit, entsprechende Vorsorge zu treffen – mit ein."

Sollte uns dies nicht zu denken geben?

Nun sind Sie an der Reihe!

Sie fragen sich vielleicht, warum ich so überzeugt bin von dem was dargelegt wurde. Die Erklärung ist so einfach wie schlüssig: Ich habe diesen Prozess selbst durchlaufen. Und ihn als richtungsweisend und symptomatisch für viele Menschen unserer Zeit empfunden. Ja, ich sage sogar mit kühner Lippe: Ich halte ihn adäquat für alle Menschen, die in ihrem Leben nach Sinn, Werthaftigkeit, Resonanz, Nachhall, Ganzheitlichkeit und Schönheit suchen – den Beweis bleibe ich vielleicht schuldig, aber wenn es nur jeden zweiten Leser motiviert, in sich hineinzuschauen, ist mir gelungen, was ich mir vorgenommen habe.

Sie haben es in der Hand, wie Sie mit der digitalen Kosmos umgehen wollen und müssen – im Recht des Menschen, eine Wahl zu treffen, liegt ein enormes Freiheitspotenzial. Nichts Großartigeres steht uns Menschen zur Verfügung, und nichts unterscheidet uns mehr vom Mitgeschöpf Tier. Vielleicht ein kleiner Anstoß, sich dieses Gedankens zu erinnern, wenn Sie vor die Entscheidung „offline oder online" gestellt werden.

Digitalis ist in winzigen Dosen eine sinnvolle Arznei, in großen Mengen ein sicher wirkendes Gift. Seien Sie einfach maßvoll.

Ich wünsche Ihnen viel Freude auf der Reise ins Land der digitalen Möglichkeiten, setzen Sie auf echte Freundschaften, reden Sie mit Ihren Mitmenschen, lachen und trauern Sie, lieben, streiten und versöhnen Sie sich, umarmen Sie, so oft sich die Gelegenheit bietet!

Ihr Thomas Wehrs
Berlin, Mai 2018

Epilog
Freund Facebook?
Die Dosis macht das Gift oder Wie man das Monster zügelt

In führenden Tageszeitungen zwischen Juli 2017 und September 2017 war zu lesen: Beim Brexit, bei der US-Wahl 2016*, bei der Bundestagswahl 2017 und im täglichen Leben – Facebook und Google hatten/haben allem Anschein nach die Hand im Spiel. Die für jeden offen zugänglichen und ärgerlich intransparenten Anzeigensysteme der sozialen Netzwerke sind vom Wesen her hochkommerziell – gerade Facebook muss man sich als eine riesige Plakat-Werbewand im Netz vorstellen. Da das Werbetreiben im Internet im Fall von politischer Werbung von keinen Regeln (wie wir es vom Fernsehen kennen) getrübt wird, kann jeder von jedem Punkt der Welt aus auf wichtige Vorgänge hierzulande Einfluss nehmen. Beispiel: AfD-Anzeige auf Google Platz 1 mit einer Kanzlerin-Schmähwerbung im Vorfeld der Bundestagswahl.

Als Werbetreibender kann man Google-Suchbegriffe käuflich erwerben, in deren Ergebnislisten die Anzeige an prominenter Stelle erscheint. Perfide spielt den Werbetreibenden noch ein weiterer genialer Schachzug des Facebook-Netzwerks in die Hand: Diese Werbung wird ausschließlich den Zielgruppen gezeigt, die sich aufgrund ihrer in der Vergangenheit gezeigten Interessen optimal dafür identifizieren lassen.

Täglich füttern wir die Internet-Monster mit unseren Daten, Befindlichkeiten, Angaben und Interessenlagen und sichern damit deren Geschäftsmodell. Merken wir nicht, dass wir uns längst selbst mangelernähren? Erinnern wir uns: Selbstaufgabe ist das Ziel des „großen Bruders" in George Orwells hell- und weitsichtigem Roman „1984", der nach fünfjähriger Schreibdauer im Jahr 1949 erschienen ist. Am Ende kapituliert die Hauptperson und verfällt dem „Charme" des großen Bruders, nachdem sie lange, aber vergeblich darum gekämpft hat, ihre Integrität und Identität zu wahren. Wen wundert's, dass dieser Klassiker heute wieder ganz oben in den

Buch-Charts rankt? – Warum bringt uns das nicht ins Grübeln, und warum sind (in Deutschland) immer noch 30 Millionen aktive Nutzer auf Facebook zugange? Allerdings sind Gegentrends zu spüren: Die junge Generation findet Facebook zunehmend langweilig, in den USA bröckelt die Akzeptanz bei allen Zielgruppen.

Was macht Facebook für fast zwei Milliarden Nutzer weltweit so attraktiv?

Facebook-Nutzer können hier ungehindert die Gelegenheit ergreifen, sich in eine Pseudowelt zu flüchten, die sie der rauen Wirklichkeit entreißt, allerdings auf tönernen Füßen. Es begann harmlos mit Internet, Smartphone, Social Media, elektronischen Devices und endet noch lange nicht bei Gewaltvideos, Shitstorms, Trollen und Hasstiraden, Stalking, Grooming und Mobbing, CEO-Frauds und Wahlmanipulationen. Nicht immer steckt dahinter ein schwaches Ego, aber immer öfter. Es nährt sich aus dem Futter, das ihm die Internetgemeinschaft zuwirft: Je mehr Likes, Freunde, Fans und Follower, desto grandioser. Facebook belohnt die, die fleißig posten, mit Aufmerksamkeiten, die diese für Zuwendung halten, aber ganz unverhohlen manipulativen Appell- und Kontrollcharakter besitzen. Die tägliche Portion Droge macht süchtig, ganz klar. Eine Pseudowelt gebiert eine Pseudokommunikation, denn mit einem natürlichen Miteinander hat Facebook-Kommunikation äußerst wenig gemein. Das Gegenüber existiert nicht mehr, es gibt nur Gleiche unter Gleichen und darüber hinaus die Werbetreibenden.

Zwischen Akklamation und Häme ist nur ein schmaler Grat

Die tägliche Frustfalle kann jederzeit zuschnappen – ein Troll, Groomer, Stalker, Hater oder Flamer hat es auf mich angelegt –, und das mühsam gestützte Ego rutscht erneut ins Bodenlose. Im realen Leben sind „Angreifer" sicht- und greifbar. Man kann sie an den Schultern packen oder ihnen die Wut ins Antlitz schreien. Das Internet ist gesichtslos, und das macht wehrlos. Was bleibt uns übrig, als selbst zu bestimmen, wie viel von der digitalen Droge wir uns täglich einverleiben wollen? Jeder trägt für sich selbst die Verantwortung, aber ein Stück weit auch für die Gesellschaft. Und diese baut sich auf aus sozialem Miteinander, Diskurs, realer menschlicher Beziehung. Dies sollten wir nicht aufs Spiel setzen.

Aktuelle Links zum „Facebook-Skandal" März/April 2018

Trump und Facebook:
→ http://www.xing-news.com/reader/news/articles/1274134?cce=em5e0cbb4d.%3AAAWc-pfNG_aA19yKK4oNXHAF&link_position=digest&newsletter_id=31887&toolbar=true&xng_share_origin=email

→ http://www.spiegel.de/netzwelt/web/cambridge-analytica-der-eigentliche-skandal-liegt-im-system-facebook-kolumne-a-1199122.html

Wer bezahlt für Facebook?
→ https://www.welt.de/debatte/kommentare/article174874777/Datenschutz-Der-Facebook-Skandal-das-sind-wir-selbst.html

Facebook – Gefahr für die Demokratie?
→ http://www.spiegel.de/kultur/gesellschaft/facebook-mark-zuckerberg-versteht-nicht-was-seine-erfindung-anrichtet-a-1199616.html

Schlampiger Umgang mit Daten:
→ https://www.huffingtonpost.de/entry/facebook-skandal-ende_de_5ab61ac9e4b008c9e5f763cd

→ http://www.spiegel.de/netzwelt/netzpolitik/facebook-chef-mark-zuckerberg-es-war-mein-fehler-es-tut-mir-leid-a-1202028.html#ref=nl-dertag

→ https://bit.ly/2FgkvRI